U0763558

本书受北京外国语大学比较文明与人文交流高等研究院、中国文化走出去协同创新中心、中华文化国际传播研究院资助出版。

本书为北京外国语大学“双一流”建设重大标志性项目“文明互鉴：中国文化与世界”（2021SYLZD020）以及国家社科基金重大项目“17—18 世纪西方汉学兴起研究”（22&ZD229）的阶段性研究成果。

雷慕沙文集

张西平 李慧 编

第一卷

汉文启蒙

［法］雷慕沙 著　李慧 译

學苑出版社

图书在版编目（CIP）数据

汉文启蒙 / (法) 雷慕沙著；李慧译. — 北京：学苑出版社, 2023.1

（雷慕沙文集；第一卷）

ISBN 978-7-5077-6590-8

Ⅰ. ①汉… Ⅱ. ①雷… ②李… Ⅲ. ①汉语—研究 Ⅳ. ①H1

中国版本图书馆CIP数据核字（2023）第034064号

责任编辑： 李 媛 王见霞
出版发行： 学苑出版社
社 址： 北京市丰台区南方庄2号院1号楼
邮政编码： 100079
网 址： www.book001.com
电子邮箱： xueyuanpress@163.com
联系电话： 010-67601101（营销部）、010-67603091（总编室）
印 刷 厂： 北京建宏印刷有限公司
开本尺寸： 880×1230 1/32
印 张： 11.25
字 数： 225千字
版 次： 2023年1月第1版
印 次： 2023年1月第1次印刷
定 价： 98.00元

辛巳年鐫

巴⿰禾勿城阿伯皃輯

漢文啓蒙

御書樓聚珍梓行

原著汉语封面页

ÉLÉMENS

DE LA

GRAMMAIRE CHINOISE,

OU

PRINCIPES GÉNÉRAUX

DU KOU-WEN ou STYLE ANTIQUE,

ET DU KOUAN-HOA, c'est-à-dire, DE LA LANGUE COMMUNE GÉNÉRALEMENT USITÉE DANS L'EMPIRE CHINOIS.

PAR M. ABEL-RÉMUSAT,

De l'Académie royale des Inscriptions et Belles-Lettres, Professeur de Langue et de Littérature chinoises et tartares au Collége royal de France.

PARIS,

IMPRIMERIE ROYALE.

1822.

原著封面

汉语语法基础

或

“古文”，即古典文体

和“官话”，即中华帝国普遍使用语言的

基本规则

阿贝尔 - 雷慕沙先生

皇家铭文与美文学院，法兰西皇家学院汉语 - 鞑靼语语言文学教授

巴黎

皇家印书馆

1822

原著封面译文

...... Mihi videtur ineptum velle linguæ sinicæ adaptare pleraque vocabula quibus utuntur nostri grammatici. Consultius multò erit, sepositis illis grammaticæ quisquiliis, per varia selectaque exempla, ad legitimum germanumque sinicæ loquelæ usum et exercitationem, tyrones festinato compendiosoque gressu veluti manu ducere.

PREMAR. *Notit. Ling. sinic.* I. part. pag. 26.

原著题词页

……我认为，想要用我们语法学家使用的语法词汇来对应汉语是错误的。更明智的办法是，放下一切语法框架的束缚，通过精选若干例句，迅速、简明地逐步引导初学者来应用和练习正确而真实的汉语表达。

马若瑟《汉语札记》，第一部分，第 26 页。

原著题词页译文

行書部首

[illegible]墨刻石板

TABLEAU DES CCXIV CLEFS

avec leurs variantes ou abréviations, en Hing chou, ou caractères cursifs.

Lith. de C. de Lasteyrie.

Gramm. chin. p. II

原著的214部表（及其变体和简写，行书或手写样例）

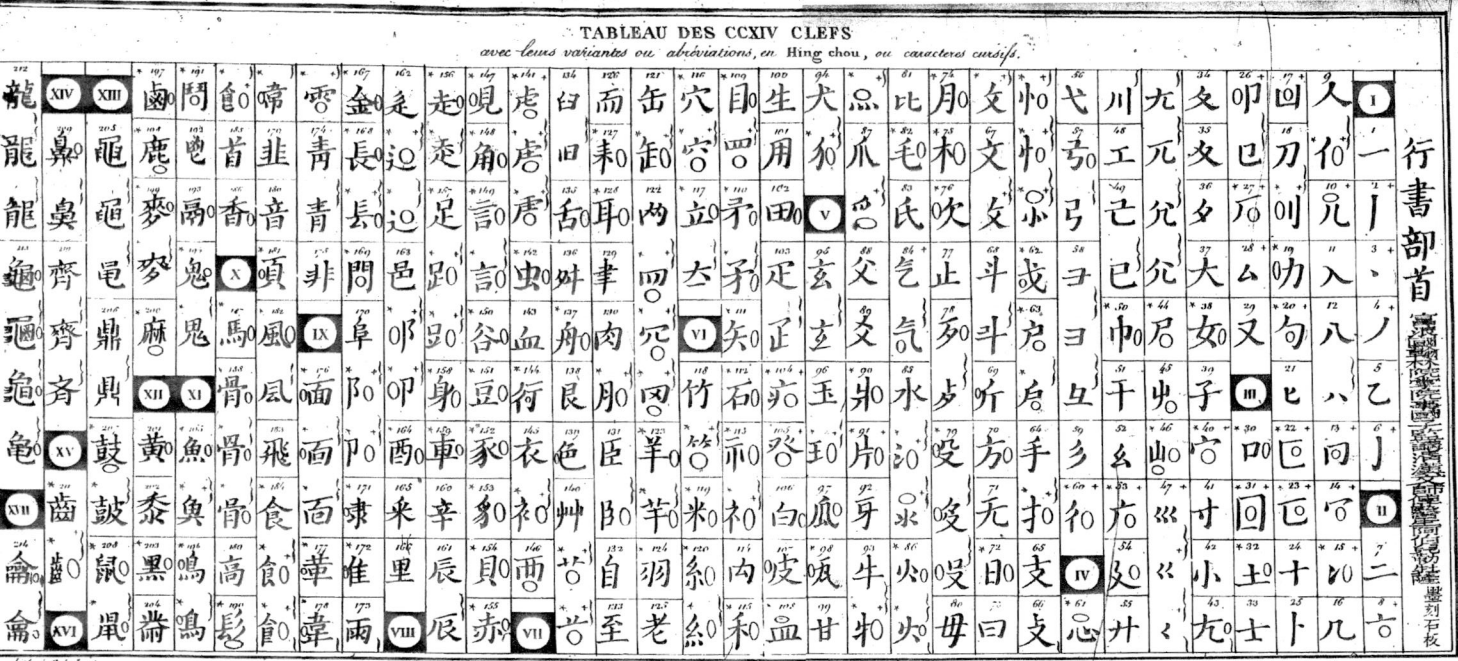

EXEMPLES DES PRINCIPAUX GENRES D'ÉCRITURE.

N° VI *Kiaï, hing choû* (16)	N° V *Kiaï, Soûng-pàn* (15)	N° IV *Chào* (14)	N° III *Lí* (13)	N° II *Chang-fang-ta-tchhouàn* (12)	N° I *Tchhouàn* (12)
上古結繩而治後世聖人易之 以書契百官以治萬民以察	上古結繩而治後世聖人易之 以書契百官以治萬民以察	之古結繩而治後世聖人易之 以書契百官以治萬民以察	上古結繩而治後世聖人易之 以書契百官以治萬民以察	上古結繩而治後世聖人易之 以書契百官以治萬民以察	上古結繩而治後世聖人易之 以書契百官以治萬民以察
又楷 行書。今之吏胥寫字人皆用此。戲本傳小說等亦依此以樣行多用省字	楷 宋板今諸書抄寫刻板皆依此法。晉王次仲作楷書	草 張並作艸或云齊相杜撰作據說文則張並之前已有矣或曰漢史游作艸字也	隸 秦燒滅經書滌除舊典大發隸卒興役戍官獄職務繁初有隸書程邈作之以趣約易古文由此絕矣	上方大篆 未知出於何人	篆 篆書緣起云李斯變倉頡史籀文爲之躰尚太古

Gramm. chin. p. 5

原著主要书写体样例

目　录

总 序

1814 年 11 月 26 日，“汉语、鞑靼语、满语语言与文学讲座”（La Chaire de langues et littératures chinoises et tartares-mandchoues）在法兰西公学院（Collège de France）设立。年仅 26 岁的法国汉学家让 - 皮埃尔 · 阿贝尔 - 雷慕沙（Jean-Pierre Abel-Rémusat, 1788—1832）被任命为这个讲座的首位教授，这是“汉学”作为一门专业学科得以确立的标志。这一事件的影响是巨大而广泛的：不仅在法国，传教士汉学的丰厚成果被纳入科学化、专业化的学术体系内，并在欧洲产生了重大而长远的影响，1837 年俄罗斯喀山大学设立了汉语教席，1837 年伦敦大学学院在马礼逊（Robert Morrison, 1782—1834）的促使下设立了中国语言与文学教授位置，1876 年荷兰莱顿大学设立了汉学教席，1877 年在柏林东方语言学院中设立了汉语教席等等。[①] 由此，雷慕沙开启了西方汉学在发展历程中的专业汉学阶段。

1788 年 9 月 6 日，雷慕沙出生于巴黎的一个医生家庭。他

① 张西平:《雷慕沙——西方汉学第一人》,《世界历史评论》2019 年第 4 期，第 3 ~ 4 页。

小时因一次事故导致一只眼睛失明，由父亲在家教他读书学习，为他打下了非常深厚的拉丁文和希腊文基础。当他健康状况好转之后开始上学，在古典语言、历史、自然科学等方面成绩优异。1805年父亲过世，他决定继续父亲的事业，学习医学。1806年，欧洲著名的收藏家、修道院院长德·泰桑（L'abbé de Tersan, 1736—1819）在奥布瓦修道院（L'Abbaye-aux-Bois）举办展览，自小喜爱植物的雷慕沙被一部附有彩绘植物插图的中国书所吸引，萌发了读懂书上神秘的汉字的愿望，从此便与汉学结下了一生的缘分。①

如魏丕信（Pierre-Étienne Will）所说，"19世纪初期，雷慕沙生活的年代极其不适合汉语的修习。最后一代可以利用自己中文等语言优势的学者及最晚一批寓居北京传教而不需藏匿于外省的传教士们都已经去世了。这些人的离世造成了巴黎的学术空白"②。雷慕沙正是在这样艰难的环境下自学汉语的。起初，他手中并没有像样的字典和语法书做参考，也无法借阅皇家图书馆的汉籍。后来他在德·泰桑院长和东方学家西尔维斯特·德·萨西（Silvestre de Sacy, 1758—1838）的帮助下获得了一些汉学作品作为学习资料，并逐渐掌握了一定数量的汉字，编纂了一部简单

① 以上内容参见法国人物传记辞典 François Pouillion, *Dictionnaire des orientalistes de la langue française,* KARTHALA Editions, 2008, 以及 Michaud, *Rémusat, Jean-Pierre-Abel, Biographie universelle, ancienne et moderne*. Supplément, tome 78, paris: Michaud Editeur, 186.; Quérard, *La France littéraire*, t.7, pp.518-521, Paris: Didot Frères, 1835。参见李慧：《欧洲第一位"专业汉学家"雷慕沙》，《国际汉学》2015年第2期，第39 ~ 40页。

②［法］魏丕信著，刘婷译：《东方学家雷慕沙》，《国际汉学》2014年第1期，第138页。

的字典供自己参考。

从1812年起，德·萨西就为在法兰西学院开办汉语讲座之事积极活动。在这期间雷慕沙虽然忙于行医，但却一直没有放弃汉学研究，还陆续出版了一些汉学方面的著作。1813年8月他完成了医学博士论文，题目为《舌诊研究》[①]，将医学专业与自己的汉学志趣融为一体。1814年11月26日，内政部宣布在法兰西公学院新设中国文学和梵语语言文学教席的决议，教师分别由雷慕沙和他的好友德·谢齐（Antoine-Léonard de Chézy, 1773—1832）担任。1815年1月16日，“汉语、鞑靼语、满语语言与文学讲座”正式开课，雷慕沙发表了重要演讲，回顾了中国研究在欧洲的发展历程。[②]

1816年4月5日，雷慕沙被选为法兰西铭文与美文学术院（Académie des inscriptions et belle-lettres，即法兰西文学院）院士。1818年3月，他成为欧洲最早的文学与科学期刊《学者报》（*Journal des Sçavans*）的编辑。1822年，他与德国东方学家克拉普洛特（Heinrich Julius Klaproth, 1783—1835）等人一起创立了亚细亚学会（Société Asiatique）。1823年，雷慕沙获得了“法国荣誉军团骑士”勋章（Chevalier de la Légion d'Honneur），成为伦敦亚

①*Dissertatio de glossosemeiotice, sive de signis morborum quae e lingua sumuntur, praesertim apud sinenses*. Th. de Paris, 1813。这篇文论的全名是《舌诊研究：关于从舌头看出来的病征，尤其是中国人的理论》，介绍了中国和西方古代医学有关舌诊的理论，展示了中、西医在该领域的众多契合之处。

②《汉、鞑靼—满语语言与文学课程计划及开学演讲》（*Programme du cours de langue et de littérature chinoises et de tartare-mandchou, précédé d'un discours pronounce à la première séance de ce cours,* de 16 janvier 1815. Paris, 1815）。

洲学会和加尔各答亚洲学会通讯会员（Membre correspondantes Société asistiques de Londre et de Calcutta）。1824年雷慕沙荣任东方手稿部馆长，接替逝世的朗格莱（Louis Mathieu Langlès, 1763—1824）。他还被邀请担任大不列颠、爱尔兰、荷兰学院亚洲学社通信院士，柏林、都灵文学院合作院士。[①]1832年6月2日，雷慕沙在巴黎去世。

19世纪初法国政治风云变化多端，也是西方学术大发展的时期，自然科学中观察、实验、田野考察等方法推动人文领域学科化。雷慕沙除了个人勤奋和努力以外，还善于抓住时代的机遇，开拓人脉，创办刊物，积极发表，与各国学者保持交流，参与各种团体，扩大他个人和他所做学问的影响。他重视教学，为如何更好地学习和推广汉语钻研教材，培养人才，他的学生儒莲（Julien Stanislas, 1797—1873）、巴赞（Antoine-Pierre-Louis Bazin, 1799—1863）、鲍狄埃（Jean-Pierre Guillaume Pauthier, 1801—1873）等都成了优秀的汉学家。雷慕沙的研究虽以传教士的汉学成果为基础，但却能摆脱传教策略的束缚，充分利用专业汉学教授的资源便利，巩固和发展汉语言等汉学研究传统，同时发现新的研究方法、开拓新的研究领域，如世俗文学翻译、亚洲地理历史研究、中西交通史研究、佛教研究、道教研究等领域。

---

①Correspondant de la Société asiatique de la Grande-Bretagne et Irlande, de l'Institut des Pays-Bas; associé étranger des Académies de Berlin, Turin.（参见 Michaud, *Biographie universelle*, P.446）

雷慕沙著作的译介与研究

雷慕沙逝世后不久，他的同事和学生就开始整理他的遗稿，梳理和评论他的研究成果。他的生平传略也被多种文化名人辞典收录。20 世纪 90 年代起，一些外国学者对他进行专门研究，其中重要的有：德国汉学家、目录学家魏汉茂（Hartmut Walravens, 1944—）的《东亚科学史在欧洲：雷慕沙与克拉普洛特的环境》[*Zur Geschichte der Ostasienwissenschaften in Europa: Abel-Rémusat (1788—1832) und das Umfeld Julius Klaproths (1783—1835)*1999][1]；龙伯格（Knud Lundbaek, 1912—1995）的《1801—1815 年欧洲汉学的建立》（*The Establishment of European Sinology 1801—1815*, 1995）和《阿贝尔-雷慕沙与欧洲专业汉学研究的开始》（*Notes on Abel-Rémusat and the beginning of academic sinology in Europe*, 1995）；让·卢梭（Jean Rousseau）和德尼·杜阿赫（Denis Thouard）的《洪堡与雷慕沙通信集：威廉·冯·洪堡与让-皮埃尔·阿贝尔-雷慕沙的哲学语法辩论（1821—1831）》[*Lettres édifiantes et curieuses sur la langue chinoise: un débat philosophico-grammatical entre Wilhelm von Humboldt et Jean-Pierre Abel-Rémusat (1821—1831)*, 1999]一书收录了洪堡和雷慕沙关于汉语的书信，并就书信和

---

①Hartmut Walravens, *Zur Geschichte der Ostasienwissenschaften in Europa: Abel-Rémusat (1788—1832) und das Umfeld Julius Klaproths (1783—1835)*, Wiesbaden: Harrassowitz, 1999. 其他有关早期国外对雷慕沙的研究和文献资料，参见李慧：《欧洲第一位"专业汉学家"雷慕沙》,《国际汉学》2015 年第 2 期，第 39 ~ 40 页。

语言观进行了分析。日本学者小野文的《作为例外的汉语——威廉·冯·洪堡特〈致阿贝尔-雷慕沙的信〉之考察》[①]也就此主题进行了研究。

在国内，直到10年以前，学界对雷慕沙的专题研究仍较为有限。郭丽英、耿昇的《法国对汉传佛教研究的历史与现状》，以及余欣的《法国敦煌学的新进展——〈远东亚洲丛刊〉》中提到了雷慕沙对于佛教研究的贡献；[②]董海樱的《雷慕沙与19世纪早期欧洲汉语研究》介绍了雷慕沙在汉语教学和研究方面的成就，另一篇是《雷缪萨与法国汉学》，简要地介绍了法兰西学院的汉语讲座、《汉文启蒙》(*Élémens de la grammaire chinoise*, 1822)和雷慕沙的影响；[③]马军翻译了《法国汉学先驱——雷慕沙传》；[④]钱林森编的《法国汉学家论中国文学：古典戏剧和小说》收录了雷慕沙译《玉娇梨》的前言[⑤]。张西平教授看到雷慕沙研究

①［日］小野文：《作为例外的汉语——威廉·冯·洪堡特〈致阿贝尔·雷慕沙的信〉之考察》，载《亚洲语言文化交流研究》，上海辞书出版社，2009年。

② 郭丽英、耿昇：《法国对汉传佛教研究的历史与现状》，《世界汉学》1998年第1期；余欣：《法国敦煌学的新进展——〈远东亚洲丛刊〉》，《"敦煌学新研"专号评介》《敦煌学辑刊》2001年第1期，第103～111页。

③ 董海樱：《雷慕沙与19世纪早期欧洲汉语研究》，载李向玉、张西平、赵永新编《世界英语教育史研究》，澳门：澳门理工学院，2005年，第124～132页。该论文介绍了雷慕沙在汉语教学和研究方面的成就，是她2005年的博士论文《西人汉语研究述论——16—19世纪初期》（浙江大学博士研究生学位论文，2005年）的一部分。《雷缪萨与法国汉学》，载《法国研究》第74期，第5～57页，2009年。

④ 佚名撰，马军译：《法国汉学先驱——雷慕沙传》，载阎纯德主编《汉学研究》第5集，中华书局，2008年，第108～117页。

⑤ 钱林森编：《法国汉学家论中国文学：古典戏剧和小说》，外语教学与研究出版社，2007年。

的巨大价值，自2008年起指导李慧撰写硕士论文《雷慕沙〈汉文启蒙〉研究》（2011）[①]，这是国内首篇专门研究雷慕沙的学位论文。

从2011年以来，情况发生了反转，随着海外汉学学科在国内的发展，雷慕沙受到了前所未有的关注。2014年6月11日到13日，“雷慕沙及其继承者：纪念法国汉学两百周年学术研讨会”在法国法兰西学院举行。该次国际学术研讨会由北京外国语大学中国海外汉学研究中心与法兰西学院汉学系共同倡议，为纪念法国专业汉学建立200周年而特别筹办。研讨会吸引了涉及语言学、中西交通史、敦煌学、考古学、文献学、科技史、艺术史及海外汉学等多个研究领域，来自中国、法国、美国等国家和地区的30余位中外学者参加。会议期间，与会学者围绕“法国专业汉学家雷慕沙及其汉学成就”“雷慕沙的继任者：法国的专业汉学家及其汉学成就”“中法文化交流”“法国汉学的贡献及地位”等主题进行了热烈的讨论和深入的交流。通过此次国际学术研讨会，中外新老学者齐聚一堂，回顾法国汉学200年的历史进程，探讨法国专业汉学家对中国研究所作出的巨大贡献，梳理中法两国在文化交流方面的基本史实，成果颇丰，成为近年来欧洲汉学（中国学）研究的一次盛会。[②]

在研究和出版方面，越来越多的研究和译著涌现，研究的内

---

① 李慧：《雷慕沙〈汉文启蒙〉研究》，北京外国语大学硕士论文，2011年。

② 会议概要参见李真：《从历史中国走向未来中国——二百年法国汉学研究的新起点》，《国外社会科学》2014年第6期，第154～157页。

容和角度更加多元。雷慕沙对传教士汉学转换到专业汉学的关键作用、专业汉学的建立与19世纪欧洲学术成为学者们关心的话题。如张西平论述了卜弥格（Michał Boym, 1612—1659）与雷慕沙在中医西传方面的学术勾连，并在《欧洲的传教士汉学何时发展成为专业汉学》一文中探讨欧洲传教士汉学到专业汉学发展的过程；[①] 李慧的《欧洲第一位"专业汉学家"雷慕沙》依据西文材料系统介绍了雷慕沙的生平并对其著作进行提要；[②] 王莹翻译了龙伯格的重要论文《欧洲汉学的建立：1801—1815》；[③] 刘婷翻译了法国学者魏丕信的《东方学家雷慕沙》和程艾蓝的《雷慕沙与黑格尔：19世纪欧洲的汉学与哲学》，这两篇论文都探讨了雷慕沙与19世纪欧洲学术界相互影响的关系[④]。

在雷慕沙的汉语著作方面，有李真[⑤] 对雷慕沙《汉文启蒙》和马若瑟（Joseph de Prémare, 1666—1736）《汉语札记》（*Notitiae Linguae Sinicae*）的比较研究，刘志刚的硕士论文《雷慕沙〈汉

---

① 张西平：《卜弥格与欧洲专业汉学的兴起——简论卜弥格与雷慕沙的学术连接》，《国际汉学》2014年第1期，第107 ~ 119页；张西平：《欧洲的传教士汉学何时发展成为专业汉学？》，《海外华文教育动态》2017年第008期，第101页。

② 李慧：《欧洲第一位"专业汉学家"雷慕沙》，《国际汉学》，2015年第2期，第39 ~ 40页。

③ ［丹麦］龙伯格著，王莹译：《欧洲汉学的建立：1801—1815》，《国际汉学》2015年第1期，第18 ~ 38页。

④ ［法］程艾蓝著，刘婷译：《雷慕沙与黑格尔：19世纪欧洲的汉学与哲学》，《国际汉学》2016年第4期，第84 ~ 86页。

⑤ 李真：《雷慕沙与马若瑟汉语语法著作比较研究》，《国际汉学》2014年第1期，第126 ~ 136页；《法国第一位专业汉学家雷慕沙的中国语言研究——以《汉文启蒙》为中心》，《国际汉学》2018年第00期。

文启蒙〉研究》[①]、牛丽媛《雷慕沙的汉语特征认识研究》[②]，曹艳艳等翻译并发表《洪堡与雷慕沙通信集之五——论语言的完善性及翻译》[③]，马尔库斯·梅斯林的《权利与表述：雷慕沙（1788—1832）的中国语言学》[④]。

在雷慕沙的哲学与宗教典籍研究、医学研究方面，有罗莹对雷慕沙《中庸》译文的评述；[⑤] 张粲对雷慕沙的道教研究进行了梳理和论述；[⑥] 潘凤娟分析了雷慕沙《道德经》译本内容及关键词，姚达兑、陈晓君对雷慕沙、鲍狄埃和儒莲三人《道德经》法语译本及其译文特色进行了比较；[⑦] 陈新丽、王雅婷翻译了雷慕沙的《论老子的生平与学说》；[⑧] 孙帅翻译了雷慕沙对马士曼（Joshua Marshman, 1768—1873）译《论语》和儒莲译《孟子》的评论。[⑨]

---

① 刘志刚：《雷慕沙〈汉文启蒙〉研究》，黑龙江大学硕士论文，2017。

② 牛丽媛：《雷慕沙的汉语特征认识研究》，厦门大学硕士论文，2018。

③［让］让·卢梭、德尼·杜阿赫著，曹艳艳、陈辰译：《洪堡与雷慕沙通信集之五——论语言的完善性及翻译》，载《国际汉学》2015 第 2 期，第 154 ~ 172 页。

④［德］马尔库斯·梅斯林（Markus Messling）, "Representation and Power: Jean-Pièrre Abel-Rémusat's Critical Philology", *Journal of Oriental Studies* Vol. 44, No. 1/2 (December 2011), pp. 1-23。

⑤ 罗莹：《雷慕沙〈中庸〉译文新探——兼论传教士汉学与早期专业汉学的关系》，《国际汉学》2014 年第 1 期，第 97 ~ 106 页及第 125 页。

⑥ 张粲：《法国经院汉学鼻祖雷慕沙的道教研究》，《宗教学研究》2017 年第 1 期，第 104 ~ 107 页。

⑦ 潘凤娟：《不可译之道、不可道之名——雷慕沙与〈道德经〉翻译》，《中央大学人文学报》第 61 期，第 55 ~ 166 页；姚达兑、陈晓君：《雷慕沙、鲍狄埃和儒莲〈道德经〉法语译本及其译文特色比较》，《国际汉学》2018 年第 2 期，第 95 ~ 103 页、第 210 页。

⑧［法］雷慕沙著，陈新丽、王雅婷译：《雷慕沙著：论老子的生平与学说》，《国际汉学》2018 年第 4 期，第 87 ~ 101 页。

⑨［法］雷慕沙著，孙帅译：《雷慕沙评两部中国经典译本》，《国际汉学》2014 年第 1 期，第 144 ~ 156 页。

雷慕沙的佛教研究也引起了学者的关注，如王冀青梳理了欧洲首个西行求法高僧记《佛国记》的法译本的翻译背景及过程，而雷慕沙是首位译者之一；[①] 李慧认为雷慕沙用拉丁文撰著的医学博士论文《舌诊研究》试图汇通中西传统医学在舌诊方面的契合之处，并附了全文翻译；[②] 刘婷翻译了雷慕沙为利玛窦和汤若望所做的传记。[③]

值得注意的是，在近十年来的成果中，很多是由北京外国语大学中国海外研究中心张西平教授的研究团队完成的，这些著作的发表一方面促进了其他领域学者对雷慕沙的关注，但另一方面，这些翻译和研究比起浩如烟海的雷慕沙的著作来说仍然十分有限，学界对雷慕沙的研究仍然有很大的发展空间。

雷慕沙著作

雷慕沙一生著述丰富，据魏汉茂的目录统计，雷慕沙的各类专著、译著、论文、书评等，算上再版，累计出版 247 种，内容涉及中国、亚洲、非洲以及西方古典语言、历史、宗教、哲学、地理、历史等诸多方面，下面将其关于中国的代表著作分为四类介绍。

① 王冀青:《近代欧洲法显研究之起源——中国古代西行求法高僧游记西译开笔 200 周年纪念》,《敦煌学辑刊》2016 年第 3 期，第 18 ~ 26 页。

② 李慧:《雷慕沙博士论文〈舌诊研究〉初探》,《国际汉学》2016 年第 4 期，第 184 ~ 193 页。

③ 雷慕沙著，刘婷译:《雷慕沙论利玛窦与汤若望》,《国际汉学》2017 年第 2 期，第 33 ~ 36 页。

一、语言与文学研究

《汉文简要》(*Essai sur la langue et la littérature chinoises*. Paris et Strasbourg, 1811)是雷慕沙的第一部著作，是他自学汉语六年之后的知识梳理和经验总结。书中他首先介绍了他所知道的欧洲已出版的汉学著作，之后他介绍了六书、反切等知识，常引用《易经》《书经》《礼记》《说文解字》《三才图会》以及“四书”等汉籍。

在《汉语是单音节语言吗？》(*Utrum lingua sinica sit vere monosyllabica? Disputatio philologica, in qua de grammatica sinica obiter agitur*, 1813)[①]中，雷慕沙通过举例分析了汉语中相当于西文冠词、代词、格等语法形式的表达法，反驳了“汉语为单音节语言”以及“汉语无精准语法规则”的观点。

在《汉语字典计划》(*Plan d'un dictionnaire chinois*, Paris, 1814)中，雷慕沙梳理和评价了欧洲的汉语研究史和汉欧—欧汉词典编纂史，描述了其宏大的汉语词典计划。虽然他的计划未付诸实践，但该文为后来人进一步研究西方汉语字典编纂史提供了线索。

《鞑靼语研究，或满语、蒙古语、维吾尔语、藏语语法与文学研究》(*Recherches sur les langues tartares, ou Mémoires sur la grammaire et la littérature des Mandchous, des Mongols, des Ouïgours et des Tibétains*. Paris, Imp. Roy., 1820, t. Ier)被认为是雷慕沙最重要

① Abelo de Remusat, “Utrum lingua sinica sit vere monosyllabica? Disputatio philologica, in qua de grammatica sinica obiter agitur”, *Fundgruben des Orients*. 3., 1813, pp. 279-288.

的著作之一，是“现代汉学的奠基之作”[①]，内容包括鞑靼语溯源、鞑靼语字母和古代鞑靼语考、满语语法、蒙古语及其方言、维吾尔语和藏语。这部书不但显示了雷慕沙出色的语言天赋和学习方法，更体现了他将亚洲视作整体的研究思路。“凭借这本书，他成为对蒙古语、满语、藏语以及东突厥语的语系与语族进行分类和语法分析的第一位西方学者。”[②]

1822年出版的汉语语法书《汉文启蒙》（*Élémens de la grammaire chinoise,* Paris, Imp. Roy., 1822）是雷慕沙最重要的汉语研究著作，是其总结多年教学经验，充分吸收前人研究成果和利用皇家图书馆资源的成果。这部语法书仅200多页，与同时期的马礼逊、马士曼厚重的汉语语法相比更加精炼、简明。他吸收了马若瑟《汉语札记》中将古文和今文相区别的方法，采取了传教士汉语语法普遍采用的拉丁语词法分类加虚词的框架作为结构，但是与传教士语法书不同的是，他尽量削弱拉丁语语法对汉语的框限，将重点放在虚词的介绍和举例上，而且编排更为简明、实用。此外，《汉文启蒙》侧重汉字的认读和查阅，强调汉籍阅读的重要性，鼓励欧洲本土学生利用图书馆的汉籍资源来研究中国，与侧重口语训练的传教士语法书相比都是巨大的转变。这部书还影响了德国语言学家洪堡的研究。

1826年雷慕沙翻译的《玉娇梨》（*Iu-kiao-li, ou Les deux cousines,*

---

① Jean Rousseau et Denis Thouard, *Lettres édifiantes et curieuses sur la langue chinoise,* p. 224.

② 董海樱：《16世纪至19世纪初西人汉语研究》，商务印书馆，2011年，第284页。

1826）出版。雷慕沙之前，中国文学的译介并不受重视。而他却对中国文学给与了特别的关注，在他的汉语课程计划（1815）、《致〈亚洲学报〉编辑的信——关于中国文学在欧洲的现状与发展》（*Lettre au rédacteur du Journal Asiatique sur l'état et les progrès de la littérature chinoise en Europe*, 1822），以及《汉文启蒙》的内容中，都不断强调中国文学的重要性。《玉娇梨》的出版在法国甚至是欧洲引起强烈反响，司汤达、歌德都是这个译本的读者，1827年该书被译为英文后立刻在英国引起轰动。1827年雷慕沙编辑出版了《中国故事——由达维斯先生、托姆斯先生和殷洪绪神父等人翻译》（*Contes chinois, traduits par MM. Davis, Thoms, le P. d'Entrocolles etc.*）。他的学生儒莲和巴赞都有优秀的文学译作，包括《西厢记》《灰阑记》《白蛇精记》《窦娥冤》等戏曲和小说以及“四大古典名著”的部分章节。

二、宗教、哲学典籍翻译与研究

在儒家典籍方面，耶稣会传教士的拉丁文译本已取得十分辉煌的成就，影响了18世纪启蒙思想，但是法、英、德各民族语言的全译本从19世纪起才开始出现。雷慕沙重译了《中庸》（*L'invariable milieu, ouvrage moral de Tseu-ssé*. Paris, Imp. Roy., 1817），采取法、拉、汉、满四语对照的方式编排。在长达24页的前言中，雷慕沙对“四书”和满语《御制翻译四书》进行了介绍。他积极关注儒家经典翻译的动向，著有《评马士曼所译〈论语〉》（*Sur la traduction de Lun-iu, par M. Marshman*, 1814）

和《评儒莲所译〈孟子〉》(*Sur la traduction de Mencius, par M. Stan. Julien*, 1824)。

在道家哲学和道教研究上，传教士着墨不多，而雷慕沙认为道教发端于中国本土，应该引起更多的关注。他翻译了《太上感应篇》(*Le livre des récompenses et des peines*, Paris, Imprimerie de Doublet, 1816.)。在论文《老子生平与思想》(*Mémoire sur la vie et les opinions de Lao-tseu,* Paris, Imp. Roy., 1824)中，选译了一些《道德经》的章句，对老子的思想和西方先哲的思想进行对比和分析。在他这篇论文基础之上，学生儒莲完成了《道德经》的第一个全译本。

《〈佛国记〉译注》(*Foĕ-kouĕ-ki, ou Relation des royaumes bouddhiques*, Paris, 1836.)是欧洲第一部佛教游记译作，由雷慕沙翻译和评注，由克拉普洛特和朗德莱斯(Ernest Clerc de Landresse, 1800—1862)改编和完善。这部书荟萃了当时欧洲对古代中亚、南亚等地的历史、地理、交通状况的大部分研究成果。《〈佛国记〉译注》常被后来的佛教学者研究和引用，[①]是欧洲佛教研究的奠基作之一。雷慕沙还发表过《〈关于喇嘛教等级制度起源〉论文的发现》[②]《中国人笔下的佛教宇宙学和宇宙起源

① 雷慕沙去世不久后已有人专门研究他的佛教观，参见《雷慕沙佛教观点评》("Jugement d'Abel-Rémusat sur le bouddhisme", *Histoire universelle de l'église catholique par l'abbé Rohrbacher,* 3e éd. Paris 1857/61. Bd 19.1859, pp.127-129.)。

② "Aperçu d'un Mémoire sur l'origine de la Hiérarchie Lamaique", *Journal Asiatique,* Vol. IV., 1824, p. 257.

说》[1] 等关于佛教的论文。可以说，雷慕沙开创了 19 世纪法国道教和佛教研究的先河。

三、亚洲史地与中外关系研究

雷慕沙以汉语史料为基础，运用地理、历史、自然等学科知识全方位对中国及周边地区进行研究，这种方法逐渐成为法国汉学的特色，后来的沙畹（Emmanuel-Édouard Chavannes, 1865—1918）和伯希和（Paul Pelliot, 1878—1945）深入实地考察，取得了更为辉煌的成就。雷慕沙这方面的主要著作有《位于日本与马里亚纳群岛之间的不知名的岛群》（*Description d'un groupe des îles peu connu et situé entre le Japon et les îles Mariannes*, 1817）、《真腊风土记》（*Description du Royaume de Camboge*, 1819）、《和田历史及玉石研究》（*Histoire de la ville de Kothan, suivie de recherché sur la pièrre de Yu et le jaspe des anciens*, 1822）、《西藏及周边地区的若干民族》（*Notice sur quelques peuplades du Tibet et des pays voisins*, 1822）、《论基督教王公与蒙古皇帝的政治关系，以法国王公为中心》（*Mémoires sur les relations politiques des princes chrétiens*, 1822, 1824）、《哈拉和林城研究》（*Recherches sur la ville de Kara-koaroum*, 1824）、《中亚行记》（*Mémoires sur un voyage dans l'Asie Centrale*, 1838）、《论中国向西域的扩展》（*Remarques sur l'extension de l'empire chinois du côté de l'Occident*, 1827）等。

---

① "Essai sur la cosmographie et la cosmogonie des Bouddhistes d'après les auteurs chinois", *Journal des savants*. 1831, pp. 597-610, 668-674, 716-731.

四、中西交流与名人传记

雷慕沙曾为米肖的《传记大全》(Michaud, *Biographie universelle*, 1811—1862) 编写过很多中国古代名人和来华传教士的词条，如曾子、子思、孟子、司马谈、司马迁、司马贞、司马光、马端临、杜甫、阿罗本、孟高维诺、利玛窦、汤若望、卜弥格、殷铎泽、雷孝思、洪若翰、刘应、卫方济、傅圣泽、马若瑟、宋君荣等。这些词条汇集了雷慕沙对传教士汉学成就的梳理和思考。

总体而言，雷慕沙的学术志趣非常广泛，涉及亚、非、欧多个文明的语言、历史、宗教，对他者文化充满好奇和尊敬，试图打消欧洲人对东方文化的无知和偏见。他着力最多的仍是中国研究，由早期的语言研究和对传教士汉学著作的整理和评介，到俗文学作品的翻译和道家、佛教经典的关注，再到利用汉语史料对中国周边文化进行研究，可以看出，这是一个由吸收、利用传教士汉学遗产，到开拓专业汉学新领域和方法的过程。

本文集出版计划

《雷慕沙文集》计划出版六卷。雷慕沙的大多数文章通常先在《亚洲学报》等刊物上发表，后收录于《亚洲杂纂》(两卷)[①]、

---

① *Mélanges Asiatiques, ou choix de morceaux critiques et de mémoires relatifs aux religions, aux sciences, aux coutumes, à l'histoire et à la géographie des nations orientales, Paris,* Tome I, 1825; Tome II, 1826.

《新亚洲杂纂》（两卷）①和《东方历史与文学遗稿集》②中。其中《亚洲杂纂》主要收录他关于文字、语言、翻译、文学方面的论文，《新亚洲杂纂》主要是历史和人物传记，《东方历史与文学遗稿集》主要为历史与文学方面的论文。本文集所翻译的底本，除了一些专著的前言以外，多选自这几部文集。

第一卷《汉文启蒙》，译者为本文集编者之一，北京外国语大学欧洲语言文化学院李慧副教授。《汉文启蒙》作为一部教材影响巨大，也是雷慕沙被研究得较多的一部著作。该卷在排版时将保留原著中的汉字，例句中逐字对照的拉丁文翻译也全部被译出。

第二卷《有关汉语的通信——雷慕沙洪堡通信集》，译者为法国国立东方语言文化学院和巴黎综合理工学院教师曹艳艳。译自让·卢梭（Jean Rousseau）和德尼·杜阿赫（Denis Thouard）的《洪堡与雷慕沙通信集：威廉·冯·洪堡与让-皮埃尔·阿贝尔-雷慕沙的哲学语法辩论（1821—1831）》。

第三卷《中国宗教、哲学与经典》，负责人及主要译者为西南交通大学外国语学院张粲副教授，也收录有华中科技大学外国语学院陈新丽副教授、北京外国语大学国际中国文化研究院毕业硕士孙帅、刘婷的译文。

第四卷《中国历史与中西文化交流》，译者为张放和张丹彤先生。这一卷的内容主要选自《东方历史与文学遗稿集》和《新

---

① *Nouveaux mélanges asiatiques, ou Choix de morceaux critiques et de mémoires relatifs aux religions, aux sciences, aux coutumes, à l'histoire et à la géographie des nations orientales.* II Tomes, Paris, 1829.

② *Mélanges posthumes d'histoire et de littérature orientales.* Paris, Imp. Roy., 1843.

亚洲杂纂》，包括关于中国及东方国家的风俗和制度的论文，以及中国历史学家司马谈、司马迁、司马贞、司马光、马端临等人的小传。

第五卷《中国语言与文学》，负责人及主要译者为西南民族大学外国语言文学学院法语系唐桂馨副教授，也收录有巴黎高等社会科学研究院在读博士伍昕瑶等人的译文。内容包括雷慕沙《玉娇梨》译本前言，《汉语字典计划》、《关于中国文学在欧洲的现状与发展》等。

第六卷《雷慕沙研究论集》，拟辑录国内外学界对雷慕沙的研究论文，论文选自《“雷慕沙及其继承者：纪念法国汉学两百周年学术研讨会”论文集》[①]《国际汉学》等。

如上文所说，雷慕沙还撰写了很多中国以外地区文化的论文，而这些论文我们暂不收入本文集中。尽管如此，在法国汉学界尚未系统整理出版雷慕沙著作的情况下，世界上第一部《雷慕沙文集》由中国学者整理出版，这是中国学术界在中西文化交流史和西方专业汉学的文献的译介整理方面取得的又一重要成果。

世界汉学的存在标志着中国的学问已经在世界范围内展开，从来华的耶稣会士开始到雷慕沙后的专业汉学，欧洲汉学家在研究中国的漫长过程中记录了大量丰富的中国历史事实，同时，他们也做了许多突出的学术贡献，无论是在历史文献的保存、注释

①Pierre-étienne Will, Michel Zink ed., *Jean-Pierre Abel-Rémusat et ses successeurs - Deux cents ans de sinologie française en France et en Chine*. Académie des Inscriptions AIBL, 2020)

上，还是在学术的开拓与研究上。由此，关于中国历史文化的研究不再仅仅是以中文的形态得以呈现和保存。因而，系统地整理、翻译西方汉学史的名著和重要汉学家的文集，是当代中国学术的一个重要任务。这就是梁启超先生当年所说的在世界研究中国。正是为此目的，北京外国语大学中国海外汉学研究中心，从西方早期汉学经典的翻译和中西文化交流史的基础性典籍整理出版入手，先后出版了《耶稣会中国书简集》《中国图说》《中国近事》《中国新史》《耶稣会士白晋的著作与生平》《清代来华传教士马若瑟研究》《耶稣会士传教士傅圣泽神甫传：索隐派思想在中国与欧洲》《马礼逊文集》《卫三畏文集》《梵蒂冈图书光藏明清中西文化交流史文献丛刊》等书，出版的数量虽不太多，但本本都得到学界好评。这次出版的《雷慕沙文集》，以及不久我们将出版的《罗明坚文集》《白晋文集》《理雅格全集》，大体都是沿着这样的思路。学术的进步要靠几代人的努力才能完成，我们需要坚韧不拔地去做这些嘉惠于学界与后人的基础性文献的整理、翻译和出版，唯有此，学术方显示出天下公器之大道。

本文集为北京外国语大学中华文化国际传播研究院所主持的北京外国语大学“双一流”建设重大标志性项目“文明互鉴：中国文化与世界”（2021SYLZD020）以及国家社科基金重大项目“17—18 世纪西方汉学兴起研究”（22&ZD229）的阶段性研究成果。我们在此感谢各位译者的热情参与以及做出的重要的学术贡献。感谢学苑出版社的李媛编辑为文集的编辑与出版所做的工作。感谢北京外国语大学比较文明高等研究院刘玉萍老师的联系和组织工作，国际中国文化研究院边秀玲老师对文集出版方面所做的工作。

书比人长久，愿《雷慕沙文集》为我们书香的世界增添一份色彩。

张西平　李　慧

2023 年 1 月

译者序

雷慕沙及其《汉文启蒙》[①]

色诺芬在《回忆苏格拉底》中说："我们所借以认识生活的一切事物，都是通过语言学来的；我们所学得的其他一些有用的知识，也都是通过语言学得的。"[②] 西方人自古希腊时代便认识到语言的巨大魔力，通过不断地探寻语言规律，发展出了相当系统、完备的语言学观念。从古希腊、罗马的修辞学校到中世纪的"七艺"，从文艺复兴时期到近代欧洲，知识分子都需接受长时间的文法和修辞训练。16 世纪末，传教士来到南亚华人聚居区，一踏上中国大地，便孜孜不倦地编纂辞书、语法、对话手册、习语手册等各种学习工具，并且不分国籍、不分修会、不分意识形态、跨越时代地传抄和完善这些材料。随着对汉语的掌握，对中国典籍、思想等其他方面的研究也逐渐成熟。甚至可以说，传教

① 本文及译稿受中央高校基本科研业务费专项资金资助，项目批准号（2018JJ013）。

②［古希腊］色诺芬著，吴永泉译：《回忆苏格拉底》，商务印书馆，2017 年，第 93 页。

士汉学始于汉语学习，成于汉语研究。

18 世纪末，精通拉丁文、古希腊文的少年雷慕沙通过传教士的汉学著作，打开了遥远而神秘的东方古国的大门。他虽从未踏上中国大地，却凭借着自己的天赋和勤奋，在 26 岁的年纪便执掌"汉语、鞑靼语、满语语言与文学讲座"，开创了欧洲专业汉学新世代。文化沟通，语言先行。其他国家以法国为榜样也逐渐建立了专业的汉学研究机构，也同样从语言文学教学开始。而雷慕沙的汉语语法书《汉文启蒙》，也成为他影响最大的著作，其影响不仅在法国和汉学领域，更扩大到整个欧洲的文学、语言学、哲学界。

《汉文启蒙》（1822）诞生于专业汉学刚刚兴起之际，创作于 19 世纪初语言学学科起步的年代，作为专业汉学家向欧洲普通读者解释汉语机理、普及汉语文化的著作，它在西方汉学史、西人汉语研究史、世界汉语教育史链条上都是颇为关键的一环。也正是因此，迄今为止，国内外有关雷慕沙的研究中，对《汉文启蒙》的研究应该是最为丰富的。

艾乐桐（Viviane Alleton）（1996）[①]、贝罗贝（Alain Peyraube）（1998）[②] 考量了《汉文启蒙》在欧洲汉语语法研究史中的地位《汉文启蒙》及雷慕沙汉语观；让·卢梭（Jean Rousseau）、德

---

①［法］艾乐桐著，张冠尧译:《欧洲忘记了汉语却"发现"了汉字》,《法国汉学》1996 第 1 辑，第 182 ~ 198 页。

②［法］贝罗贝:《二十世纪以前欧洲汉语语法学研究状况》,《中国语文》1998 年第 5 期，第 346 页。

尼·杜阿赫（Denis Thouard）（1999）、小野文（2009）通过雷慕沙与洪堡的书信总结雷慕沙的汉语观及其影响；[①] 曹艳艳、陈辰翻译了《洪堡与雷慕沙通信集之五——论语言的完善性及翻译》（2015）；[②] 笔者（2011）在硕士论文《雷慕沙〈汉文启蒙〉研究》中对其成书、版本、特点等方面展开专门研究；刘志刚（2017）的硕士论文《雷慕沙〈汉文启蒙〉研究》翻译和评述了《汉文启蒙》的内容；[③] 牛丽媛（2018）的硕士论文《雷慕沙的汉语特征认识研究》以《汉文启蒙》为主要研究对象，详尽地梳理了雷慕沙的汉语观，并进行了共时和历时的评价。[④] 李真（2014）对比了《汉文启蒙》和马若瑟《汉语札记》的特点；[⑤] 董海樱（2005）、姚小平（2008）、董方峰（2015）等将《汉文启蒙》作为世界汉语教育史的一部分进行介绍和分析。[⑥]2020 年，《"雷慕沙及其继承

---

① Jean Rousseau, Denis Thouard, *Lettres édifiantes et curieuses sur la langue chinoise: un débat philosophico-grammatical entre Wilhelm von Humboldt et Jean-Pierre Abel-Rémusat (1821—1831) , avec une correspondante inédite de Humboldt présentée par Jean Rousseau.* Villeneuve-d'Ascq : Presses Universitaires du Septentrion, 1999；[日] 小野文：《作为例外的汉语——威廉·冯·洪堡特〈致阿贝尔·雷慕沙的信〉之考察》，《亚洲语言文化交流研究》，上海辞书出版社，2009 年。

② [法] 让·卢梭、德尼·杜阿赫著，曹艳艳、陈辰译：《洪堡与雷慕沙通信集之五——论语言的完善性及翻译》，《国际汉学》2015 第 2 期，第 154 ~ 172 页。

③ 刘志刚：《雷慕沙〈汉文启蒙〉研究》，黑龙江大学硕士论文，2017。

④ 牛丽媛：《雷慕沙的汉语特征认识研究》，厦门大学硕士论文，2018。

⑤ 李真：《雷慕沙与马若瑟汉语语法著作比较研究》，《国际汉学》2014 年第 1 期，第 126 ~ 136 页。

⑥ 董海樱：《西人汉语研究述论——16—19 世纪初期》，浙江大学博士论文，2005；姚小平：《欧洲汉语教育史之缘起——早期传教士的汉语学习和研究》，《长江学术》2008 年 1 期；董方峰：《明清时期西方汉语语法研究的历史》，《外国语文研究》2015 年第 1 期，第 20 ~ 27 页。

者：纪念法国汉学两百周年学术研讨会”论文集》(Pierre-Etienne Will, Michel Zink, *Jean-Pierre Able-Rémusat et ses successeurs-Deux cents ans de sinologie française en France et en Chine*, Académie des Inscriptions AIBL, 2020) 出版。其中有七篇关于雷慕沙在汉学建立、汉语教学与研究、中医药研究等方面的专门论文。

如张西平教授所言，“要想推动对西方传教士汉学的研究，最重要的仍是对其基本文献和著作的翻译，对专人和专书的个案研究”[①]。对《汉文启蒙》的译介有助于为西方汉学史、西人汉语研究史、世界汉语教育史提供文本支撑和个案研究。汉语的国际传播构成了中国文化走出去战略的重要组成部分，对重要西人汉语语法作品的整理、译介和研究，可为当下的比较语言学研究、对外汉语教学研究提供参考，促进国际汉语传播理论和实践的发展。

一、《汉文启蒙》的成书、文献来源和编写理念

雷慕沙在《汉文启蒙》的前言中介绍了编书的初衷，希望“学习汉语将变得和学习所有其他东方语言一样容易，或许甚至会和学习某些西方语言一样容易”（前言 p. v）。他肯定了汉学在 19 世纪欧洲的发展，但也犀利地指出“在这么多工具中，最有用、最必要的一种却仍然空白”（前言 p.v）。而当下汉语学习者最需要的“是一部包含且仅含有一切理解汉语书必要规则的基础

---

① 张西平:《西方人早期汉语学习史调查》(上)，中国大百科全书出版社，2003 年。

性语法”（前言 p. vi）。《汉文启蒙》是 1815 年以来雷慕沙汉语讲座的讲义稿，凝结了他多年的教学和研究经验，他将这份讲义整理、修订，希望“不能来听课的人将有一份讲义的概要，听课的人将从每回讲座后转写讲义的麻烦中解脱”（前言 p. vi）。

在介绍这部作品之前，雷慕沙先对欧洲人汉语语法史进行了系统的梳理，他犀利地点评了瓦罗（Francisco Varo, 1627—1687）的《华语官话语法》、一部或为康和子所编的语法抄本[①]、马若瑟的《汉语札记》、巴耶尔（Theophilus Siegfried Bayer, 1694—1738）的《中国博览》、傅尔蒙（Étienne Fourmont, 1683—1745）的《中国沉思录》和《中国官话》、马士曼的《中国言法》、哈格（Joseph Hager, 1750—1820）的《基础汉字》、马礼逊的《通用汉言之法》等作品的优点和缺点。以上这些作品也构成了《汉文启蒙》的参考文献，尤其是马若瑟的《汉语札记》，是他借鉴最多的著作。他十分认同马若瑟的理念，即“通过大量的阅读而获得的更丰富的语文学知识，并从好的文学源泉中更充分地汲取养分”（前言 p. xviii）。这也成为他编纂《汉文启蒙》所秉承的方法论之一，不少例句也来自马若瑟的作品。

雷慕沙在《汉文启蒙》中引用的汉语文献主要有：《诗经》

---

① 康和子（Carlo Orazi da Castorano, 1673—1755），意大利方济会传教士，1700 来华，在山东、北京地区传教，1734 年回到罗马。他编写了《拉丁语语法手册》（*Manuductio ad linguam Latinam addiscendam*），收录于《拉意汉词典》（*Dictionarium Latino-Italico-Sinicum*）手稿中。康和子的词典和语法都有多部抄本流传于欧洲。参见李慧：《意大利来华方济会士康和子的拉意汉词典（1732）》，《辞书研究》2018 年第 5 期，第 91 ~ 102 页。

《书经》《论语》《孟子》《大学》《中庸》《易经》《孝经》《礼记》《道德经》《左传》《史记》《字汇》《康熙字典》《淮南子》《金瓶梅》《玉娇梨》《好逑传》等。其中《论语》《孟子》《中庸》是被引用得最多的，有十条左右，《大学》《书经》《易经》《孝经》等也被引用了两次以上，《史记》《左传》《道德经》《淮南子》等仅引用一到两次。相比之下，在今文部分，作者几乎没有给出任何例句的出处，我们仅能根据例句内容猜测出处，如原书 128 页介绍指示代词时的例句“这西门庆”，得知该句出自《金瓶梅》；原书第 132 页解释“将”字句时所用例句为：“白公遂将相士之言与吴翰林请酒及错读弗告轩之事细细说了”，从这一句得知该句出自《玉娇梨》。该部分例句大部分来自马若瑟的《汉语札记》。

雷慕沙对《汉文启蒙》的编纂有着清晰的理念。

关于汉语言学习的难度，雷慕沙认为汉语有规则可循，而且规则简单，他常在解释语法时加上“此规则无例外”等字眼。他说：

> 词的位置决定涵义，根据详细且恒定的规则，基本永远不会有歧义。尽管汉语非常凝炼，而且常有转义，同样一个句子从不会有两种合理的说法。我们提出这些断言，因为它们直接否定了一直以来对汉语的偏见。不幸的是，受教育不多和观念错误的人赋予汉语他们想象中的“含糊不清”。①

① Rémusat, *Élémens de la grammaire chinoise*, 1822, p. xxviii.

“永远不会有歧义”“同样一个句子从不会有两种说法”这样的话过于夸张，但可以体现出雷慕沙总结汉语规则时的自信，试图打破“汉语无规则”说，希望让更多的人能放下偏见来学习汉语。

他认为编写语法书有两种方法，一种是穷尽所有的规则和细节，另一种则是为初学者提供主要的规则和必要的文献。两种方法各有利弊，但是如果只能拥有其一的话，应该选择第二种：提供一部简明、基础性的语法书，附上比较细致的索引表，介绍学习方法，方便读者找到继续进步的途径。

关于内容的架构，他的理念是“首先以他们（学生）习惯的并很难摆脱的语言形式来介绍汉语语法中所有可以自然地套用在我们词类划分的地方”，然后“通过概括虚词的各种用法，快速地回到汉语系统中”（前言 p. xviii）。因此，雷慕沙保持了欧洲人熟悉的“八个语法范畴”的框架，将无法纳入西文语法范畴的内容放入“虚词”部分，并赋予了大量的篇幅，希望“对每个虚词的构成和它在句子中的作用建立起正确的概念”（前言 p. xx）。

关于句法，雷慕沙认为前人没有做过相关研究，应该从词和句所对应的位置来观察二者的关系，需要坚持不懈地阅读最好的原典，以优秀的文学作品为学习和模仿的对象，才能学到汉语的精髓。

关于汉字，与大多数传教士编纂的语法不同，雷慕沙非常重视汉字的介绍。1817 年出版《中庸》时，他就组织刻字师刻了一批字模，这次他又申请到经费，组织人补刻了若干汉字，两次一共刻了 1400 字。本书还附了汉字索引，“它就像一部小词典一样，比查阅大词典还要方便，有了它我们可以练习用部首法来随心所欲地查找汉字的意义和发音，养成分析汉字并分辨其部首的习惯”（前言 p. xxiv）。

二、汉文启蒙的内容

在这样的编写理念下，《汉文启蒙》全书篇幅不长，共 214 页，汉字还占了很大的版面。全书分“前言”“绪论”“语法”“附录”4 个部分，其中语法分“古文”和“官话”两个部分。这种对汉语语法架构划分的首创者当属马若瑟的《汉语札记》。

在前言中，作者回顾了西方各国研究汉语的历史，介绍了《汉文启蒙》的功用和特点，最后介绍了汉语学习的方法。绪论部分介绍了汉字和语音知识，附了一份长达 5 页的声韵配合表。接下来是正式的语法部分，分“古文”和“官话”两部分。两部分的分节基本对应，如表 1 所示：

表 1　“古文”“官话”分节对应表

古文	官话
名词（第一节）	名词（第一节）
形容词（第二节）	形容词（第二节）
专有名词（第三节）	（无）
数词（第四节）	数词（第三节）
代词（第五节）	代词（第四节）
动词（第六节）	动词（第五节）
副词（第七节）	副词（第六节）
介词（第八节）	介词和连词（第七节）
连词（第九节）	
叹词（第十节）	叹词（第八节）
虚词（第十一节）	虚词（第九节）

“古文”分 11 个小节。每一节内部也基本按照拉丁语语法的顺序介绍。“专有名词”被专门辟出一节来介绍，因为雷慕沙认为这些词的构成也体现了语法规律，如城

市、河流、山的名称、人名等。

“官话”部分有 9 个小节，比古文部分少了“专有名词”。除了“虚词”小节外，其他小节篇幅都比较简短，着重介绍古文和今文的区别，而二者相通之处不再赘述，直接索引至前文。

对于每一条规则或每一个字，作者先介绍本意或最常用的用法，然后是引申义，最后是该字与其他字的组合用法。方括号中的数字代表相关知识所处的段落号，读者可以方便地查询、复习和扩展知识。

附录分为 4 个部分，分别介绍汉籍的标点方法、汉籍形式、诗歌知识和皇家图书馆内可用的汉籍资料。作者选这些内容在附录中介绍，是为方便学生阅读原版汉文书籍做准备。附录后是本书的索引表，分别有本书所有汉字表、难检字表、双音节词汇表和缩略语表，方便学生利用本书。

三、《汉文启蒙》的特点

第一，雷慕沙对前人成果进行了最为充分的吸收。

雷慕沙之前的西方汉语语法著作（包括印本和写本）概况如表 2 所示：

表 2 《汉文启蒙》之前主要的西方汉语语法著作

时间 / 地点	作者	书名	语言	有无汉字	内容特点
1650 年左右 / 巴达维亚（写本）	卫匡国	《中国文法》（*Grammatica Sinica*）	拉丁文	手写汉字	以官话口语为主，分三章：第一章语音，第二章名词、动词、代词，第三章副词、介词等

续表

时间 / 地点	作者	书名	语言	有无汉字	内容特点
1703 年 / 广州（印本）	瓦罗	《华语官话语法》（*Arte de la lengua Mandarina*）	西班牙文	无	以官话口语为主，例句以基督教内容为主。语音部分较少，按词类解释汉语规则，重视礼貌用语和日常用语。
1728 年（1831 年在马六甲出版）	马若瑟	《汉语札记》（*Notitia linguae Sinicae*）	拉丁文	手写汉字	第一次分口语和书面语，引用大量原典例句，试图打破传统拉丁语法体系。
1730 年 / 圣彼得堡（印本）	巴耶尔	《中国博览》（*Museum sinicum*）	拉丁文	附录中有部分汉字，但难以辨认	分两卷本，但语法内容少且错误较多。中国文化介绍部分集合多渠道信息。
1732 年 / 北京（写本）	康和子	《汉语语法学习手册》（*Manuductio seu Grammatica ad linguam Sinicam addiscendam*）	拉丁文	手写汉字	共 20 章，内容与《华语官话语法》相似，但改变了注音系统，增加了汉字、例子以及文化内容的短语。
1742 年 / 巴黎（印本）	傅尔蒙	《中国官话》（*Grammatica Duplex*）	拉丁文	印刷体汉字	第一部采用汉字活字字模印刷的语法，内容与《华语官话语法》相似。
1814 年 / 塞兰坡（印本）	马士曼	《中国言法》（*Elements of Chinese Grammar*）	英文	印刷体汉字	专门的汉语文言语法，体系较为完整。吸收了普遍唯理语法观点和比较语言学观点，将汉语与其他古代语言进行比较。
1815 年 / 塞兰坡（印本）	马礼逊	《通用汉言之法》（*A Grammar of the Chinese Language*）	英文	印刷体汉字	以日常口语为主，忠实地套用西方语法编写，例句不够准确。

以上是《汉文启蒙》以前主要的西方汉语语法著作。这些著作中除了卫匡国的《中国文法》以外，雷慕沙都在前言中进行过评论，还提到了哈格、蒙突奇（Antonio Montucci, 1762—1829）[①] 和若干西班牙传教士手稿。而在以上这些语法著作中却没有任何一部能如此完整地介绍和分析前人著作。

与传教士和早期学者相比，雷慕沙有充分的便利来利用巴黎皇家图书馆的资源，19 世纪整个欧洲学术环境的活跃，促使他与克拉普洛特等各国汉学家进行学术交流。1815 年至 1822 年，雷慕沙积累了丰富的教学经验，他明确了自己的作品的目标——阅读汉语文献，与传教士重视口语语法相区别，并有针对性地选取资料，取长补短，形成富有自己特色的作品。例如，他刻印汉字模来印刷，避免了《华语官话语法》没有汉字的缺陷；在汉字运用上，他采取马礼逊的方法，即从右到左每行 5 个字，每个字旁边有发音和拉丁文释义，还有整句话的翻译；在内容编排上，他摒弃了马若瑟语法中例句过多、体系较零散的编排，而采用比较规整的、类似拉丁语法的体系，以便于欧洲本土学生入门；在教学方法上，他赞同马若瑟和马士曼的主张，特别强调例句的重要性。总之，《汉文启蒙》可谓是当时对前人成果吸收最为充分的

---

① 关于哈格和蒙突奇，详见 Lundbaek, Knud, *The Establishment of European Sinology 1801—1815*, 1995, pp. 16-18。哈格对古汉字感兴趣，希望能够复兴欧洲对中国的研究热潮。1801 年他出版了第一部汉学著作 *An explanation of the elementary characters of the Chinese, with an analysis of their ancient symbols and hierogliphs*（London, 1801）。蒙突奇在 1806—1828 年间组织刻制汉字字模，意图出版汉语词典，收集了很多汉籍，最主要的汉学著作有 *Letters on Chinese literature*（1804），*Remarques philosophiques sur les voyages en Chine de M. De Guignes*（1808）等。

汉语语法著作。

第二，以培养阅读能力为目标的汉语语法教材。

《汉文启蒙》之前的语法分为传教士所编语法和欧陆学者所编语法。传教士所编写的语法大多重视口语教学，以培养读者沟通和交流能力为目标，而沟通与交流的主要目的是服务传教事业。只有马若瑟首次将汉语语法分为白话和文言两部分来介绍，“第一次完整地向汉语学习者展现了中国语言的全景式图画”，[①] 但是马若瑟的语法也是以培养传教士口头和书面的交际能力为主要目标[②]。欧洲本土汉学家傅尔蒙和巴耶尔在 18 世纪时创作的汉语语法都是针对汉语或汉字规则的研究，与教学无关，读者群体定位为对东方语言文化感兴趣的知识分子。

而在雷慕沙所处的时代，汉学讲座已设立，《汉文启蒙》主要以学习汉语的学生、汉学讲座的听众、其他各领域的知识分子为目标群体，以让读者从阅读汉语原典中了解中国思想和文化、在欧洲推广汉语学习和研究为目的。他用汉字来出版，附有部首表、难检字表，教如何查字，重视汉字结构的介绍，用大量篇幅介绍已出版的汉语翻译材料和皇家图书馆的汉文资料，介绍诗歌知识等。简言之，雷慕沙对《汉文启蒙》的设计处处绕着阅读原

① 李真：《〈汉语札记〉对世界汉语教学史的贡献》，《世界汉语教学》2005 年第 4 期，第 106 页。

② “第一部分是为了在多方面服务于传教士。他们在说话的时候更容易被理解，也更容易理解他人。他们也将能够更轻松地阅读白话文，……于是今后也将能够用这种文体进行写作。第二部分将为他们在挖掘古代作品的意思时提供帮助，以便将它们变成其他语言，并撰写出高雅的文章”，参见 Joseph Henri Marie de Prémare, *Notitia linguae Sinicae,* 1831, p. 25.

典来进行。

第三，简明、实用的编写风格。

雷慕沙希望有越来越多的人学习汉语，他不希望大部头的语法将汉语学习者吓退，而是编写简明、实用的语法，如他所说："所有必要的语法点都已包含在内，没有遗漏任何基本点。任何人在学了此书的 400 段以后，都可以带着自己将会战胜遇到的所有语法难点的信心，大胆地进行原典学习"（前言，p.xxvii）。在语法最后，作者仅用一页篇幅概括了汉语句法，说"这一小篇是我们能做到的最为详细的汉语句法总结"。[①] 虽然"都已包含""没有例外""任何文本"等用词过于夸大，但是他的初衷是想通过简明、实用的教材改变长期以来欧洲人对汉语的偏见。

为了在有限的篇幅内充实全书的内容，他尽量以简单、凝练的语言来解释汉语语法，并采用了段落标号的方法，提高了每条解释和每个例句的利用效率。相较之下，《汉语札记》内容十分丰富，但却经常会出现重复的内容，比如在解释"道"字时，他提到了"难道"一词并举了很多例子，[②] 用了一页半的篇幅。而在疑问虚词中第 14 条"难道"一词又用了一整段解释了一遍。而在《汉文启蒙》中遇到这种情况则会直接标出相关知识点的段落编号，避免重复，提高效率。例如：

---

① 原书第 166 页：Ce peu de mots est le résumé le plus précis qu'on puisse faire de toute la phraséologie chinoise.

② Joseph de Prémare, *Notitia linguae Sinicae*, Malaccae, 1831, p.59.

94. 有些则是名词，在与其他名词结合后表达一种品质（attribut）【79, 80】，例如：天命 金像。

这条语法出现在古文部分形容词章节内，方括号中的数字代表与该知识点相关段落编号。我们来看第 79 段和 80 段：

79. 当两个名词构成一个新词时，前置语（le terme antécédent）位于后置语（le terme conséquent）之后：民力 河東。这是汉语中的普遍规则，没有例外。

80. 上条规则也适用于所有的复合名词，例如我们说：天子 宗廟。

段落标号能避免重复，举一反三，节省了书的篇幅。正如作者所说：

我们将每条规则的例子限制在一两条，但是为了最大限度地利用例句，我们在每段后指出在哪段可以找到类似的句子。（p. xxiv）能将这些注释利用起来的人，可以为自己增加对比方法和练习分析汉语句子的机会，而且能增加他们相信所学规则准确性的理由。①

①Rémusat, *Élémens de la grammaire chinoise*, 1822, p.xxiii-xxiv.

作者在索引表和附录的编排上也体现出实用的宗旨。书中的部首表、汉字索引表等编写得规范而细致。在《绪论》部分的《部首表》中，每个部首后面都有一个数字，代表在《字彙》中该部首下有多少汉字，以表明该部首的使用频率。本身没有意义的部首旁边标有“╪”符号，位置固定的部首标有“*”号，方便初学者学习和查阅。书的最后附了按 214 部顺序排列的汉字表，如同一部小字典。相比之下，前人的语法著作的附录都不及《汉文启蒙》的编排丰富、实用。

此外，雷慕沙省略了对中国国情的介绍，附录中的诗歌、汉籍藏书情况等介绍，也都是围绕着阅读这一中心。而马士曼的《中国言法》长达 600 多页，真正的语法只有 300 多页，其他部分大多在讨论汉语与其他语言的关系问题；巴耶尔长达两卷本的巨著《中国博览》大部分也是介绍中国文化，更类似于中国资料杂纂，他们的作品不及雷氏语法简洁，针对性强。

雷慕沙力求作品精练简洁的思路是值得肯定的，但是“简明”也容易漏掉细节和重要的特殊用法，例如在介绍 214 部检字法时，雷氏没有教学生如何数笔画，只提到“乙”字算一画，“口”字算三画（原书第 22 页），这不足以使学生学会笔画构架，学生在查阅字典时定会遇到不便。

第四，拉丁语法框架内的汉语体系化尝试——对异质语法矛盾的调解。

与语言结构的性质相联系的问题就是语言的基本结构单位。注重语音分析和构词分析的印度传统，与注重形态学、后来又加上句法学的希腊拉丁传统，合流成印欧语研究传统，这类语言富有形态变化，以词和句为基本结构单位，围绕着词与句的关系展开它们的语法研究，探索名、动、形的词类划分和它们与语句结构成分之间规律的对应关系，建立语法理论。因此可以说印欧语言的基本结构单位是“词”。而汉语没有形态变化，没有印欧语类型的“词”和“句”，它是以“字”为基本结构单位，从文字、音韵、训诂三个方面研究字的构造规则，突出语义，形成汉语特有的研究传统，因此汉语的基本结构单位是音、形、义结合的“字”。基本结构单位的不同是两大语言传统的本质区别所在。①

印欧语传统与汉语传统发生接触和碰撞，早自东汉佛教传入，佛典汉译时期就已经开始，400 多年前耶稣会传教士来华后，调和汉语和印欧语矛盾的尝试达到了一个新的高潮。早期欧洲人自然是戴着“拉丁语法”眼镜来研究汉语，这是他们进行语言学习和研究的“元语言”和“身份”。第一部中国人根据拉丁语法体系完成的汉语语法《马氏文通》问世以来，中国学者也一直师法印欧语的“词本位”研究路子，试图实现与印欧语研究传统的结合来探索汉语语法。然而这种以“词”为基本结构单位，探索“词”与“句”关系，寻求名、动、形的词类划分和它们与句子结构成分的对应关系的方法，能否适用于汉语研究，长期以来学者们争论不休。很多中、外语言学者认为，“字本位”与“词本

① 徐通锵:《汉语字本位语法导论》，山东教育出版社，2008 年，第 1 ~ 4 页。

位”研究存在根本矛盾，从20世纪国内著名语言学前辈赵元任、吕叔湘，到今天的徐通锵、潘文国等学者，都对此矛盾进行过思考并试图调解。[①]

事实上，早在《马氏文通》之前，每一位编写汉语语法的西方人都已经意识到用拉丁语法套用汉语的矛盾和冲突，并尝试各种努力来进行调节。雷慕沙当然也敏锐地意识到了汉语特质与西语法结构的矛盾。他没有像瓦罗、马礼逊等人直接以如“我爱、你爱、他爱……”这样的动词变位方式来解释汉语动词，也没有像马若瑟一样，力求通过大量例证来描述汉语语言现象，而是试图在拉丁语法与汉语特点之间寻求平衡。

从全书的内容安排来看，他虽然吸收了马若瑟的“古文/官话”分法，但马若瑟是“先今后古”，体现由易到难，由口头到书面的学习梯度，而雷慕沙则采取了“先古后今”的顺序。他这样安排是因为他注意到了古文中单音节词发展为今文中的双音节、多音节词这一现象，所以他在编排内容时，先介绍古文中一些基本的字的意义，再在今文部分对该字的介绍中补充和添加在古代汉语中没有的意义，体现出汉语本身的发展脉络。从小节的顺序上来看，如同前文表格所示，雷慕沙的“古、今”两部分小节的内容和顺序几乎一致，且遵循拉丁文语法顺序。而《汉语札

---

① “字本位”作为一种全新的汉语语言学理论，由徐通锵先生最早提出，近十几年引起了国内外学术界、对内对外汉语教学界以至中国外语教学界的关注。2008年，徐通锵、潘文国先生主编的《字本位研究丛书》出版，从“字本位”立场出发，对如何打破汉语“词本位”研究模式，重新建构现代汉语语法进行探索。

记》中两大部分的内容则不相同，并没有对应关系。从每一小节内知识点安排的顺序来看，《汉文启蒙》知识点在每一节内的排列也有规整的顺序，严格按照拉丁语法顺序进行，而《汉语札记》对知识点的安排则较为自由。雷慕沙将整个语法的重点放在虚词，而把常用的介词、副词等放在虚词部分，单独解释每个虚词（字）在具体句子中的用法。这样是为了避免无法将这些字归于某种词类的矛盾。他还不断强调语义的作用和读者思维的参与。

在讲解语法时，他刻意不用拉丁语术语，而是采用例如“一种……的标记”（une marque de）、“一种……的意义”（un sens de）这样的表达来弱化拉丁文的语法体系对汉语的框限，去除不能与汉语相对应的成分。

在例句方面，他也借助拉丁文。每个例句中的每个汉字旁边都标注了发音和拉丁文这种字对字的对译，该例句之下再给出整句法语翻译。标出每个字意思是为了突出汉字“音、形、意结合”的特性，特意用拉丁文而不是其他语言标示汉字意义，因为拉丁文丰富的词形变化和可变格的特性可以表达该汉字在句中的作用，且没有词序的限制。例如他将“者”字译为关系代词“qui quae quod”，汉语中并没有专门的关系代词词类，法文的关系代词 qui、que 等没有变格且对先行词的位置有要求，相比之下拉丁文关系代词更加灵活，所包含的信息更加丰富。

四、《汉文启蒙》的地位和意义

从语言学的角度来探讨，雷氏没能超越他的前辈，没能够对汉语的研究和认识有一个本质上的突破，他很难超越时代，深入当时还新兴的现代语言学学科内部，对汉语体系的建立有一个革命性的创新。但《汉文启蒙》中蕴含的编写思路和具体内容，凝结了作者多年来的汉语研究心得和对汉语独到的认识与思考，有明确的定位，鲜明的风格，质量精良，是一部突破传教士传统之作。此书十分受欢迎，影响广泛，纠正了欧洲人对汉语的错误认知，启蒙了一代又一代的汉学家和中国文化爱好者。正如贝罗评价："它是第一部对汉语作逻辑综论及结构分析的著作，在很长一段时间里，这部书被用作参考书。"[①]

当代学者李葆嘉认为，17—19 世纪的西方汉语语法学，根据其学术背景或基础，正好可划分为三代：

> 第一代是基于"拉丁文法眼光"中的西洋汉语文法学，或拉丁比附式汉语文法研究；第二代是基于"拉丁文法框架＋汉语虚词研究"的西洋汉语文法学，或中西结合式汉语文法研究；第三代是"语言类型学视野"中的西洋汉语文法学，或创新式汉语文法研究。由此反映一条从以拉丁文法框架汉语到思考汉语文法与西方的异同，再到创建基于

---

① ［法］贝罗贝：《二十世纪以前欧洲汉语语法学研究状况》，《中国语文》1998 年第 5 期，第 346 页。

汉语结构特征的文法学的演化轨迹。日耳曼式代表最高成就。[①]

笔者认为上文中的“三代划分法”基本概括了17—19世纪西洋汉语语法学的发展过程。而《汉文启蒙》属于第二代，基本还是按照拉丁语的语法框架来描述汉语，还未进入语言学视野。但是《汉文启蒙》启发了洪堡，他对汉语理论的研究主要基于雷慕沙的《汉文启蒙》及《中庸》译本，二人还进行了长达十年的通信交流。通过这些交流，洪堡从语言结构类型学角度，揭示汉语语法特点，从此汉语进入了语言学视野。可以说，雷慕沙和他的《汉文启蒙》，应被视为从“拉丁文法框架+汉语虚词研究”到“语言类型学视野”转折的过渡者和联结者，是西方人对汉语研究和认识的转折点，即从基于拉丁文框架的描述性汉语语法到基于历史语言学的研究性汉语语法。

从400多年前传教士来华起，西人就开始探索两大语言传统的结合之路。虽然他们对汉语的认识和研究越来越成熟和清晰，但都无法摆脱与生俱来的语形、语法观念，对汉语的认识总是隔着一层滤网。《马氏文通》以来中国本土学者在汉语语法研究中所遇到的种种疑难杂症和若干纠缠不清，西方学者都已逐一遭遇，而也并没有认为西方语言语法能够全盘适用于汉语，相反，从一开始传教士语法家们就认识到汉语的独特性，把西洋语法的概念、范畴、规则移植于汉语只不过是权宜之计。虽然移植的结

① 李葆嘉:《中国转型语法学——基于欧美模板与汉语类型的沉思》，南京师范大学出版社，2008年，前言第3页。

果在今天看来并不一定都成功，但是从西方汉语研究历程看，晚明以来中国的学问就已经进入了全世界的视野，中国语言研究不仅是东方人的学问，也是西方人研究的对象，因此对西人汉语史的研究具有双面性，既是在西方体系内完成的学问，又构成了国学的一部分。因此影响广泛的转折性著作《汉文启蒙》也应在中国语言学史中占一席之地，是中国近代语言史研究的一部分，它有助于我们对探索汉语语法中遇到的困难进行反思和参考。

五、关于本书的翻译

《汉文启蒙》共有两个版本，分别出版于 1822 年和 1857 年。1857 年版由德·罗斯尼①编校，正文内容与 1822 年一致②。本译本的底本是 1822 年版。鉴于原著是语言学著作，译者在保证汉语语句通畅的前提下，试图尽量保留法文和拉丁文的字面意思和部分句子结构，以还原原文在解释汉语时的语言逻辑。

《汉文启蒙》的一大特色在于其精美的汉字排版，为了能够

① 德·罗斯尼（L. de Rosny, 1837—1914）是巴赞的学生，东方学家和人种学家。

② 新版前言之前的《告读者》中对于为何再版此书有如下解释："多年以来，雷慕沙的《汉文启蒙》变得越来越罕见，因此想得到它需要很高的代价。这部佳作如此缺乏的状况曾让学习汉语基础的人们遗憾不已。为了重新让雷慕沙的汉语语法以便宜的价格出现在学生和东方学家的手中，作者的一个表亲重新出版此书，新版内容与 1822 年皇家印书馆版的内容完全一致。校正工作由法国东方学会（Société orientale de France）秘书之一德·罗斯尼完成。至于书中印刷的汉字，由皇家印书馆的刻字师马尔斯兰·勒格朗（Marcellin Legrand）在钢模上刻制。"第 1 版后有一页勘误表，第 2 版中除前言第 23 页以外，其他错误都已订正。第 2 版比第 1 版在附录中多了罗斯尼的论文《论汉字的声旁》（*Des phonétiques chinoises*），论述掌握形声字"声旁"对识读汉字发音的重要性，并列了《汉文启蒙》中出现的作为声旁的字在与不同偏旁组合成新字时的发音以及此字在《汉文启蒙》中的页数。第 2 版与第 1 版所用汉字字模不同，第 2 版为皇家印书馆刻字师勒格朗新刻制。

为读者还原书排版效果，本书将原书中的汉字和其他符号“抠图”，依照原书的排版，插入译文之中。

原书例句中，每个字旁有该字的拉丁语释义。拉丁语高度屈折，每个词包含了丰富的语法信息。关于例句拉丁文释义的翻译，译者采取如下策略：

1. 名词、形容词、代词

性：指示代词指代人时，阴、阳性通常译出，如 illa 译为“她”。

数：人物名词、代词复数通常会加上“们”字来表示，物品的名词、代词复数必要时用“(复)”来表示。

格：只翻译属格，例如 hominis，译为“人的”。其他的格不特别译出，除非需要强调的地方，括注该词的格，如“(夺)”“(与)”。

形容词：统一译为“……的”。

关系代词 qui quae quod：译为“的人”“的事”“那人”“那事”等。

2. 动词

人称：如果句中有主语，翻译该动词时不再加主语；如果原文中没有，动词的人称会译出。例如 videt 译为“他看见”。

时态：原句中没有过去时标志词，如“以前”“昨日”的时候，过去时态翻译成“曾……”。原句中没有将来时标志词，如“将来”“明天”的时候，将来时态翻译成“将……”。

语态：被动态多数情况下译为“被……”。

语式：直陈式和不定式不做特殊处理。虚拟式用法特殊时，括注“(虚拟)”，命令式会括注“(命令)”，现在分词括注“(现分)”，完成分词括注“(完分)”，将来分词括注“(将分)”，动名词括注“(动名)”，动形词括注“(动形)”。

2008年，本人考入张西平教授门下读研，张老师建议我研究雷慕沙及《汉文启蒙》，从那时起，我就有了翻译该书的想法。在张老师的指导下，2011年6月我顺利通过论文答辩，毕业之际，张老师语重心长地鼓励我在未来要继续关注和推进雷慕沙研究。此后我的确一直在追踪雷慕沙研究动向，也欣喜于越来越多的中国学者对雷慕沙产生兴趣。但是十年之间，我的学业和工作转向了拉丁语言文学，《汉文启蒙》的翻译计划却断断续续未能完成。感谢张西平教授牵头组织《雷慕沙文集》出版项目，让我十年前的心愿得以实现。感谢学苑出版社对《雷慕沙文集》出版计划的支持。感谢北京外国语大学法语语言文化学院车琳教授、国际中国文化研究院李真副教授作为硕士论文评审老师对我的指导。感谢河北大学外国语学院俞楠老师、北京外国语大学法语语言文化学院外籍专家Roland Scheiff副教授对翻译疑难部分的解读。感谢北京外国语大学法语专业硕士毕业生严沁宇将原书汉字抠图插入文档，并对译文做了细致校对。

为方便读者理解，特在原书译文前增加总序、译者序及符号说明，另对部分插图内容做了中译文对照处理。

本人水平、能力有限，误译之处，敬请读者批评指正。

李　慧

2020年8月于北京

符号说明

1.【45】:“参看第45段”。

2.[……]：汉字的释义。

3. 页码标注方式与原书保持一致。(p. vi)：原书第vi页，(p. 10)：原书第10页。

汉文启蒙

前　言

（p. v）时至今日，那些针对中国文学在欧洲发展的阻碍和偏见似乎日渐减少：我们可以预见那些阻碍全部被清除、偏见完全消散的一天，学习汉语将变得和学习所有其他东方语言一样容易，或许甚至会和学习某些西方语言一样容易。关于历史、地理、哲学或文学各个方面的诸多优秀作品让我们更好地欣赏这些长久以来一直埋藏在我们图书馆灰尘下的汉籍中的财富。叶尊孝神父（Basil de Glemona）《汉字西译》的出版、第一版马礼逊（Morrison）《华英字典》的发行、克拉普洛特（Klaproth）《汉字西译补》（*Supplément*）的出版、若干附有直译的原典的发表，以及——比这些更重要的——法兰西皇家学院[①]中国语言与文学讲座的开设，都好像是一种鼓励，召唤学生们去耕耘一个长期被忽视的领域，并为他们的努力许诺丰厚且多样的收获。

在这么多工具中，最有用、最必要的一种却仍然空白，那些由于所处位置或由于工作关系而不能来参加法兰西皇家学院课程

① 译者按：Collège Royal，即今天的法兰西公学院（Collège de France）。

的人深切地感受着这种迫切的需求，（p. vi）六年以来，他们只能收集听记的内容，而这些内容构成了教师授课的基础和讲义。我们应该期待的，是一部包含且仅含有一切理解汉语书必要规则的基础性语法。它应是一本简短而基础的、可以满足商人的要求，并能将他们从翻阅众多厚重、罕见、贵重却没有任何特色而值得成为经典的著作中解脱出来的语法书。老师也预见了这个迫切的需求，这也正是最认真听汉语课的学生的迫切需求。而且从他开始讲座的第一年起，他便匆忙地编写汉语言规则，让想写下这些规则的学生听记下来；而他讲课时暂时不去为这些艰深的概念口头加上所有的解释，这会为他增添更多的困难。如此这样，经过五年考验，加上深入的讨论、不断的评论，以及一些内行的听课者明智的意见，这个经过完善的听记讲义终于能够付梓出版，既为了方便不能来听课的人，也为了那些认真的听课者。不能来听课的人将有一份讲义的概要，听课的人将从每回讲座后转写讲义的麻烦中解脱——这种将口述内容转写为讲义的方法十分缓慢和辛苦，阻碍着基础学习的脚步，延迟了我们能够专心于文本解释的时代的到来，并且要求听众积极配合和坚持不懈，而我们并非总有权利要求他们做到这些。

对于一位作者来说，没有比为针对自己作品纯属多余的质疑而辩护更重要的事情了；（p. vii）对于一位教师来说，没有比让人看到自己没有屈从于幼稚的追求革新的狂热，而引进一种到他为止还没有被采取的教学方法更重要的了。因此，我们认为，回顾本书之前的同类作品很有用，并且有必要简要的评论，指出这些作品中使学生气馁和阻碍其进步的不完美之处。

一个多世纪以来，已经有 8—10 部汉语语法作品问世，值得注意的是，这个数字或许是那些同时期在汉语方面取得真正进步的欧洲人数量的两倍。如果我们必须把成绩寥寥归咎于长期以来人们一直认为汉语学习太过困难，或者，如果这不是汉语语法作者的错误，则归咎于他们套用的系统和指导其选择所要介绍的规则时采用的原则，做这样一个简评或许是必要的。

正如我们所知，最早的、真正值得被称作汉语语法的，是由多明我会瓦罗神父（Varo）所作，这部语法于 1703 年在广东印刷，木质雕版，中国书式样。[①]（p. viii）这部罕见的作品或许值得重印，但应该在重印时给所有用拉丁字母转写的汉语词加上汉字。作者是为了其修会传教士而作此语法，因此他只致力于给出通俗语的、出版《圣经》最必要的规则。他特别注重发音，而发音很难用文字表达，而且只对想说汉语的人有用。如果我们去掉瓦罗的语法中发音部分冗长的细节以及同样长篇的关于中国礼仪的说明，严格意义上的语法就只剩下不到 30 页了。然而，语

---

① 这部十分罕见的书连皇家图书馆都没有藏本，它为 8 开本，64 张双页装订，像中国书一样折叠。第 1 页为书名页，有 3 页前言，50 页语法正文，有 10 页是叶尊孝神父的《解罪手册》（*Brevis Methodus confessionis*）拉丁文—中文对照（拉丁字母表示）。作品为西班牙文，书名为:《华语官话语法》，1703，广州（*Arte de la lengua mandarina, compuesto por el M.R.o P.e Francesco Varo, de la sagrada orden de N.P.S.Domingo, acrecentado y reducido a major forma, por N.o H.o Fr.Pedro de la Piñuela, p.er y commissario prov. De la Mission serafica de China; Añadio se un Confesionario muy util y provechoso para alivio de los nuevos ministros. Impreso en Canton, año de 1703.*）—康和子神父（Horace de Castorano）曾说，普拉斯德神父（Placide *a Valsio*）雕刻了此书的西班牙文木刻板。《汉籍述要》，传信部稿本，1739 年，第 13 页（*Parva elucubratio,* Ms. De la Propag. 1739, pag. 13.）。

法部分中也有一个重要的缺点，这个缺点被几乎所有的后来者模仿。这位教士，如他自己所说，遵照的是内布里哈拉丁语法的方法。[①]尽管他收集了大量汉语习惯用语，我们却不能否认套用拉丁语法的程式常使其远离汉语真正的精髓。至少可以肯定的是，对于一种名词没有格，动词没有时态和语式的语言来说，他应该用比变格和变位表更为有用的概念来填满他所保留的简短的篇幅，而非变格和变位的范例。

一部属于皇家图书馆的佚名语法手稿（p. ix）与瓦罗神父的语法在论述顺序和例子选择上惊人地相似：尽管这部手稿看起来更完整且更广博，长达 178 对开页[②]，但是它实际上没有增加任何要点。这部手稿同样全为拉丁字母撰著，只列出一张带有汉字的词汇表。我们对瓦罗语法的评价，完全适用于这一部佚名手稿。或许这部手稿如傅尔蒙（Fourmont）多处提到的蒙蒂尼神父（Montigny）的作品是一样的。这位传教士和康和子神父（Horace de Castorano）都撰写了汉语语法，但我们并不知道他们的语法自傅尔蒙之后的下落，傅尔蒙说他手中有这两部语法。它们应该都模仿了瓦罗的语法，因此损失并不是不可挽回的。

另一部皇家图书馆所藏的没有出版的语法作品是马若瑟神父

---

① 译者按：埃里奥・安东尼奥・德・内布里哈（Elio Antonio de Nebrija 或 Nebrixa, 1441—1522），西班牙著名人文主义者和语法学家，著有《拉丁文文法入门》（*Introductiones in Latinam Grammaticen*），他的书在出版后差不多两个世纪一直是拉丁语法学习的标准参考书。

② 手稿的续篇收录了一些通俗的对话，这些对话由一百多年前的一位葡萄牙传教士编纂。在这些对话中，很多都在马礼逊先生的《中文会话及凡例》（*Dialogues and detached sentences*, Macao, 1816, grand *in-8°*）中出现过。

（Prémare）的《汉语札记》（*Notitia linguae sinicae*）三卷本。傅尔蒙大量评论过这部优秀的著作，但是我们可以说，他只是让人们十分片面地了解它的价值，甚至说，他可能有意对其价值有所隐瞒。马若瑟神父是唯一一个明确区分汉语的两种风格的人，而其他所有的语法作者都将它们混为一谈。他为两种风格分别给出语法规则，并且（p. x）无论是白话还是文言，他都深入虚词用法的细节中去，用大量例子支持每一个论点，或者更确切地说，他让语法规则在最优秀作品的对比中自己浮现出来，用最仔细的方式来对照和解释语法。傅尔蒙说马若瑟神父的这部作品与其说是语法，不如说是修辞法。[①] 事实上，这位博学的传教士集合了很多对于演说风格及修辞格的评论，这对于想学习汉语写作的人来说更有用，而对于只想掌握语言规则，以及想为自己开辟一条理解原典的通道的人来说，就没那么有用了。但他也并没因此而忽略基础知识，对这部语法唯一有根据的批评或许是它牵扯得太广、太注重特殊用法了，而不是将它们归纳成综合的评论。一言以蔽之，与其说是一部严格意义上的语法，不如说是一张解释句子的列表。这就是为什么这部包含有几乎一万两千个例子和五万个汉字的珍贵作品迟迟得不到出版的原因。我们也不能说作者采用的方法适用于初学者的基础教材，而已经受过汉语训练的人通过学习这部作品可以有很大收获，因为他们可以从中汲取文学基本知识，否则他们只能通过常年艰苦地阅读最优秀的中国作品而

---

① *Grammat. sin.*, 前言，第 16 页。

获得这些知识。

（p. xi）巴耶尔（Bayer）的《中国博览》[①]（*Museum sinicum*）中可以被称为真正的语法的那一部分，只有第一卷的134页，和一个33页的漳州（*Tchang-tcheou*）方言语法附录，因为我们无法将以下内容都包括在语法之中——回溯他之前以汉语为对象的作品的冗长前言，第二卷中如此不完善的词汇短评，关于中国古代文化的论文（在法国传教士们所写的关于相同题材的论文中则被忘得一干二净），还有虽然有用但完全与语法无关的周期表、度量衡词汇表。这部语法的一大半又被书法、辞典和诗歌的细节所占据，差不多只剩下50页是关于语言机制，但也只限于最粗浅的概念，而且基本没有例子。由于汉字无法印刷于文章中，因此只被集中安排在几张附页上，需要注释来查找。汉字的字形也很差，需要受过专门训练的人才能辨认出来，会给初学者造成麻烦。此外，一些关于几个代词和虚词的解释无举例、无分析、无具体的构句法、词汇关系、句子结构，我们几乎不能将称之为语法。或许那时汉语在欧洲太过冷门，以至于巴耶尔这样的学者都只满足于（p. xii）如此空洞的发现和如此欠佳的分析。

在一个如此缺乏权威评价的年代里，傅尔蒙的两部著作[②]似乎要比《中国博览》好得多。作者为提升他作品的价值花了很多

---

① Theoph. Sigefr. Bayeri *Museum sinicum, in quo sinicæ linguæ et litteraturæ ratio explicatur. Petropol.* 1730, 2 vol. *in-8°* .

② *Meditationes sinicæ,* 1737, *in-f°.—Linguæ Sinarum mandarinicæ hierogliphicæ Grammatica duplex*, 1742, *in-f°*.

心思，在前言中他不止一次让人想起一位西班牙作者的巴斯克语法书的题目《不可能的胜利》（*El imposible vincido*）。然而可以肯定的是，如我们之前所说，傅尔蒙夸大了汉语的难度，隐藏了若干前辈对他的帮助，而他自己留给后人的并不值得仔细研究。我们可以说傅尔蒙是传播错误的汉语知识最多的作者之一。他的《汉语沉思录》（*Méditations*）十分晦涩，几乎不可理解，其中填满了空洞、不确切或完全错误的基本知识。这部语法中不算太坏的是词根或部首表，很多作者都采用了这个表，而其中也充满错误。

至于语法，我们可以从标题得知是关于汉语官话（*Kouan-hoa*），即官员的（*mandarine*）语言的，因此我们不能要求作者给出古文（*kou-wen*）或经（*king*）的语言和史书语言的规则。然而，作者本应该给读者指出这一特殊之处。实际上，仔细研读过傅尔蒙的这部语法后，再翻开一部汉籍，尤其是（p. xiii）一部古书的时候，我们会很惊奇发现，我们找不到格的标记，找不到虚词，也没有动词变位系统，而这些是傅尔蒙所给出的概念。他的作品——如果我假设它是部好作品的话——或许可以服务于想说汉语的人，但对于想读书的人来说几乎没用。这也是《中国官话》（*Grammatica sinica*）出版之际，吉格神父（Guigue）和吴君神父（Foureau）在对这部语法的评价中也明确地说过这个问题。他们还指出傅尔蒙采用的方法刻板模仿拉丁语法，因此不能表现出汉语独特的精髓。令人惊奇的是，他们的这个观点并没有把他们引到一个更令傅尔蒙不快的发现，因为这个发现将彻底打击这位语言学家在汉语方面的博学和文人的尊严。

傅尔蒙曾自己承认他的语法的内容和顺序与一部同类著作“令人赞赏地”相一致，这是康和子神父编纂的一部语法，[①] 他说：“我们惊叹我们之间那最大的相似性，章节的划分都是一样的。”[②] 此外还有：“我们二人都非常惊奇的是，不仅整体，而且在标题以及标题的编号方面，他的语法和我的都一样，以至于章节的划分几乎相同。”[③] 他还说：（p. xiv）“但是读者不会吃惊，也不会有其他的（编法），因为 1. 同一种语言，2. 如果用的都是汉语字典，文献来源是一样的。”以上就是他对于规则的一致性的解释，而这并非对分类还有章节名称的相似性的解释。如果他们两位是真心惊讶，那么另一个比照就会使两位语法学家不再感到吃惊：傅尔蒙的语法（因此也是与之十分相似的康和子神父的语法）与第三部更老的作品，即瓦罗神父的语法之间的相似更为明显。与之相比，《中国官话》（*Grammatica sinica*）中的相似性则没有那么明显了。它的相似性不仅是章节的标题，而且例子的选择上也一致，甚至条目的安排都一样。同样的句子由同样的词语组成，被放在一样的位置上，可以说傅尔蒙的语法就是瓦罗语法的拉丁文译本。于是，瓦罗的命运与他的主内兄弟叶尊孝神父（Basil

① 傅尔蒙错误地称这位传教士为卡萨拉诺（Casarano）。我们可以在 1760 年 12 月《学者报》（*Journal des savans*）中找到一篇关于康和子神父的生平和著作的文章。我在我的《汉语字典计划》（*Plan d'un dictionnaire chinois*）的第 9 页及之后提到过他的《汉籍述要》（*Parva Elucubratio*）。

②《中国官话》，前言，第 30 页。

③《汉语沉思录》，前言，第 14 页。

de Glemona）一样，叶神父的汉拉字典被很多赴华传教士复制以后，现如今却以另一个人的名字出版。傅尔蒙最应受责备之处，是他尽一切可能削减瓦罗神父的语法的贡献，并且为避免剽窃的嫌疑，强调他是在自己的语法出版后才收到瓦罗神父的书的，他说："在我完成了我的词典和汉语语法之后。"[①]

（p. xv）我们不能不提及这段文学史上的特殊事件，首先因为这让我们少算一部汉语语法，鉴于傅尔蒙的语法仅是《华语官话语法》的一部抄袭或翻译之作；其次是因为这段历史指出了傅尔蒙《中国官话》中一系列严重错误的根源。瓦罗神父没有在句子中加入汉字，但他有规律地给出了发音和声调的音符。傅尔蒙加入了汉字，但是他经常搞错同音汉字。这一情况可以表明他一定没有研究汉语原典，而只是根据句子的拉丁文翻译来编书。此外要注意的是，他长达 340 页的大开本的语法的内容并不比瓦罗的 100 页语法的内容更多，因为他为了强调例子而使用了字体极大的汉字，占了很大的空间，留了很多空白。此外，毋庸赘言，之前已经就瓦罗的著作所提出的批评能够精确地用以评论这一部语法。

从 1742 年，即傅尔蒙《中国官话》出版之年，我们要一下过渡到 1814 年，即马士曼先生（Marshman）的《中国言法》（*Clavis sinica*）[②] 出版之时。这两部作品出版之间的一段时间内，没有任何汉语语法出版。哈格博士（Hager）的《基础汉字》

①《汉语沉思录》，前言，第 21 页。

②Serampore, 1814, gr. *in-4.°*, 共 600 多页。

(*Elementary characters*)和其他一些不那么平庸的作品并不能算作语法,(p. xvi)这些作品论述的更多是文字而不是语法,是汉字的构成而不是语言机制。此时我们对马士曼和马礼逊博士的作品的评论将比较简短,因为我们已在他处仔细介绍过。①《中国言法》开始只是一篇初步的论文,或者说是一篇翻译孔子作品的导言,马士曼那时已经着手进行孔子的翻译,并出版了第一卷。②此后作者大大地拓展了这篇论文,只保留了其作品的最初的内容,这些内容主要是对他开始翻译的《论语》这部孔子学生之作的语言风格的论述。他只局限于用几乎全部来自《论语》和其他两三部同时期的作品中的例句来佐证他的观点。由此可以认为,马士曼的作品目前还是一部完全特殊的语法,可以说,它只提供了一部汉籍的语法,而这部语言简练的古书远不能呈现更现代的文风的全部形式,更不能呈现日常语言的全部形式。此外,马士曼还探讨了许多与语法无关的问题。如果我们去掉那些离题的无用内容,数一数那些能对学生有用的例句和翻译,一页都找不到两条。因此这部语法真是既贫乏,又冗长,(p. xvii)还特别稀有,而且价格几乎不能为大多数学生所负担③。

---

① 见《学者报》(*Journal des savans*)1817年2月和3月关于《中国言法》的文章,以及1818年2月关于《通用汉言之法》(*Grammar of the Chinese language*)的文章。

②《孔子的著作,包括原文和译文》第1卷,塞兰布尔,1809。(*The Works of Confucius, containing the original text with a translation, Serampore, gr. in-4°*, 1809.)——见《箴言报》(*Le Moniteur*)1814年第36期关于这部作品的《评价》(*Notice*)。

③5镑零5先令。

马礼逊博士的语法书[①]，是他的第一部关于汉语的著作，为了给予公正的评价，我们有必要指出这个背景。对于来到中国的欧洲人来说，尤其对于怀着与马礼逊相同的目的来到中国的人，首要需求就是在对象语言中找到自己母语中熟悉的对应形式。这就是作者努力将英语特有的表达方式翻译成汉语的原因，甚至将与助动词 to have, to be, to can, to do 搭配的词组，包括它们的各种时态和语式，各种组合都译成汉语。这让人预感到这部作品可用于学习英译汉的实用性。但是语言的简单规则，如组成自然短语的通用步骤所包含的规则，常被句子所代替，而这些句子在书籍中几乎是找不到的。我们找不到所有我们需要知道的知识，而却时常能遇到我们不必学习的内容。此外，这部小书还有很多有用的观点，作者为他的同胞做出了很大的贡献，为他们自其事业起步时就提供了指导，让他们踩着他的足迹前行。

（p. xviii）我们坦率地为所有这些不同的作品给出了总是略显严厉的评价，因篇幅限制，我们的评论必须言简意赅，但是我们并不想降低每位作者应得的荣耀，更不想拒绝承认他们的贡献。相反，我们愿意承认，没有任何一部是我们没有或多或少地借鉴的，如果我们仍希望做得更好，那是因为在我们眼前有他们作为例子，或用以学习，或加以避免。特别是马若瑟神父的作品，是我们最经常借鉴的，不仅是因为他的《汉语札记》没有出版，因而有必要让这部我们同胞的、被不公正地遗忘的著作重获

---

①《通用汉言之法》（*A Grammar of the chinese Language*），Serampore, 1815, *in-4.°* 共 280 页。价格：1 镑。以下此此书版本信息同，不赘述。

新生，而且是因为与其他欧洲语法家同行相比，马若瑟似乎有着宝贵的优势，那就是他通过大量的阅读而获得了更丰富的语文学知识，并从好的文学源泉中更充分地汲取养分。我们应该在运用这两个方法时把他作为我们的导师，而这两个方法完全能够使学生们更迅速、更确信地浸入真正的中国韵味中，首先以他们习惯的并很难摆脱的语言形式来介绍汉语语法中所有可以自然地套用在我们的词类划分的地方，为之后通过概括虚词的各种用法，快速地回到汉语系统中。（p. xix）看起来这种介绍方法的优势是不会把初学者吓退，也不会歪曲语言的规则，千方百计地去迫使语言规则进入一个迥异的框架中。口头授课的经验已经证明了这个理念有效，我们希望这一理念在今后加入了课程概要的版本中得到进一步证实。

我们不难承认这部语法中的许多例子，或来自马若瑟的作品，或来自前文提到的其他作者。对于这类著作，并不需要“发明创造”这样的功绩。但是我们可以保证，为了保障读者和学生学到确切的知识，书中的每一个例子都在古代作品中核对过。为此，在古文方面，我们翻阅了大量的中国古代哲学或历史著作；在官话方面，我们查阅了很多小说。我们必须重点强调那些大部分特殊情况共有的规则，因此，我们必须依赖所引用的例句，养成分析例句的习惯，来品评原汁原味的汉语，并将这些句子刻在记忆里，以便将它们用在今后阅读原典时遇到的同类句子中。正是为了让这项工作更容易且更有益，我们几乎处处强迫自己引用完整的句子，并先给出每个字的意思，再给出完整句意。没有比将这两种解读进行对比，并通过运用一方的成分以重构另一方更为有效的方法了。（p. xx）如此一来，我们能够对每个虚词的构成和它在句子中的作用建立起正确的概念。分析部分是本书的基础，我们编写得极为用心，而且参考了大量相似的段落，至少在入门阶段我们应该遵循词与词关系的指示，正如此处所展现的那样，以免在解释与我们所习惯的形式不同的句子时，养成可能歪曲原意的习惯。我们的经验便是我们在此给学生提出建议的动力。

那些无法从任何人那里借鉴的内容——因为还没有人从这个观点出发来分析汉语——是汉语句法结构的规则，即如何从词和句相对应的位置之来观察二者的关系，以及它们在普遍意义上相互协同的方式。

坚持不懈地阅读最好的汉语书并坚持多年，才能取得这样的成果。由此我们敢说，无论是对于通过某民族语言结构而学习其思想的人，还是对于仅仅想理解汉语文学遗产的人来说，汉语语法在一个全新的、更令人满意的时候问世了。因为没有比下面的事实令一些人更加感到惊奇，或让另一些人更感到气馁的了：汉语这种语言的词没有标志其性质和词之间关系的词尾，词任意地排列在句子中，以致这些词的偶然排列（p. xxi）能够产生 20 种不同的解释，而只有一个幸运的机会能让人找到作者的原意。而这就是有见地的人已经形成的，甚至可能仍然在形成中的汉语观，而且，我们在欧洲尝试的所有的翻译正是根据这个观念而进行的，因为即使是那些汉语水平最高的人，翻译时都是凭一种模糊的、不确定的感觉，而不是靠严格的语法分析。这是因为对汉语文本不够深入的分析而产生的偏见，应与其他的偏见一同消失。当与偏见作斗争的研究产生了好的效果，我们就会认为在那些研究上花去巨大的努力是值得的。

我们认为，用若干标号的段落来安排这部语法包含的所有基本概念是有用的。这种取自几何学的方法有相当大的优势：它对书的内容进行更为严格的分类，以更简要的方式划分类别，帮助学生记忆，并通过更方便的注释来避免重复。如此，每当一个专门术语、一个约定俗成的表达或一个需要澄清的概念在他们原来的位置之外的地方再次出现时，我们在它后面的括号里注明了相关解释段落的标号。学生总可以得到帮助，并可以确认是否还记得已经看过的语法规则。

（p. xxii）有一点必须与写过汉语语法的前辈所用方法完全相区分，那就是对例句的选择，这些例句意在通过展示对规则的应用来佐证语法规则，而这些例句，在必要时，会使规则变得多余。瓦罗及其模仿者蒙蒂尼和傅尔蒙只采用专门编造的例句，因此他们的作品就失去了权威性，我们常常能认出这些句子，也总是害怕碰到欧洲人所留下的痕迹。马礼逊博士提醒到，[①] 除了一小部分摘自书中的例句，他所采用的例句都是由一个中国老师从英文译成汉语的。这还是不能完全保证——就像我们有权利期待的那样——我们要学的表达法与汉语的精神相符，与知识分子说话

① 《通用汉言之法》，第 289 页（译者按：马礼逊原书共 280 页。此处“289 页”，或为雷慕沙原书讹误）。

的风格相符，与优秀作家的风格相符。仔细研究最受重视的书中的所有例子，马士曼，尤其是马若瑟神父给出一个更合理的、系统的概念，这个系统被我们这部语法严格地采用了。我们转引的例句毫无例外都来自最好的作家，古文体的例句来自经典、焚书坑儒前的作家或最著名的历史学家，我们带着引用例句的目标去阅读古代作品，并时时圈画。我们尽量给出完整的句子，而且尽量给出每一个句子的作者。（p. xxiii）今文体的例句也不是随意编造的，更不是来自欧洲人甚至中国的非权威人士，而是来源于文笔最受推崇的小说，比如《玉娇梨》（*Iu-kiao-li*）、《好逑传》（*Hao-kieou-tchouan*）、《花竹园传》（*Hoa-thou-youan-tchouan*）以及著名的《金瓶梅》（*Kin-phing-meï*）[①]，等等。通过这种方法，我想我们可以保证这部《汉文启蒙》，除了有着独立于它所提供语法规则，还具有独特的优势，因为即使只将它当作一部优秀作品佳句集，学生们也总能找到最可靠、最便捷的方式来获得汉语文风的知识，为进一步理解原著做准备。

为了避免将整体考察建立在个案上，避免将例外变成准律，我们需要给每条规则配一个以上的例子来解释其用法。因此，在为准备编写本书而阅读文献时，我们收集了大量的例子，但在编纂并付诸印刷的过程中，我们发现如此大量的例子极大地拉长了作品的篇幅，有悖于我们的初衷——出版一部在最少的篇幅内包含最多的信息的简短的书。因此，我们将每条规则的例子限制在

① 见《太上感应篇》（*Livre des Récompenses et des Peines*），第 58 页。

一两条，但是为了最大限度地利用例句，我们在每段后指出在哪段可以找到类似的句子。（p. xxiv）能将这些注释利用起来的人，可以为自己增加对比方法和练习分析汉语句子的机会，而且能增加他们相信所学规则准确性的理由。

在没有政府慷慨相助的情况下，有一个巨大的困难可能让这部书推迟许久出版，那就是要有足够数量的汉字字模，这些字模的大小要能随意与欧洲字母组合。我们采用了为 1817 年出版的《中庸》（*Tchoung-young*）所刻的那批字模，根据作者的“画”，我们又刻了一批《中庸》中没有的字作为补充。这两次一共刻了约 1400 个字，所有的都被制了版，以用于不同的地方，这一操作几乎没有使汉字笔画的清晰性和优雅的形状受到损害，这些，尤其是字型的优雅，得益于雕刻了这些汉字的木刻大师德拉风（Delafond）先生的天才。这些字模的目录对于使用这部语法的人来说很有用，因此我们在书的最后附了汉字表，并附有所有的索引表和必要的说明。它就像一部小词典一样，比查阅大词典还要方便，有了它我们可以练习用部首法来随心所欲地查找汉字的意义和发音，养成分析汉字并分辨其部首的习惯。如此一来，我们便可以很快拥有足够多的经验，在使用更大的字典的时候不再感到困难。（p. xxv）对于那些出现过多次的词，尤其是对于虚词和其他语法名词，我们特意标出对其用法解释最详细的一页，或对其用法有具体阐述的一页。最后我们建立了《中庸》的词汇表，这部书是欧洲迄今为止第一部按照原文出版的汉籍，我们还在后面附了一张难检部首字表和双音节词表。[1]

剩下要说明的是我们认为本书应有的篇幅。写这样一部作品有两种方法：其一，在一部深入的论著中，试图集合所有的语法规则，考虑到所有的例外和不规则之处，解决语言的所有困难，指出所有的细微之处；其二，我们只给初学者提供真正主要的规则，以及对于理解书的内容必不可少的文献。这两种方法各有利弊。第二种方法对于已经克服了最初的困难而想在中国文学方面有所进展的人来说是非常不能令人满意的，而第一种方法则会吓退初学者，夸大他们即将遇到的困难，把这些困难一股脑地介绍给学生，（p. xxvi）用不计其数的他们认为必须全都记住的规则增加其记忆的负担，尽管其中的大部分是很少能用到的，其中一些甚至完全用不到。或许对于学习每一种深奥的语言来说，拥有两部具有以上两种视角的语法书可能是非常有用的：我们用其中一部来初学汉语最初的秘密，然后用另一部来精进语言能力。正如对于阿拉伯语来说，艾尔斐尼乌斯（Erpénius）的语法可以培养学生，直至有一刻，用德·萨西先生（de Sacy）的语法来造就大师。

但是如果我们不幸只能拥有其一，似乎选择基础性语法比深入的论著更容易，因为有了基础性的语法，我们可以进行文本

---

① 对于这类两个汉字在一起表达一个意思的词（见第 175 页和第 284 页），我们用方括号将两个汉字括在一起，并在后一个字下标注整个词的拉丁文意思，因为在一个双音节词中单个汉字会失去它本来的意思。在古文中也可以找到这类词，雷氏原书 107 页注释中已做解释。

阅读，而这种阅读很快会弥补缺少大部头的不足。我们会说：真是像一个大部头一样的大痛苦。这句话没错，尤其是对于语法书来说。似乎语法书永远都不可能做到足够简明，一般来说最短的便是最好的，至少对于初学者来说如此。此外，在一部基础性语法的编纂过程中有很多需要小心之处，随意地集合少量语法规则是不够的，规则的筛选这一十分重要的过程需要在阅读原典中进行，坚持不懈地阅读优秀作家的作品是语法学家必做的功课。决不能忽视经常会出现的内容，只剔除几乎不太出现的特殊用法，以及真正的语法特殊点，这些特殊用法放在一部基础性语法中只会令人困惑，而且我们完全可以在其他时机下介绍它们。这种方法尤其适用于一些语言和一些情况。（p. xxvii）汉语并没有非常复杂的语法系统，因此不会让人感到迫切地需求一部详细的论著。由于汉语的难度曾被夸大，现在重要的是应即刻证明，汉语将不再比其他所有的语言都难学。我们的这部短小的著作无疑证明了这一点。比起我们敢于在此提供的明确保证，没有什么更能让学生们放心，甚至使学生的数量增加的东西了：我们保证，在此书如此小的篇幅内，所有必要的语法点都已包含在内，没有遗漏任何基本点。任何人在学了此书的 400 段以后，都可以带着自己战胜将会遇到的所有语法难点的信心，大胆地进行原典学习。假如这样一个保证已存在了 100 年，那么它可能会促使许多文人投身于这个被证明并不难的研究，中国文学此时就会蓬勃发展，它的宝藏会被发掘。但是那些已积累了两个世纪的模糊的联系和含混的概念，使它周围围绕着重重迷雾和黑暗，而或许只有公开教学才能拨开迷雾。

如今已经有人证实——这一证明具有重大影响——对于文人而言要花去一生时间来研习的汉字书写，其实可以像学习其他文字书写一样，并不需要更多的努力和记忆。我们所遇到的所有困难都来自这个奇特的系统，而我们需要通过去除最初的偏见以适应这一系统，而一个明智的人能够很快将这些偏见克服。（p. xxviii）所有的困难都出现在初学阶段，如果谁可以用八天来攻克它们，今后他就不再会遇到困难。汉字的巨大数量似乎很可怕，但那巨大的数量并不重要，因为大部分汉字是不常用的，掌握两千汉字的人已永远不会觉得受阻。汉字的形态看似奇怪，而当我们知道如何分解汉字时，正是那奇异的形态能够更容易将之铭刻于记忆之中。汉字描绘出事物的形象而不是发音，这与我们的观念相悖，其实汉字的这个特点正帮助我们更好地记忆，甚至大量地记忆。汉语字典规则且有条理，中国的书籍都遵循着令人惊叹的编辑规则，附有索引、注释和详解。每一页都有页码、标题及章节和小节索引。全书都是印刷体，只有通常以草书书写的前言还能够展现出在阅读其他东方语言手稿时所遭遇的些许困难。严格意义上的语法也有相同的优点。作为主要语法工具的虚词取代词尾的作用，词的位置决定其含义，根据详细且恒定的规则，基本永远不会有歧义。尽管汉语非常凝练，而且常有转义，同样一个句子从不会有两种合理的说法。我们提出这些断言，因为它们直接否定了一直以来对汉语的偏见。不幸的是，受教育不多和观念错误的人赋予汉语他们想象中的“含混不清”。

（p. xxix）如果错误没有得到一些名人的支持，更深刻的和被更好地指导的研究将说服明智的人相信这样一个真理：中国人和其他人一样，通过说话和书写交流。如果我们得到必要的帮助，如果我们能够比之前做得稍微再好一点，我们当然也可以明白他们的话。

这部语法中的规则虽然数量不多，但对于理解所有汉语作品已经够用，而且我们不怕重复这个已经多年实践证实的论断。当然我们也应该在本语法书中加入对任何语言的学习都必不可少的帮助：一本字典，以及训练解读能力的翻译文本。对于第一条，马礼逊博士的《华英字典》若能完成，将是无与伦比的好字典，然而由于出版只进行了差不多四分之一，[①] 应该使用（p. xxx）叶尊孝神父的《汉字西译》，由小德经先生（De Guignes fils）出版，其中加入了克拉普洛特先生的补充。字典的第一部分已于去年出版，包括一张对于初学者来说不能忽视的难辨部首字表，并带有索引。至于文本，我们可以推荐《中庸》汉语、满语文本，加法文翻译和拉丁文直译，以及帮助理解文章的说明。[②] 我

---

① 此前言写成后，马礼逊先生给我寄来了他《华英字典》的第二部分，近1600页，*in-4°* 大小，装订成一册（广东，第一卷，1819；第二卷，1820）。内容为：1. 音序字典主干，汉字按字母顺序排列，根据英语正字法；2. 词典中的汉字部首附录；3. 难字表；4. 英汉对照表；5. 古字、草书字样表。尽管这部优秀的作品中有许多严重的错误，它还是同类作品中最好的，尤其比叶尊孝神父的《汉字西译》还好，它不可估量的优势在于提供了双音节词和复合短语，而且不仅用拉丁字母，还给出了汉字。请参阅《学者报》（*Journal des savans*）1821年7月刊，第387页。

② 这一段已收录在《手稿概述及摘录》（*Notices et extraits des Manuscrits*）第十卷，我们从中为来皇家学院听课的人选取了十分少量的例子。

们也可以用许多作品中按原文印刷的汉语片段来练习，比如马士曼的《中国言法》后的《大学》(*Taï-hio*)，由他翻译、于塞兰坡(Serampore)出版的中英对照《论语》第一部分，1816年在澳门出版的对话与散句；蒙突奇(Montucci)先生的《三字经》(*San-tseu-king*)，一部由三字短语构成句子的书；[1]巴耶尔的《春秋》(*Tchhun-thsieou*)选段，[2]马尔塞(Marcel)先生收集的多名我会的祷告词，海德(Hyde)的《文集》(*Syntagma*)[3]中的一些祷告词(tom. II, pl. iv)；德·穆尔(de Murr)出版的一份中国皇帝的诏书；[4](p. xxxi)最后是一些蒙杜其、克拉普洛特、马礼逊等人作品里的篇幅较短的片段。那些能够接近各图书馆中文藏书的人，可以通过将汉语原文与已有的一些欧洲语言翻译进行对比，使这个准备工作进展得更深入。在西方流传着大量传教士翻译成汉语的基督教书籍，还有很多由殷铎泽神父(Intorcetta)和卫方济神父(Noël)译成拉丁文的孔子的伦理著作。我们还可以找到宋君荣神父(Gaubil)翻译的《书经》(*Chou-king*)。此外，欧洲的很多图书馆都藏有《盛京赋》(*Moukden*)、《大清律》(*le Code des Mandchous*)以及其他各种全译本和部分译本。将这些

---

① 见马礼逊的《中国春神》(*Horœ sinicœ*)，附于其《两部拟定汉语辞典之相似处》(*Parallel drawn between the two intended chinese Dictionaries. London,* 1817, *in-4°*)后

② 见《皇家科学院评论》(*Commentarii academiœ scientiarum imp.* Petropolitanœ, t. VII, pag. 335)，刻于20块雕版上。

③ 译者按：书的全名为《托马斯·海德分散发表的论文集》(*Syntagma dissertationum quas olim Thomas Hyde separatim edidit,* 1767)

④《中国皇帝康熙的许可通信，汉拉对照》(*Litterœ patentes imperatoris Sinarum Kang-hi, sinice et latine. Norimbergœ,* 1802, *in-4°*)

作品其中之一作为指导，并将一步一步地跟随它学习的人，不久后就能独立学习。如此一来，所有汉语文学的宝藏都可以为他所用。如果他可以经常去皇家图书馆，那么他就有五千卷书，其中的大部分都没有被翻开过。这些书充满了既新鲜又重要的知识，包含有几乎所有中国人的精华：历史、古代文化、语文学、地理、神话、哲学、自然史、政治、法律、统计、诗歌、小说以及戏剧。这个坐落在其他几乎被挖掘殆尽的“矿山”旁边的珍贵“宝藏”还几乎未被开采过，（p. xxxii）这个开采工作将需要20个学者用50年的时间。我们现在已不认为学习汉语基础需要一生的时间了，因为如今，对于一个勤奋、坚持不懈的人来说，两到三年已经足够进入汉语的丰富宝藏，这是只有无知才能否定其价值的宝藏，只有缺乏思想的忽视才让这财富被遗忘得如此之久。

一八二零年九月十六日

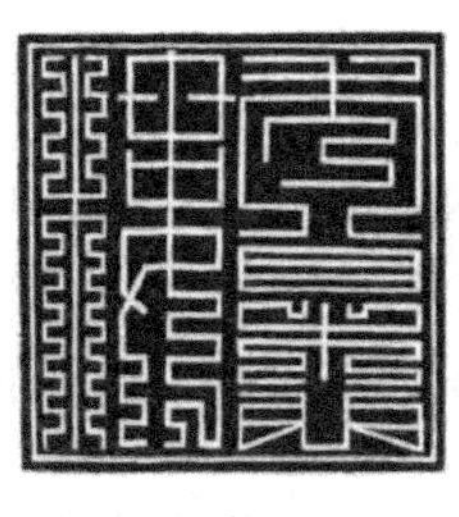

绪　论

一、文字

1. 汉语中没有真正意义上的字母，总的来说他们书写的符号不能表达发音，而是表达意思。因此，口语和书面语十分不同且是明确分开的。但是，口语的每个词对应书面语中一个符号，这个符号代表相同的意思，反之亦然。

2. 最古老的汉字是事物的粗略图画，如下：

日
月
山
木
犬
鱼

这些数量十分有限[②]的最初的文字被称为**形象** *siáng-hîng*，意思是“图像”。

---

① 在现代文字中【参看第 15 条】，这些古汉字变为：

日　月　山　木　犬　魚

它们的发音分别是：

jĭ　youĕ'ĭ　chân　moŭ　khiouàn　iû

② 根据本人在这方面的研究，这个数量大概是 200。

（p. 2）3. 当人们需要表达更复杂的事物时，便把两个或多个简单图画组合在一起，以一种相当巧妙的方式表达想法。因此，太阳和月亮的图画组合在一起表示“光明”；“人”的图画加在“山”的图画上表示“隐士”；“口”和“鸟”在一起表示“歌唱”；“女人”“手”和“扫帚”在一起表达“主妇”“已婚妇女”的意思；“耳朵”和“门”表示“闻”；“水”与“眼”组合成“泪”，等等。

①
明 仙 鸣 妇 闻 泪

这类字是合体字，其数量很大，被称为意會 *hoéï-i*［相组合的意义］。

4. 指示位置或形状关系的汉字，以及——如中国人所说——代表所有没有形象事物的任意符号，被称作事指 *tchì-ssé*，即“指示事物”，例如：

②

上 下 中 一 二 三

---

① 现代字形和口语词：

明 *mîng* 仙 *siân* 鳴 *mîng* 婦 *foú* 聞 *wên* 泪 *loúï*

② 现代字形和发音：

上 *cháng* 下 *hiá* 中 *tchoûng* 一 *ï* 二 *eúl* 三 *sân*

5. 有些汉字反着写或倒着写，表示一种与原字意思相反、对立或对应的意思。

这种汉字称为**註轉** *tchouàn-tchú*，数量非常小。例如：

左　右　正　乏　人　尸①
（活着的）

6. 为了表达抽象概念或领悟行为，人们将表示物品的独体字或合体字的意思进行转化，或者将名词转用为表达相应动作的动词。例如，“心”代表“精神”“智力”；“房子”被当作“人”；“室”表示“女人”；“手”表示“手艺人”；三个“人”的图画一个接着一个地排列表示“跟随”，等等。我们称这种类型的汉字为**假借** *kià-tsiéï*，即“被借用的”的意思。

7. 最后，正如每个独体字或合体字都有在口语中相对的词，后者充当前者的发音【1, 43】，一些汉字被当作与之相对应的声音符号，与其原始含义已无关，在这些字上加上新的“图画”，来组成一个新的组合字，这类字我们称为**聲形** *hîng-chîng*，即“描绘声音”。这类字一半是表意性的，一半是音节性的。一个字中，一部分是图画，决定了该字的意思和性质，另一部分是一组

---

① 现代字形和发音：

左 右 正 乏 人 尸

tsò　yéou　tchîng　fă　jîn　chî

失去了意义的笔画组合，用来表音以及表现种类的特征。例如，里这个符号表示距离单位“里”，它对应的汉语词是“里 *lì*”，在这个字上加上“鱼”的图画形成一种鱼的名称“鲤”[①]。白 *pĕ* 意思是“白色”，在合体字柏 *pĕ*[②] 中只代表发音，这个字的意思是“柏树”。大多数树名、植物名、鱼名、鸟名以及大量难以用其他方式表达的事物，都是用这类字来表示的，这类字至少占书面语总量的一半。

8. 我们刚才列举的六种构字的方法叫作書六 *loŭ choū*，即“六种汉字”。他们的汉语名称可以翻译为：

Siáng-hîng	【2】	描绘形象的“图形”或文字。
Hoéï-i	【3】	组合的“图形”或文字。
Tchì ssé	【4】	指示性的“图形”或文字。
Tchouàn-tchú	【5】	反转的“图形”或文字。
Kià-tsiéï	【6】	隐喻的“图形”或文字。
Hîng-chîng	【7】	音节的“图形”或文字。

9. 这六种构字法所构成的汉字数量相当大，经典的字典收录的汉字有三万到四万，但是很多都是同义字，且几乎三分之二的汉字很少被用到。

---

① 现代字形：鯉

② 现代字形：柏

10. 不同时代用的书写工具使汉字的笔画发生变化，因此，这些变化产生了汉字书写的不同字体，就像我们的安色尔字体、罗曼体、哥特体、斜体等。每个汉字都可以用这些不同的风格书写，（p. 5）而意思不会变化，此处我们介绍几种最有必要知道的字体。

11. **蝌蚪** *khô-teoù*，是最古老的一种字体。我们称之为“蝌蚪”，因为字体不规则的笔画就像蝌蚪一样。传说是伏羲（约公元前 2950 年）发明了这种字体，用来替代结绳记事。这种字体现在已经不用了。禹王（公元前 23 世纪）碑上的汉字与这种蝌蚪文有很多相似之处。①

12. **篆** *tchhouàn*，笔画挺直而细长的字体，从孔子时期（公元前 6 世纪中期）到汉代（公元前 2 世纪）被使用，其间略有变化。在一些钱币和铭文上可以看到这种字体，我们还会将它用于代替签名的印章上，印章会被盖在前言的结尾或其他地方②。这种字体还有一种变体也经常被用到，它的笔画是直的、中断的，它的出现归功于秦朝（约公元前 210 年）大臣李斯。我们可以在附页上可以看到这两种字体的范例。见 n.^{os}, I 和 II。

---

①《日本百科全书》卷十五，第 30 页（*Encycl. jap. liv.* XV, p. 30.）——《禹王碑》，哈格作，巴黎，1802 年（*Monument de* Yu, par Hager; Paris, 1802, *in-f.o*）;《禹王碑》，克拉普洛特，柏林，1811 年，第 14 页（*Inschrift des Yü*, von Julius von Klaproth; Berlin, 1811, *in-4. o*, p. 14.）。

② 印章的用法举例，参见这部语法的前言末尾的两个印刷的印章。

13．隸 *li*，或称“办公字体”，是汉朝（公元前 2 世纪）时被发明的，用来代替极难书写的篆书。其笔画比较粗重，人们有时用它印刷前言，见 n.º III。

14．艸 *thsaò*，这是一种非常难辨认的潦草的速记字体，大量省略、随意性和连笔让字形发生了改变。草书是汉朝时期一个（p. 6）名叫张平（*Tchang-ping*）（公元 1 世纪）的人发明的。这种字体也经常用于前言、屏风上的刻字、扇面、墨块，也用于诗作和画作的题词等。见 n.º IV。

15．现在印刷书籍时通用的字体与隶书区别不大，只有些许书法规则有所不同，而这些规则是木板雕刻字时所采用的。这种字体笔画粗细间杂，且字型规整，赏心悦目。见 n.º V。①

16．中国人在用毛笔书写时，笔画没有那么规则，且带有一种十分优雅的随意。当这种日常字体被一笔一画地书写时，字非常好认，每个字的笔画数目甚至比方形的印刷体还要更易数清。一般在印刷前言、外交或行政公文、小说和其他通俗文学作品时，会用到这种字体。见 n.º VI。②

17．随着时间的推移，很多汉字的字型发生了变化，有时，同一个汉字有不同的写法。这种字型不同，字义相同的字叫作“异体字”（variantes）。这些异体字在字典中有注释，它们并不

---

① 译者按：参见本书插页 2. 本书中所采用的正是这类印刷体。

② 译者按：参见本书插页 3. 为了更好地区别这种字体和前一种字体，我们在下文中给出用两种字体的部首表，正文中的部首表是方的印刷体，而附表中的是日常手写体。

是所有时候都能互相代替，我们需要注意它们之间的区别，字典中都有所说明。①

（p. 7）18. 正 *tching*，“准确的”。这些是写法规则的汉字，有所有的笔画。除了前言以外，所有正规的书都用正字印刷【13, 14】。

19. 同 *thoûng*，“相同的”，即完全同义。这种字的数量多是因为人们有变换“图画”位置的自由，甚至在书写中，以从前所使用的“图画”来替换现在的“图画”，例如用“草”（roseaux）的“图画”代替“植物”（plantes）的或“树”（arbres）的“图画”；代表“话语”（parole）的符号替换“口”（bouche）的符号；“男人”的符号替换成“女人”的，等等。如下例：

1 坂 2 㘺 3 岅 4 阪

这四个字是 ***fàn*** 字的四种同义形式，意为“坝”。②

20. 通 *thoûng*，“能穿透的”，指那些并不绝对同义，而是在特定条件下可以互换的字。这些字在可以替换的情况下，发音也相似。例如 參 *thsân*［一个星座的名称］可以代替 三 *sân*［三］；

① 关于这一点，在克拉普洛特先生出版的《汉字西译补》（*Supplément*）中的作为前言的《叶尊孝神父字典评论》（*Examen critique du Dictionnaire du P. Basile de Glemona*）一文中做过更详细的阐述。

② 在这四种字中，“fan”这个音用同样的符号来表示【7, 43】。第一个字在左边有“土”这个符号；在第二个字中，“土”字在右边；在第三个字中，“土”字被“山”的符号所代替；在第四个中则被“山丘”的符号所代替。

蜜 *mǐ*［蜂蜜］代替 密 *mǐ*［安静］等。

21. 本 *pèn*，“初始的”，或 古 *koù*，“古老的”。表示古代字体与现代字体同时被使用的情况。一般来说，这种情况会出现在高雅的文学作品中，其作者会刻意使用古体。以下例子我们经常见到：

从代替 從 *tsóung*, suivre, avec. 跟随，带着　厺代替 去 *khiú*, aller. 去

巽代替 巽 *sún*, condescendre. 俯就，屈尊　赱代替 走 *tséou*, marcher 走路①

（p. 8）22. 俗 *soú*，“通俗的”。尤其是在日常的文字和手稿中【16】，“俗”这种用法允许一些字形的变化或连笔，可以删除或添加一些笔画。因此人们常习惯这样写：

圡代替 土 *thoù*, terre. 土地　　鬼代替 鬼 *khouèi*, démon. 鬼魂

来代替 來 *lâi*, venir. 来　　處代替 處 *tchhoú* lieu 地点②

23. 在通俗的书写中，有时也在一些小说和通俗作品中，我们使用一些简写，删减最复杂的汉字的笔画，例如：

---

① 参看克拉普洛特先生的《汉字西译补》（第五、六部分），第 44 页及以下（n.^{os} V et VI, p. 44 et suiv.）中收录的这类字的两张表。

② 在《汉字西译补》中也有一张通俗变体字表，n.° IV, 第 41 页。在附有手写体的部首表中，我们集合了每一个部首的所有通俗变体或简化写法。这些变体也可用于辨别合体字。

馬代替馬 *mà, cheval.* 马　　癶代替發 *fă, produire.* 发生

声代替聲 *chīng, voix.* 声音　　变代替變 *pián, changer.* 改变

24. 尽管所有以上提到的这些变体不太规则，但它们的用法已约定俗成。有一些写法是完全错误的，有时我们会在书中遇到这样的字，这种字叫作：譌 *'ô,* 誤 *'oú, corrompus* 错的，或者非 *fēi, mauvais.* 坏的。

25. 为了在众多的合体字中找到某个字，在最好的汉语字典中，我们将有同样符号的字放在一起，在这些字中挑出那个最明显的符号。这些拥有相同符号的字的集合，在汉语中叫作部 *poù*，即“部分”或“分类”。构成这些“部”的那个显著“图画”，在法语里叫作“钥匙”（clef），更确切地说叫作“部首”（radical）。

26. 不同时代中的很多作者都对“部”进行过划分，目的仅在于将汉字进行分类，一些人认为是独体字，另一些人却将之进行拆分。关于这一点，我们并无固定不变的规律，正因如此，部首的数目有变化，曾经有 329 个部首，540 个部首等。最好的现代字典采用 214 部。这个排列方式被傅尔蒙介绍过，叶尊孝神父的《汉字西译》在出版时也采用了这一方式。本书也采用此系统，因为它最为常用且最为著名。

27. 分解汉字是汉字分类的基础，但是分解汉字并不能保证总能找到构成某个字的初始成分。在一个由若干“图像”构成的

汉字中，那个被选为“钥匙”或“部首”的部分，不一定是影响字义最大的那个部分。有时，我们往往不选那个最醒目的部分，而是那个决定该字意思的部分。正因如此，在汉语中，我们会发现一些有相同部首的字会有不同的意思，且我们可能无法总是注意到这一不规律性。

28. 然而，许多形声字【7】的类别（classes）被分解了，所根据的是一种与合成这些字的过程完全相反的过程。“形”总是被看作部首，表音的部分则用于确立种类之间的区别。因此，这些不同的类别就构成了真正的天然属类，其中所有的汉字中都有相似的表意的统一符号，而又通过表音符号而相互区别，如“人”类，“女”类，“木”类，“草”类，“兽”类，“鸟”类及其他很多类。

29. 有一些部首在字中的位置永远固定，（p. 10）有一些在合体字里时而在上，时而在下，时而在左，时而在右。我们称位置固定不变的部首为“固定部首”（clefs dominantes）：所有部首在某一固定位置的字都必然属于这一部首所在的部。在后面的两张表中，我们用“✱”来标注“固定部首”。

30. 有些部首本身没有意义，或者如今已经不再使用，它们只按照习惯在更复杂的汉字中做一个部件。在表中，我们用“†”来标注这样的部首。

31. 可以独立使用并且本身有意义的部首，在字典中位于其派生字组之首。须学会将它们与合体字相区别，并且不在本身就是部首的独体字中寻找部首，无论该字的笔画有多少。

32. 在最好的字典里，214 个部首根据其笔画的复杂程度来排列。由一画构成的部首被列在第一组，由两画构成的部首为第二组，三画部首属于第三组，以此类推，一直到第十七组，也就是第 214 个部首的最后一个部首有十七画。

33. 在每个部首下，合体字的排列也依照这样的顺序，也就是说，第一个字是该部首本身（如果该部首本身有意义），然后是该部首加一画构成的字，之后是加两画、三画、四画……一直到三十或四十画，大致根据部首以外部分的复杂程度来排列。

34. 有一些部首在合体字中不再是做独体字时的样子，而是变了形态或被简化，写法因此而有所改变。下文的印刷体部首表将给出常见变体，在刻制的表中则有可被接受的写法和手写变体。

35. 以下是 214 部首表，表中包括它们的常见变体和简写、发音、意义以及它们在字中的通常位置。（p. 11）此外，为了让读者了解各部的规模，为了指出哪些部最应被首先掌握，我们在每个部首之后加上了其派生字在一部有 33000 字的汉字字典中的数目[1]。这个数目在较大或较小字典中按相同的比例变化。[2]

---

①《字彙》。

② 在手刻的图表中，我们用一个圆圈符号来表示某汉字除了部首以外的部分。比如，亻○表示“亻”部在字中位置固定在左，或者说附加部分置于部首右侧。我们如此标记只是为初学者提供一些方便，其实在字典中，甚至在本书后的汉字表中，我们都可以看到有很多的例外。

第一部分：一画部首

1. 一 *ĭ*, un. 一 32

2. 丨 † *kouèn*, de haut en bas. 自上而下 14

3. 丶 † *tchù*, point. 点 7

4. 丿 † *phiĕï*, courbé à droite. 向右弯曲 22

5. 乙 *ĭ*, caractère cyclique. 表周期的字 21

6. 亅 † *khioŭeï*, crochet. 小勾 8

第二部分：二画部首

7. 二 *éul*, deux. 二 22

8. 亠 † *thêou*, ... 20

9. 人 *jĭn*, homme. 人 741
亻 † (à gauche ✱). 人（左）

10. 儿 † *jîn*, homme (dessous ✱). 人（下） 34

11. 入 *jĭ*, entrer. 进入 12

12. 八 *pă*, huit. 八 18

13. 冂 † *khioûng*, désert. 荒漠 29

14. 冖 † *mĭ*, couvrir (dessus). 覆盖（上） 25

15. 冫 † *ping*, glace (à gauche ✱). 冰（左） 86

16. 几 *khì*, banc. 16
长凳

17. 凵 ✝ *khàn*, réceptacle. 15
槽

18. 刀 *taô*, couteau. 326
刀
刂 ✝ (à droite ✱).
（右）

19. 力 *lĭ*, force (à droite ✱). 132
力量（右）

20. 勹 ✝ *paô*, envelopper (dessus et à droite ✱). 51
包裹（右上）

21. 匕 *pí*, cuiller. 13
勺子

22. 匚 ✝ *fāng*, coffre (autour ✱). 57
匣子（包围）

23. 匸 ✝ *hì*, cacher (autour ✱). 13
隐藏（包围）

24 十 *chĕ*, dix. 31
十

25. 卜 *poŭ*, brûler l'écaille d'une tortue pour tirer les sorts. 19
烧龟壳来占卜

26. 卩 ✝ *tsiĕ ï* (1), article (à droite). 35
㔾
条目（右）[①]

27. 厂 ✝ *hán*, antre (au-dessus et à gauche ✱). 96
洞穴（左上）

28. 厶 ✝ *ssê*, pervers. 17
堕落的

29. 又 *yéou*, main, encore. 60
手，再一次

① 避免与"阝"部首搞混，是第 163 部的简写。

第三部分：三画部首

30. 口 *kheoù*, bouche (à gauche ✱). 989
口（左）

31. 囗 † *'wêï*, enceinte (autour). 92
围墙（包围）

32. 土 *thoù*, terre (à gauche). 480
土（左）

33. 士 *ssé*, lettré. 18
文士

34. 夂 † *tchî*, suivre. 7
跟随

35. 夊 † *soûï*, marche lente (dessous). 19
慢行（下）

36. 夕 *sĭ*, obscurité. 29
黑暗

37. 大 *tá*, grand. 110
大

38. 女 *niù*, femme (à gauche ou dessous ✱). 834
女人（左或下）

39. 子 *tseù*, fils (à gauche ou dessous). 67
儿子（左或下）

40. 宀 † *mîan*, toit (dessus ✱). 199
屋顶（上）

41. 寸 *thsún*, dixième du pied chinois (à droite ou dessous). 32
中国尺的十分之一（右或下）

42. 小 *siaò*, petit. 31
小

43. 尢 *wâng*, boiteux, tortu (à gauche). 57
不平衡的，弯的（左）
尢兀尣允

44. 尸 *chî*, cadavre (dessus ✱). 119
尸体（上）

45. 屮 † *tchhĕ*, rejeton, pousse. 17
新芽，苗

46. 山 *chân*, montagne (à gauche ou dessus ✱). 574
山（左或上）

47. 巛 † *tchhouân*, eau qui coule. 22
流动的水
川 巜 巛

48. 工 *koûng*, artisan. 11
工匠

49. 己 (1) *kì*, soi-même. 19
①自己

50. 巾 *kîn*, linge, bonnet (à gauche ✱). 248
织物，帽（左）

51. 干 *kân*, bouclier. 15
盾

52. 幺 *yaô*, petit. 15
小

53. 广 † *yàn*, toit (dessus ✱). 226
屋顶（上）

54. 廴 † *yèn*, long chemin, conduire (à gauche). 10
长路，引导（左）

55. 廾 *koùng*, joindre les mains (dessous) (2). 33
拱手（下）②

56. 弋 *ĭ*, tirer de l'arc (à droite). 14
拉弓（右）

57. 弓 *koûng*, arc (à gauche ✱). 142
弓（左）

58. 彐 † *kí*, tête de cochon. 17
猪头
彐 彑

59. 彡 *sân*, poils (à droite). 40
毛发（右）

60. 彳 † *tchhĭ*, pas, marche (à gauche ✱). 177
步子，步伐（左）

---

① 不要与它的衍生体搞混：

已 *ì*, fin, et 巳 *ssè*, caractère cyclique.
结束

② 这个部首经常被第 37 部代替。

更复杂的部首变体，省略笔画而变成三画部首

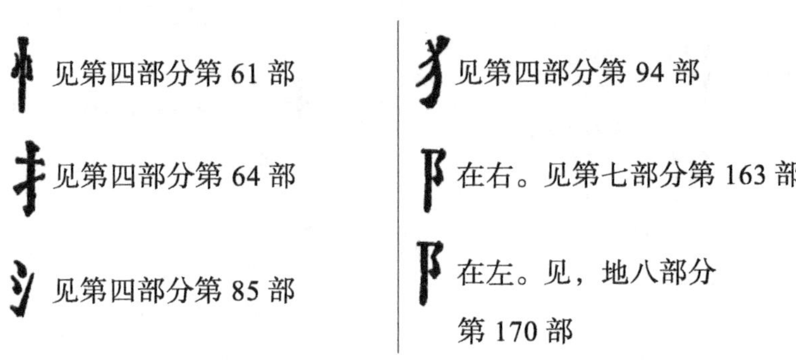

忄 见第四部分第 61 部

扌 见第四部分第 64 部

氵 见第四部分第 85 部

犭 见第四部分第 94 部

阝 在右。见第七部分第 163 部

阝 在左。见，地八部分第 170 部

第四部分：四画部首

61. 心 *sin*, cœur (dessous ✱) 心（下） 972
忄 ✝ (forme latérale, à gauche ✱). （靠边的形态，左）
⺗ ✝ (forme souscrite). （在下方的形态）

62. 戈 *kô*, lance (à droite ✱). 戈（右） 87

63. 户 戶 *hoù*, porte (dessus ✱). 门（上） 38

64. 手 *cheoù*, main. 手 1030
扌 ✝ (à gauche ✱). （左）

65. 支 *tchî*, branche (à gauche). 支（左） 21

66. 攴 *phoŭ*, frapper. 敲 242
攵 (à droite ✱). （右）

67. 文 *wên*, raie, caractère. 19
纹路，字
攵 (à droite) (1)
（右）[①]

68. 斗 *teòu*, mesure, boisseau (à droite). 27
计量单位，斗（右）

69. 斤 *kîn*, hache, poids (à droite). 45
斧子，重量（右）

70. 方 *fâng*, carré, côté (à gauche). 68
方的，一边（左）

71. 无 *woû*, non. 9
无
旡

72. 日 *jĕ*, soleil (à gauche ✱). 388
日（左）

73. 曰 *youĕ*, dire. 23
说

74. 月 *youĕ* (2), lune (à gauche ✱). 59
月（左）[②]

75. 木 *moŭ*, arbre, bois (à gauche ✱). 1242
树，木（左）

76. 欠 *khián*, expiration, insuffisant (à droite). 193
呼气，不足（右）

77. 止 *tchì*, s'arrêter. 49
停止

78. 歹 *yă*, squelette (à gauche) 190
骨骼（左）
歺

79. 殳 *chû*, bâton (à droite). 58
棍子（右）

80. 毋 *woû*, ne pas. 10
不

81. 比 *pí*, comparer. 14
对比

---

① 这个部首的形态与上一个部首的变体形态一样。

② 这个部首几乎与第 130 部的变体形态一样。这里，内部的两横不接触右边的竖画。

82. 毛 *maô*, cheveux, poils (à gauche ✱). 156
头发，毛发（左）

83. 氏 *chí*, famille. 7
家族

84. 气 *khí*, air (1) 9
气[1]

85. 水 *choùï*, eau. 1354
水
氵 ✝ (à gauche), （左），
氺 ✝ (dessous ✱). （下）

86. 火 *hò*, feu (à gauche ✱). 548
火（左）
灬 ✝ (dessous ✱).
（下）

87. 爪 *tchaò*, ongles. 23
爪
爫. ✝ (dessus).
（上）

88. 父 *fòu*, père. 10
父

89. 爻 *hiâo*, lignes pour les sorts. 12
占卜用的绳

90. 爿 *tchhoûang*, lit (à gauche ✱). 38
床（左）

91. 片 *pián*, éclat de bois (à gauche ✱). 75
木头的碎片（左）

92. 牙 *yâ*, dents. 9
牙齿

93. 牛 *nieoû*, bœuf (à gauche ✱). 214
牛（左）

94. 犬 *khioùan*, chien. 421
狗
犭 ✝ (à gauche).
（左）

---

① 在《字汇》中，这个部首在前，上个部首在后。

较复杂部首的变体

兀 尣 见第三部分第 43 部	月 见第六部分第 130 部
王 见第五部分第 96 部	艹 见第六部分第 140 部
罒 ⺳ 网 见第六部分第 122 部	辶 见第七部分第 162 部

第五部分：五画部首

95. 玄 *hioûan*, **couleur du ciel**（1） 6
天的颜色①

96. 玉 *iŭ*, **jaspe, pierre précieuse.** 420
玉，宝石
王 **(à gauche ✱).**
（左）

97. 瓜 *koûa*, **courge (à droite).** 50
瓜（右）

98. 瓦 *wà*, **terre cuite (à gauche ✱).** 161
熟土（左）

99. 甘 *kân*, **doux.** 19
甜

100. 生 *sêng*, **naître, vie.** 17
出生，生命

101. 用 *yoúng*, **se servir.** 10
用

102. 田 *thîan*, **champ (à gauche ✱).** 151
田（左）

103. 疋 *soû*, **pied.** 12
脚

104. 疒 *nî*, **maladie (dessus et à gauche ✱).** 472
病（左上）

105. 癶 *pŏ*, **pieds écartés (dessus).** 12
分开的双脚（上）

① 这个部首在《字汇》中排第 96，但在《康熙字典》中排在第五部分之首，因为这个字是皇帝名字中的一个字。另一个表示尊敬的标志是，在所有康熙统治之后的书中，这个字都少一点，写为：玄。

106. 白 *pĕ*, blanc (à gauche ✱). 88
白（左）

107. 皮 *phî*, peau (à droite ✱). 76
皮肤（右）

108. 皿 *mìng*, écuelle (en bas ✱). 104
盆（底部）

109. 目 *moŭ*, œil (à gauche ✱). 519
眼睛（左）
罒 ✝ (en haut)（2）
（顶部）①

110. 矛 *méou*, hallebarde (à gauche ✱). 48
戟（左）

111. 矢 *chì*, flèche (à gauche ✱). 55
箭（左）

112. 石 *chĭ*, pierre (à gauche ✱). 450
石头（左）

113. 示 *khî*, génie terrestre (à gauche ✱). 180
地神（左）

114. 禸 *jeoù*, plante du pied des quadrupèdes. 12
兽类的脚掌

115. 禾 *hô*, céréales (à gauche ✱). 355
谷物（左）

116. 穴 *hiouĕï*, caverne. 144
洞穴
✝ (en haut ✱).
（顶部）

117. 立 *lĭ*, être debout (à gauche ✱). 73
站立（左）

较复杂部首的变体

氺 见第四部分第 85 部

罒 见第六部分第 122 部

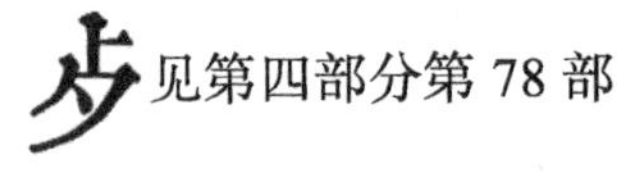
见第四部分第 78 部

① 在这个不太常见的形态下，第 109 部与第 122 部十分相似。

第六部分：六画部首

118. 竹 *tchoŭ*, bambou. 竹子 675
⺮ ✝ (dessus ✱). （上）

119. 米 *mì*, riz (à gauche ✱). 米（左） 207

120. 糸 *mĭ*, fil (à gauche ✱). 丝（左） 628

121. 缶 *feoù*, vase de terre. 陶罐 62
缶 ✝ (à gauche ✱). （左）

122. 网 *wàng*, filet. 网 121
罒 ⺳ 罓 皿 ✝ (dessus ✱). （上）

123. 羊 *yâng*, mouton (à gauche ✱). 羊（左） 108

124. 羽 *iù*, pennes. 羽毛 157

125. 老 *laò*, vieux. 老 14

126. 而 *eûl*, et. 和 17

127. 耒 *loùi*, charrue (à gauche ✱). 犁（左） 77

128. 耳 *eùl*, oreille (à gauche ✱). 耳朵（左） 138

129. 聿 *iŭ*, pinceau. 毛笔 15

130. 肉 *joŭ*, chair. 肉 578
月 月 (1) ✝ (à gauche ✱). ①（左）

131. 臣 *tchhîn*, sujet. 臣民 12

① 对比这个部首和第 74 部：这里内部的两画接触右边的竖画。

132. 自 *tséu*, de, *ex*. 21
从，自

133. 至 *tchí*, parvenir. 17
来到

134. 臼 *khieoù*, mortier. 40
臼

135. 舌 *jĕ*, *chĕ*, langue (à gauche). 34
舌（左）

136. 舛 *tchhoùan*, coucher vis-à-vis l'un de l'autre. 8
面对面躺着

137. 舟 *tcheôu*, barque (à gauche ✱). 166
船（左）

138. 艮 *kén*, limite. 5
边界

139. 色 *sĕ*, couleur. 20
颜色

140. 艸 *thsaò*, plante. 1431
植物
艹 † (en haut ✱).
（顶部）

141. 虍 *hoû*, tigre (en haut ✱). 73
虎（顶部）

142. 虫 *hoèi*, animaux à écaille ou cuirassés (à gauche ✱). 810
带壳或甲的动物（左）

143. 血 *hioŭei*, sang. 40
血

144. 行 *hîng*, marche (à droite et à gauche, le groupe additionnel au milieu ✱). 35
行走（左和右，附加部分在中间）

145. 衣 *î*, habit. 473
衣服
衤 † (à gauche ✱).
（左）

146. 襾 *yă*, couvrir. 20
覆盖

第七部分：七画部首

147. 見 kián, voir (à droite ✱). 135
看见（右）

148. 角 kiŏ, corne (à gauche ✱). 137
角（左）

149. 言 yân, parole (à gauche ✱). 750
言语（左）

150. 谷 koŭ, vallée (à gauche ✱). 48
山谷（左）

151. 豆 teóu, vase de bois (à gauche). 49
木制器皿（左）

152. 豕 chì, cochon (à gauche ✱). 121
猪（左）

153. 豸 tchhî, ver (à gauche ✱). 114
虫（左）

154. 貝 péi, richesse (à gauche ✱). 218
财富（左）

155. 赤 tchhĭ, rouge (à gauche ✱). 29
红色（左）

156. 走 tseòu, courir (à gauche ✱). 243
跑（左）

157. 足 tsoŭ, pied. 507
脚
⻊ ✝ (à gauche ✱).
（左）

158. 身 chîn, corps (à gauche ✱). 67
身体（左）

159. 車 kiû, char (à gauche ✱). 342
车（左）

160. 辛 sîn, âcre. 32
辣的

161. 辰 tchîn, heure. 14
时辰

162. 辵 tchhŏ, marcher. 327
行走
⻌ ✝ (à gauche et dessous ✱).
（左下）

163. 邑 *ǐ*, cité. 345
城市
⻏ † (1) (à droite ✱).
①（右）

164. 酉 *yeòu*, temps de l'automne; vin (à gauche ✱). 251
秋季；酒（左）

165. 釆 *pián*, séparer. 10
分离

166. 里 *lì*, lieu. 7
里

第八部分：八画部首

167. 金 *kīn*, or, métal (à gauche ✱). 723
金，金属（左）

168. 長 *tchâng*, long. 49
长
镸 † (à gauche ✱).
（左）

169. 門 *mên*, porte (dessus ✱). 213
门（上）

170. 阜 *feoù*, tertre. 282
小丘
⻖ † (2) (à gauche ✱).
②（左）

171. 隶 *tái*, parvenir (à droite ✱). 11
到达（右）

172. 隹 *tchoûi*, oiseaux à queue courte (à droite ✱). 205
短尾鸟（右）

173. 雨 *iù*, pluie. 237
雨
⻗ † (dessus ✱).
（上）

174. 青 *thsîng*, vert, bleu. 17
绿色，蓝色

175. 非 *fēi*, non. 17
不

---

① 避免将这个部首和第 26 部、第 170 部混淆。第 170 部位于左边。
② 参看第 163 部。

第九部分：九画部首

176. 面 *mián*, visage (à gauche ✱). 64
脸（左）

177. 革 *kĕ*, cuir préparé (à gauche ✱). 290
经过处理的皮（左）

178. 韋 *'wêi*, opposé, peau (à gauche ✱). 94
相反，皮肤（左）

179. 韭 *kieoù*, ognon. 16
葱头

180. 音 *yên, în*, son (à gauche). 34
声音（左）

181. 頁 *hiĕ'i*, tête (à droite ✱). 324
头（右）

182. 風 *foûng*, vent (à gauche ✱). 161
风（左）

183. 飛 *fēi*, vol d'oiseau. 10
鸟的飞翔

184. 食 *chĭ*, manger. 345
吃
飠 (à gauche ✱).
（左）

185. 首 *cheoù*, tête. 17
头

186. 香 *hiâng*, bonne odeur (à gauche). 32
好闻的味道（左）

第十部分：十画部首

187. 馬 *mà*, cheval (à gauche ✱). 412
马（左）

188. 骨 *koŭ*, os (à gauche ✱). 164
骨头（左）

189. 高 *kaô*, haut. 27
高

190. 髟 *pieoû*, cheveux (dessus ✱). 226
头发（上）

191. 鬥 *teoú*, combat (dessus ✱). 20
争斗（上）

192. 鬯 *tchháng*, herbe odorante. 7
香薰草

193. 鬲 *lĭ*, trépied (à gauche) 55
三足器皿（左）

194. 鬼 *koùeï*, mânes (à gauche ✱). 121
亡灵（左）

第十一部分：十一画部首

195. 魚 *iû*, poisson (à gauche ✱). 498
鱼（左）

196. 鳥 *niaò*, oiseau (à droite ✱). 622
鸟（右）

197. 鹵 *loù*, sel (à gauche ✱). 39
盐（左）

198. 鹿 *loŭ*, cerf (au-dessus ✱). 85
鹿（上）

199. 麥 *mĕ*, blé (à gauche ✱). 117
麦子（左）

200. 麻 *mâ*, chanvre (au-dessus ✱). 30
麻（上）

第十二部分：十二画部首

201. 黃 *hoâng*, jaune (à gauche). 35
黄色（左）

202. 黍 *chù*, millet (à gauche). 44
黍（左）

203. 黑 *hĕ*, noir (à gauche). 146
黑色（左）

204. 黹 *tchì*, coudre, broder (à gauche). 9
缝，缀（左）

第十三部分：十三画部首

205. 黽 *mìng*, grenouille. 35
蛙

206. 鼎 *tìng*, trépied. 13
三足器皿

207. 鼓 *koù*, tambour (dessus). 41
鼓（上）

208. 鼠 *chù*, rat (à gauche). 82
鼠（左）

第十四部分：十四画部首

209. 鼻 *pí*, nez (à gauche). 47
鼻子（左）

210. 齊 *thsî*, arrangement. 16
整理

第十五部：十五画部首

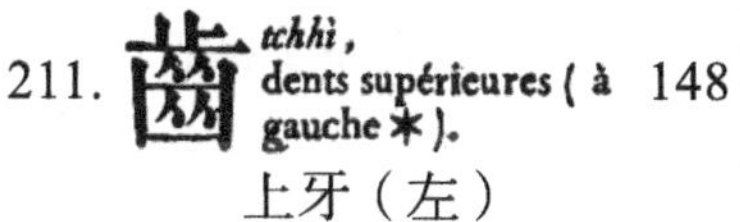

211. 齒 *tchhì*, dents supérieures (à gauche ✱). 148
上牙（左）

第十六部：十六画部首

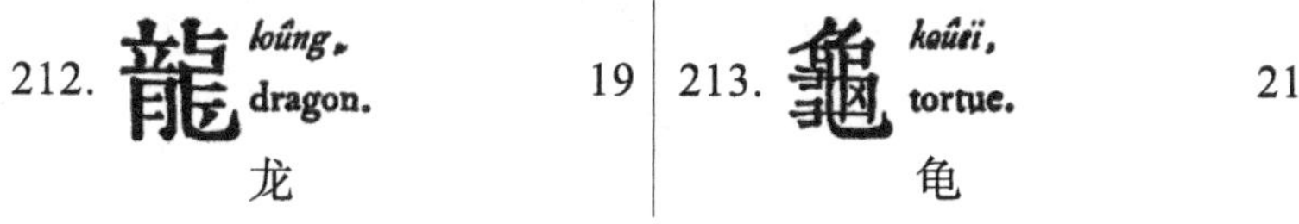

212. 龍 *loûng*, dragon. 19
龙

213. 龜 *koûeï*, tortue. 21
龟

第十七部：十七画部首

214 龠 *yŏ*, flûte (à gauche ✱). 17
笛子（左）

36. 关于确定部首在合体字中的位置这个问题，尽管我们不可能给出普遍、恒定的规则，但是通过上表我们已经可以发现一些十分有用的规律。事实上，在 214 个部首中，共有 73 个部首无固定位置，4—5 个有两种位置，（p. 22）6 个包围其他部分，6 个在下，25 个在上，20 个在右，85 个在左。部首几乎总在同一位置的字至少占总字数的五分之四，因为包含最多汉字的部首也在其中，尤其是其中构字功能最强的 60 个部首就能组成 33000 字中的 25000 个。其他的都可以被归为不规则类的，它们的字数通常很少。

37. 当一个汉字由横向或纵向两个部分构成时，我们应该在被标记为“固定部首”的部首中查找该字。

38. 如果一个合体字的两个部分中，其中一个是独立的部首，另一部分则由好几个部首组合构成，那么应该在单个部首下去查找该字。

39. 如果无法运用以上规则进行查找，或由于一个合体字包含若干个都能与之相关的部首，或由于部首以一种异常的方式相组合或相混杂，那么我们可以查阅难检字表。[①] 在其中我们可以找到所有难以确认部首的字，这些字依照笔画顺序排列，并附有该汉字所属部首的编号。

40. 为了数清印刷体汉字的笔画数，应该注意手写体中笔画书写的方式。乙只算一画，又和厶为两画，口和口算

① ［德］克拉普洛特《汉字西译补》, n. VII，第 49 页及以下（*Supplément*, n. VII, p. 49 et suiv）。

三画而不是四画。214 个部首中，每个部首笔画数可根据它们在 17 个笔画中的位置来确定，（p. 23）这些部首能够作为练习使我们习惯这些明显的不规则情况。

41. 在字典中通过部首查找一个合体字需要两个步骤：1. 辨认出“钥匙”或部首；2. 数出剩下的笔画数，这样，一个部包含数量众多的汉字时，就能在相同笔画数的字组中迅速找到想要的字。如果第一步遇到困难【39】，我们可以数出该字的总笔画数，并在难检字表的相应笔画数的部分中查找。

42. 汉字排列的顺序是自上而下纵向排列，纵列是从右往左排列。在一些含有较少汉字且没有纵向书写空间的铭文中，汉字则从右向左横向排列。在本书中，我们采用了这个在中国从无例外的顺序。[①]

二、口语

43. 每一个汉字都对应口语中的一个与之含义相同的词：汉字在看到它的人脑中唤出的意思与人们听到这个词时理解的意思是相同的。那些既懂汉字书写又懂口语的人总能够把两种符号关联起来，尽管汉字并不是发音的图画，发音也不能描绘汉字。然而，为了更简便，我们常说“某个词的汉字”或“某个汉字的发音”。这两种说法须在本段所介绍的意义上理解。

---

① 在汉语版的对数表（tables logarithemes）中，我们采用了从左向右的横向顺序，此处是模仿了原表，但在其他地方再没有类似的排列。

44. 由于中国人完全没有可以描述声音组合的字母，他们保留了从古老时代流传下来的东西。（p. 24）汉语的发音很少，都是特别简短的字，甚至是单音节词，这些汉字由一个发音开始，再以单纯的或带鼻音的元音或二合元音结尾。

45. 汉语的发音差别十分细微，有很多音是我们无法用我们的字母来准确表达的，其他则是几乎用不到或仅出现在诗歌之中的发音。能用拉丁字母表达的较为常用的单音节有大约 1200 个。

46. 开头音都很清晰。中国人认为一共有 36 个开头音，而我们将之减少为 26 个。列表如下：

k	软，接近 garçon 里的 g	*s*	如 sage
kh	硬，但非喉音	*ss*	只在哑音 e 前带摩擦音
t	软，接近 d	*ts*	只在 e 或 eu 前带摩擦音
th	硬，不带摩擦音	*ch*	如 chagrin
tch	软	*y*	当它之后是 u 或一个辅音时，写成 i
tchh	硬	*h*	在 a, e, o, ou 前发喉音
p	软，接近 b	*h*	在 i 前带摩擦音
ph	硬，不能发成 f	*l*	
n		*j*	如 jamais
ñ	西班牙语中的，如法语中 gn 在 maligne 中	*ng*	如同阿拉伯语中“ع”音那样急促的呼吸。在元音前我们用“’”来标出。
m		*eul*	喉音，既是开头音也是结尾音，与波兰语中的“ł”相似。我们曾经试着用 lh, ulh, urh 等来表示
f			
w	南方人发 v, 北方人发 ou		
ts	软		
ths	硬		

47. 结尾音有以下这些：

a.	an.	ang.	o.		
e.	en.	eng.	ou.		oung.
eu 或哑音 e			法语的 u.	un.	
i.	in.	ing.			

48. 结尾音由两个或三个音组合在一起，中国人算出汉语中这种组合共有 108 个，而对于我们来说可减少为以下这些组合：

aï	eou	iao	ieou	iang	ioung	oe	oen	oue	ouen
ao	ia	ie	iu	ien	oa	oeï	oang	oueï	ouang
eï	iaï	ieï	ian	iun	oaï	oan	oua	ouan	oueng

（p. 25）49. 所有的汉字都要根据四种声调中的一种来发音，我们称这些声调为 聲四 *ssé-chîng*。这些声调限定了字的意思，并在它们之间建立了区别，保留这种区别是有用的。然而由于我们的字母无法表达四声，第一批传教士约定用音符来表示，这些音符的用法已不同于其惯常用法。[①]

50. 第一声被称为 平 *phîng*［相等］，发平声的词要拖长音，既不升调也不降调。例如：沙 *châ*［沙子］。对于欧洲人来说，第一声的标记是“^”。[②]

51. 第二声被称为 上 *chàng*，发音时声调上扬：灑 *chà*［浇］，标记是“\”。

---

① 庞迪我神父（Jacques Pantoja）是第一个使用这些音符的人（基歇尔［Ath. Kircher］，《中国图说》［*Chin. illustr.*］, 236 页）；但是，若是根据他的理论而将这些音符比作音阶的前五个音符，我们就弄错了这些音符所表达的声调。

② 从前的作者将这个声调分成两个部分，并且用“⁻”“^”这两个不同的符号来表示。因此，对这些作者而言就有五个声调，而不是四个。四声的排列顺序也常有变化，即使在中国也是如此，我们通常这样排列：上，平，去，入。《中庸》的边注中的声调就是这样排列的。

52. 第三声叫作**去** *khiú* [离开]。声音先是如第一声一样平，然后上升，最后像“离去”一样消失，就像汉语名称“去”所表示的那样。例如：**乍** *tchá* [突然]。该声调标记为“ ˏ ”。

53. 最后一个声调名为**入** *jĭ* [进入]，因为它的发音短促，突然结束，好像倒抽一口气（p. 26）一般，如：**殺** *chă* [杀]。我们用一个诗律学的符号“ᵕ”来表示这个声调。需要注意的是，这个声调是没有鼻音的，因此，如果让一个词语的鼻音消失，我们便将它归于入声就可以了。[①]

54. 我们给每一个声调指定了汉字所占方块的一个角，以便在有必要时标注这些声调，在对应汉字的声调的那一角画“o”来标记。声调布局如下：

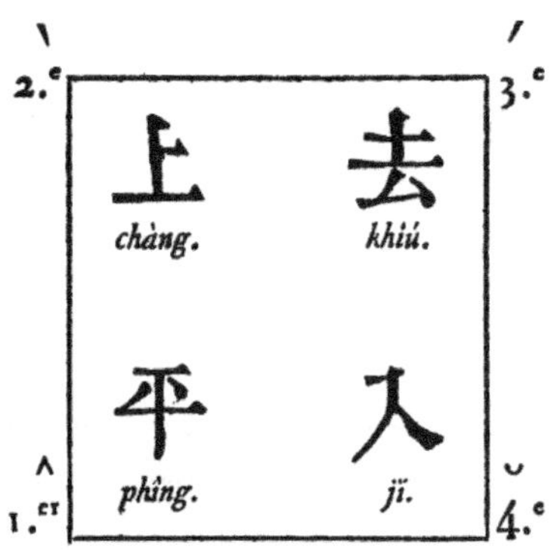
2.e
上
chàng.
3.e
去
khiú.
1.er
平
phîng.
4.e
入
jĭ.

① 马礼逊先生由于疏忽而在他的《通用汉言之法》（21 页）中做了完全相反的说明。

55. 有一些词会改变声调或发音，它的意思会相应地变化。我们从不对那些惯用的声调进行标注，而仅用“o”来标注初次出现的或特殊的发音。例如：

tchî, savoir.
tchí, prudence.
siān, frais, récent.
siàn, peu.
知道
审慎
新鲜的，最近的
少
tchâo, matin.
tchhâo, faire sa cour.
yŏ, musique.
lŏ, se réjouir.
早上
追求
音乐
喜悦

只有在这种情况下声调才会被标出。这种标声调的方法相当现代，仅限于用古典书籍中使用。

（p. 27）56. 汉语中开始音和结尾音的组合，加上声调引起的变化，共有 1203 种。[①] 以下是用法语拼写法标注的汉语音节表。我们还加上了过去很多优秀的作品都使用过的葡萄牙语拼写法，标注了每个音节可能有的声调。

Cha,	∧ \ / ◡	*xa.*	Fou,	∧ \ / ◡	*fu, fŏ.*
Chaï,	∧ \ /	*xay.*	Foung,	∧ \ /	*fum.*
Chan,	∧ /	*xan,*			
Chang,	∧ \ /	*xam.*	Haï,	∧ \ /	*hay.*
Chao,	∧ \ /	*xao.*	Han,	∧ \ /	*han.*
Che,	∧ \ / ◡	*xe.*	Hang,	∧ \ /	*ham.*
Chen,	∧ \ /	*xen.*	Hao,	∧ \ /	*hao.*
Cheou,	∧ \ /	*xeu.*	He,	◡	*he.*
Chi,	∧ \ / ◡	*xy, xé.*	Hen,	∧ \ /	*hen.*
Chin,	∧ \ /	*xin.*	Heng,	∧	*hem.*

① 这是至少用我们的字母能够表达的全部的音。《康熙字典》的编者将那些难以察觉的发音的细微差别考虑进来后，算出 2193 种字的发音，还有其他人进行更细致的区分，达到了 4040 种。以上这些区分即使是在中国都没有实际的用处。

Ching,	∧ \ /	xim.	Heou,	∧ \ /	heu.
Cho,	ᴗ	xo.	Hi,	∧ \ / ᴗ	hy, hiė.
Chou, chu,	∧ \ / ᴗ	xu, xȯ.	Hia,	∧ \ / ᴗ	hia.
Choua,	\ ᴗ	xoa.	Hiaï,	∧ \ /	hiay.
Chouaï,	∧	xoay.	Hian,	∧ \ /	hien.
Chouang,	∧ \	xoam.	Hiang,	∧ \ /	hiam.
Choue,	ᴗ	xue.	Hiao,	∧ \ /	hiao.
Chouï,	\ /	xuy.	Hieï, hie,	ᴗ	hie.
Chun,	∧ /	xun.	Hieou,	∧ \ /	hieu.
			Hin,	∧ \ /	hin.
Fa,	ᴗ	fa.	Hing,	∧ \ /	him.
Fan,	∧ \ /	fan.	Hio,	ᴗ	hio.
Fang,	∧ \ /	fam.	Hiou, v. Hiu,	ᴗ	hiȯ.
Feï, fi,	∧ \ /	fy.	Hiouan,	∧ \ /	hiuen.
Fen,	∧ \ /	fuen.	Hioueï,	∧ ᴗ	hiue.
Feou,	∧ \ /	feu.	Hioung,	∧ \	hium.
Fo, fe,	ᴗ	foe.	Hiu,	∧ \ / ᴗ	hiu, hiȯ.

(p. 28)

Ho,	∧ \ / ᴗ	ho.	Jou,	∧ \ / ᴗ	ju, jȯ.
Hoa,	∧ \ / ᴗ	hoa.	Jouan,	∧ \	juen.
Hoaï,	∧ /	hoay.	Joueï,	ᴗ	jue.
Hoan,	∧ /	hoan.	Jouï,	∧ \ /	juy.
Hoang,	∧ \ /	hoam.	Joung,	∧ /	jum.
Hoe, v. Hou,	ᴗ	hoe.	Jun,	\ /	jun.
Hoeï,	∧ \ /	hoey.			
Hoen,	∧ \ /	hoen.	Kaï,	∧ \ /	cay.
Hou,	∧ \ / ᴗ	hu, hȯ.	Khaï,	∧ \ /	ċay.
Houo, *voyez*			Kan,	∧ \ /	can.
Hou, Hoa,	ᴗ	huo.	Khan,	∧ \ /	ċan.
Houan,	∧ \ /	huon, hoan.	Kang,	∧ \ /	cam.
Houng,	∧ \ /	hum.	Khang,	\ ∧ /	ċam.
			Kao,	∧ \ /	cao.
I,	∧ \ / ᴗ	y, yė.	Khao,	∧ \ /	ċao.
Ya,	∧ \ / ᴗ	ya,	Ke,	ᴗ	ke.
Yaï,	∧ \ /	yay.	Khe,	ᴗ	k̇e.
Yan,	∧ \ /	yen.	Ken,	∧ \ /	ken.
Yang,	∧ \ /	yam.	Khen,	\	k̇en.
Yao,	∧ \ /	yao,	Keng,	∧ \ /	kem.
Ye,	∧ \ / ᴗ	ye.	Kheng,	∧ \ /	k̇em.
Yen, in,	∧ \ /	yn.	Keou,	∧ \ /	keu.
Yeou,	∧ \ /	yeu.	Kheou,	∧ \ /	k̇eu.
Ing,	∧ \ /	ym.	Ki,	∧ \ / ᴗ	ky, kiė.
Yo,	ᴗ	yo.	Khi,	∧ \ / ᴗ	k̇y, k̇iė.

You, *v.* Iu,	◡	*yŏ.*
Youan,	∧ \ /	*yuen.*
Youeï,	◡	*yue.*
Young,	∧ \ /	*yum.*
Iu,	∧ \ / ◡	*yu.*
Yun,	∧ \ /	*yun.*
Jan,	∧ \ /	*gen.*
Jang,	∧ \	*jam.*
Jao,	∧ \	*jao.*
Je,	\ /	*ge.*
Jeng,	∧ /	*gem.*
Jeou,	\ /	*geu.*
Ji,	◡	*gé.*
Jin,	∧ \ /	*gin.*
Jo,	◡	*jo.*
Kia,	∧ \ / ◡	*kia.*
Khia,	∧ \ / ◡	*ꝁia.*
Kiaï,	∧ \ /	*kiay.*
Khiaï,	∧ \ /	*ꝁiay.*
Kian,	∧ \ /	*kien.*
Khian,	∧ \ /	*ꝁien.*
Kiang,	∧ \ /	*kiam.*
Khiang,	∧ \ /	*ꝁiam.*
Kiao,	∧ \ /	*kiao.*
Khiao,	∧ \ /	*ꝁiao.*
Kieï, kie,	◡	*kie.*
Khieï, khie,	◡	*ꝁie.*
Kieou,	∧ \ /	*kieu.*
Khieou,	∧ \ /	*ꝁieu.*
Kin,	∧ \ /	*kin.*
Khin,	∧ \ /	*ꝁin.*

(p. 29)

King,	∧ \ /	*kim.*
Khing,	∧ \ /	*ꝁim.*
Kio,	◡	*kio.*
Khio,	◡	*ꝁio.*
Kiou, *v.* Kiu,	◡	*kiȯ.*
Khiou, *voyez* Khiu,	◡	*ꝁiȯ.*
Kiouan,	∧ / /	*kiuen.*
Khiouan.	∧ \ /	*ꝁiuen.*
Kioueï,	◡	*kiue.*
Khioueï,	◡	*ꝁiue.*
Kioung,	∧ \ /	*kium.*
Khioung,	∧ \ /	*ꝁium.*
Kiu,	∧ \ / ◡	*kiu,*
Khiu,	∧ \ / ◡	*ꝁiu,*
Kiun,	∧ \ /	*kiün.*
Ko,	∧ \ / ◡	*co.*
Kho,	∧ \ / ◡	*ċo.*
Kou,	∧ \ / ◡	*cu.*
Khou,	∧ \ / ◡	*ċu.*
Koua,	∧ \ / ◡	*cua.*
Khoua,	∧ \ / ◡	*ċua.*
Kouaï,	∧ \ /	*cuay.*
Khouaï,	∧ \ /	*ċuay.*
Kouan.	∧ \ /	*cuan, cuon.*
La,	◡	*la.*
Laï,	∧ \ /	*lay.*
Lan,	∧ \ /	*lan.*
Lang,	∧ \ /	*lam.*
Lao,	∧ \ /	*lao.*
Le,	◡	*le.*
Leng,	∧	*lem.*
Leou,	∧ /	*leu.*
Li,	∧ \ / ◡	*ly, liė.*
Lian,	∧ \ /	*lien.*
Liang,	∧ \ /	*leam,*
Liao,	∧ \ /	*leac.*
Lieï, lie,	◡	*lie.*
Lieou,	∧ \ /	*lieu.*
Lin,	∧ \ /	*lin.*
Ling,	∧ \ /	*lim.*
Lio,	◡	*lio.*
Liouan,	∧ \ /	*liuen.*
Liu,	∧ \ /	*liu.*
Lo,	∧ \ / ◡	*lo.*
Lou,	∧ \ / ◡	*lu, lȯ.*
Louan,	∧ \ /	*luon.*
Louï, leï,	∧ \ /	*luy.*
Loung,	∧ \ /	*lum.*
Lun, louen,	∧ \ /	*lun.*

Khouan,	∧ \ /	ċuan, ċuon.
Kouang,	∧ \ /	cuam.
Khouang,	∧ \ /	ċuam.
Koue,	ᴗ	cue.
Koueï,	∧ \ /	cuey.
Khoueï,	∧ \ /	ċuey.
Kouen,	∧ \ /	cuen.
Khouen,	∧ \ /	ċuen.
Koueng,	∧	cuem.
Khoueng,	∧	ċuem.
Koung,	∧ \ /	cum.
Khoung,	∧ \ /	ċum.
Kouo, kou,	∧ / ᴗ	cuo.
Kouon, *voy.* Kouan.		cuon.

Ma,	∧ \ / ᴗ	*ma.*
Maï,	∧ \ /	*may.*
Man,	∧ \ /	*man, muon.*
Mang,	∧ \ /	*mam.*
Mao,	∧ \ /	*mao.*
Me,	ᴗ	*me.*
Meï,	∧ \ /	*moey.*
Men,	∧ /	*muen.*
Meng,	∧ \ /	*mem.*
Meou,	∧ \ /	*meu.*
Mi,	∧ \ / ᴗ	*my, mié.*
Mian,	∧ \ /	*mien,*
Miao,	∧ \ /	*miao.*
Mieï, mie,	ᴗ	*mie.*
Mieou,	∧ /	*mieu.*

(p. 30)

King,	∧ \ /	*kim.*
Khing,	∧ \ /	*ḱim.*
Kio,	ᴗ	*kio.*
Khio,	ᴗ	*ḱio.*
Kiou, *v.* Kiu,	ᴗ	*kiŏ.*
Khiou, *voyez* Khiu,	ᴗ	*ḱhiŏ.*
Kiouan,	∧ / /	*kiuen.*
Khiouan.	∧ \ /	*ḱiuen.*
Kioueï,	ᴗ	*kiue.*
Khioueï,	ᴗ	*ḱiue.*
Kioung,	∧ \ /	*kium.*
Khioung,	∧ \ /	*ḱium.*
Kiu,	∧ \ / ᴗ	*kiu,*
Khiu,	∧ \ / ᴗ	*ḱiu,*
Kiun,	∧ \ /	*kiun.*
Ko,	∧ \ / ᴗ	*co.*
Kho,	∧ \ / ᴗ	*ċo.*
Kou,	∧ \ / ᴗ	*cu.*
Khou,	∧ \ / ᴗ	*ċu.*
Koua,	∧ \ / ᴗ	*cua.*
Khoua,	∧ \ / ᴗ	*ċua.*
Kouaï,	∧ \ /	*cuay.*
Khouaï,	∧ \ /	*ċuay.*
Kouan,	∧ \ /	*cuan, cuon.*
Khouan.	∧ \ /	*ċuan, ċuon.*

La,	ᴗ	*la.*
Laï,	∧ \ /	*lay.*
Lan,	∧ \ /	*lan.*
Lang,	∧ \ /	*lam.*
Lao,	∧ \ /	*lao.*
Le,	ᴗ	*le.*
Leng,	∧	*lem.*
Leou,	∧ /	*leu.*
Li,	∧ \ / ᴗ	*ly, lié.*
Lian,	∧ \ /	*lien.*
Liang,	∧ \ /	*leam,*
Liao,	∧ \ /	*leao.*
Lieï, lie,	ᴗ	*lie.*
Lieou,	∧ \ /	*lieu.*
Lin,	∧ \ /	*lin.*
Ling,	∧ \ /	*lim.*
Lio,	ᴗ	*lio.*
Liouan,	∧ \ /	*liuen.*
Liu,	∧ \ /	*liu.*
Lo,	∧ \ / ᴗ	*lo.*
Lou,	∧ \ / ᴗ	*lu, lŏ.*
Louan,	∧ \ /	*luon.*
Louï, leï,	∧ \ /	*luy.*
Loung,	∧ \ /	*lum.*
Lun, louen,	∧ \ /	*lun.*

Kouang,	∧	\	/		*cuam.*
Khouang,	∧	\	/		*ċuam.*
Koue,				ᵕ	*cue.*
Koueï,	∧	\	/		*cuey.*
Khoueï,	∧	\	/		*ċuey.*
Kouen,	∧	\	/		*cuen.*
Khouen,	∧	\	/		*ċuen.*
Koueng,	∧				*cuem.*
Khoueng,	∧				*ċuem.*
Koung,	∧	\	/		*cum.*
Khoung,	∧	\	/		*ċum.*
Kouo, kou,	∧		/	ᵕ	*cuo.*
Kouon, *voy.* Kouan.					*cuon.*

Ma,	∧	\	/	ᵕ	*ma.*
Maï,	∧	\	/		*may.*
Man,	∧	\	/		*man, muon.*
Mang,	∧	\	/		*mam.*
Mao,	∧	\	/		*mao.*
Me,				ᵕ	*me.*
Meï,	∧	\	/		*moey.*
Men,	∧		/		*muen.*
Meng,	∧	\	/		*mem.*
Meou,	∧	\	/		*meu.*
Mi,	∧	\	/	ᵕ	*my, miė.*
Mian,	∧	\	/		*mien,*
Miao,	∧	\	/		*miao.*
Mieï, mie,				ᵕ	*mie.*
Mieou,	∧		/		*mieu.*

(p. 31)

Siouan,	∧	\	/		*siuen.*
Siouei,				ᵕ	*siue.*
Siu,	∧	\	/	ᵕ	*siu,*
Siun,	∧	\	/		*siun.*
So,	∧	\	/	ᵕ	*so.*
Sou,	∧	\	/	ᵕ	*su, sȯ.*
Souan,	∧	\	/		*soun.*
Souï,	∧	\	/		*suy.*
Soung,	∧	\	/		*sum.*
Sun.	∧	\	/		*sun.*
Sse, chi,	∧	\	/		*su̇, szu̇.*
Ta,		\	/	ᵕ	*ta.*
Tha,	∧			ᵕ	*ṫa.*
Taï,	∧	\	/		*tay.*
Thaï,	∧	\	/		*ṫay.*
Tan,	∧	\	/		*tan.*
Than,	∧	\	/		*ṫan.*
Tang,	∧	\	/		*tam.*
Thang,	∧	\	/		*ṫam.*
Tao,	∧	\	/		*tao.*
Thao,	∧	\	/		*ṫao.*
Te,				ᵕ	*te.*
The,				ᵕ	*ṫe.*
Teng,	∧	\	/		*tem.*
Theng,	∧				*ṫem.*

Tho,	∧	\	/	ᵕ	*ṫo.*
Tou,	∧	\	/	ᵕ	*tȯ, ṫu.*
Thou,	∧	\	/	ᵕ	*ṫȯ, tu.*
Touan,	∧	\	/		*tuon.*
Thouan,	∧	\	/		*ṫuon.*
Touï,	∧	\	/		*tuy.*
Thouï,	∧	\			*ṫuy.*
Toung,	∧	\	/		*tum.*
Thoung,	∧	\	/		*ṫum.*
Tun,	∧	\	/		*tun.*
Thun,	∧	\	/		*ṫun.*
Tcha,	∧	\	/	ᵕ	*cha.*
Tchha,	∧		/	ᵕ	*ċha.*
Tchaï,	∧		/		*chay.*
Tchhaï,	∧	\	/		*ċhay.*
Tchan, *voy.* Tsan.					
Tchang,	∧	\	/		*cham.*
Tchhang,	∧	\	/		*ċham.*
Tchao,	∧	\	/		*chab.*
Tchhao,	∧	\	/		*ċhao.*
Tche,	∧	\	/	ᵕ	*che.*
Tchhe,	∧	\		ᵕ	*ċhe.*
Tchen,	∧	\	/		*chen.*
Tchhen,	∧	\	/		*ċhen.*
Tcheou,	∧	\	/		*cheu.*

Teou,	∧	\	/	.	teu.
Theou,	∧	\	/		ṫeu.
Ti,	∧	\	/	∪	ty, tiė.
Thi,	∧	\	/	∪	ṫy, ṫiė.
Tian,	∧	\	/		tien.
Thian,	∧	\	/		ṫien.
Tiao,	∧	\	/		tiao.
Thiao,	∧	\	/		ṫiao.
Tieï, tie,	∧			∪	tie.
Thieï, thie,				∪	ṫie.
Tieou,	∧				tieu.
Ting,	∧	\	/		tim.
Thing,	∧	\	/		ṫim.
To,	∧	\	/	∪	to.
Tchheou,	∧	\	/		ċheu.
Tchi,	∧	\	/	∪	chy, chė.
Tchhi,	∧	\	/	∪	ċhy, ċhė.
Tchin,	∧	\	/		chin.
Tchhin,	∧	\	/		ċhin.
Tcho,				∪	cho.
Tchho,				∪	ċho.
Tchou, tchu,	∧	\	/	∪	chu.
Tchhou, tchhu,	∧	\	/	∪	ċhu, ċhȯ.
Tchoua,	∧				choa.
Tchouan,	∧	\	/		chuen.
Tchhouan;	∧	\	/		ċhuen.
Tchouang.	∧	\	/		choam.

(p. 32)

Tchhouang,	∧	\	/		ċhoam.
Tchoue,				∪	chue.
Tchhoue,				∪	ċhue.
Tchouï,	∧		/		chuy.
Tchhouï,	∧	\	/		ċhuy.
Tchoung,	∧	\	/		chum.
Tchhoung,	∧	\	/		ċhum.
Tchu, *voyez* Tchou,					
Tchun,	∧	\			chun.
Tchhun,	∧	\			ċhun.
Tsa,				∪	ça.
Thsa,				∪	ç̇a.
Tsaï,	∧	\	/		çay.
Thsaï,	∧	\	/		ç̇ay.
Tsan,		\	/		çan.
Thsan,		\	/		ç̇an.
Tsang,	∧	\	/		çam.
Thsang,	∧	\			ç̇am.
Tsao,	∧	\	/		çao.
Thsao,	∧	\	/		ç̇ao.
Tse,				∪	çe.
Thse,				∪	ç̇e.
Tseng,	∧	\	/		çem.
Thseng,	∧	\	/		ç̇em.
Tseou,	∧	\	/		çeu.
Thseou,	∧	\	/		ç̇eu.
Thsieou,	∧	\	/		ç̇ieu.
Tsin,	∧	\	/		çin.
Thsin,	∧	\	/		ç̇in.
Tsing,	∧	\	/		çim.
Thsing,	∧	\	/		ç̇im.
Tsio,				∪	çio.
Tsiouan,	∧	\			çiuen.
Thsiouan.	∧				ç̇iuen.
Tsioueï,				∪	çiue.
Tsiu,	∧	\	/		çiu.
Thsiu,	∧	\	/		ç̇iu.
Tsiun,	∧	\	/		çiun.
Tso,		\	/	∪	ço.
Thso,	∧		/	∪	ç̇o.
Tsou,	∧	\	/	∪	çu, çȯ.
Thsou,	∧	\	/	∪	ç̇u, ç̇ȯ.
Tsouan,	∧	\	/		çuon.
Thsouan,	∧	\	/		ç̇uon.
Tsouï,	∧	\	/		çuy.
Thsouï,	∧	\	/		ç̇uy.
Tsoung,	∧	\	/		çum.
Thsoung,	∧		/		ç̇um.
Tsun,	∧	\	/		çun.
Thsun,	∧	\	/		ç̇un.
Wa,	∧	\	/	∪	va.
Waï,	∧		/		vay.
Wan,	∧	\	/		van.

Tseu,	∧ \ /	*çú.*	Wang,	∧ \ /	*vam.*
Thseu,	∧ \ /	*ç̇ú.*	We,	˘	*ve, voe*
Tsi,	∧ \ / ˘	*çy, ciė.*	Weï,	∧ \ /	*vy.*
Thsi,	∧ \ / ˘	*ç̇y, ç̇iė.*	Wen,	∧ \ /	*ven.*
Tsian,	∧ \ /	*çien.*	Wo,	∧ \ ˘	*vo.*
Thsian,	∧ \ /	*ç̇ien.*	Wou,	∧ \ / ˘	*vu, vȯ.*
Tsiang,	∧ \ /	*çiam.*			
Thsiang,	∧ \ /	*ç̇iam.*	'O, a,	∧ \ / ˘	*ngo.*
Tsiao,	∧ \ /	*çiao.*	'Ou,	∧ \ /	*ngu.*
Thsiao,	∧ \ /	*ç̇iao.*	Ou,	∧ \ /	*u.*
Tsieï, tsie,	∧ \ / ˘	*çie.*	'Weï,	∧ \ /	*goey.*
Thsieï, thsie,	\ / ˘	*ç̇ie.*	Oung,	∧ /	*um.*
Tsieou,	∧ \ /	*çieu.*	'Aï,	∧ \ /	*ugau.*

（p. 33）

'An,	∧ \ /	*ngan.*	'En,	∧	*ngen.*
'Ang,	∧ \ /	*ngam.*	'Eng,	/	*ngem.*
'Ao,	∧ \ /	*ngao.*	'Eou,	∧ \ /	*ngeu.*
'E,	˘	*nge.*	Eul, ñi,	∧ \ /	*ulh, lh.*

总共450个音节，加上声调的区别，共1203种音节。[①]

57. 这1200个音节用于表示成千上万汉字的发音，显然，每个音节都对应着很多汉字，或者反过来说，许多意义不同的汉字的发音完全相同。有一些较为常用的音节用于三四十个汉字的发音，也就表达三四十种不同的意思。[②]

---

① 我们本想列一个对照表来纠正叶尊孝《汉字西译》中发音部分的错误，但是编者用一套自己的注音方法代替了作者所使用的葡语拼写法，而他自己没有注意要在规则的基础之上建立系统。因此，这位编者在“kŏ”这个音节下，将“kŏ”和“koŭ”混用，在音节“tchy”下将“tchĕ”和“tchĭ”混用等。我们无法只通过给出汉字和发音对照表来为他纠正此类错误，此处也没必要进行如此巨大的工作。

② 中国人在汉语字典中以他们认为最常用的汉字来标示某个字的发音，此外他们在每条汉字解释的前面再给出一个与该字以相同辅音开头的字，然后再给出与该字声调相同的同一元音或二合元音结尾的字。这种方法叫作切 *thsiĕï*，也就是分割的意思，表示取一个汉字的开头辅音，将这一辅音加到另一个汉字的元音上。

58. 很多同音字属于不同的部首，但拥有一个相同的部分，这是用来表示汉字发音的附加部分。相同的发音也常常由不同的附加部分表示【7】。正如我们在按照部首编排的字典中将部首相同的字集合在一起一样【25】，在其他字典中，我们将那些发音相同的独体字或合体字归在一起，无论这些字的部首是什么。这种字典首先按四声的顺序来分类，（p. 34）然后按照结尾音或协音来分类[①]，我们称这样的字典为“音韵字典”。使用这种字典时，我们只能在知道某字发音的情况下来查字，因此这种字典对于中国人比对于欧洲人来说更为方便，除非这个欧洲人是生活在当地人之中，或是已经懂汉语。

59. 中国人的发音在不同的省份区别很大。很多城市甚至村庄都有独特的方言，有时很多字的发音与通用语完全不同。很多方言中有一些发音或声调在通常的发音中完全找不到。在北京，“i”音前的“k”音经常被“dz”音代替，而“s”音被“ch”音代替，“k”音被发作“kh”。而南方话更“软”：“eul”变成“ñi”，“pou”变成“m”，常在元音结尾的音节后，尤其是在入声之后，加上“b”“t”“k”“r”【53】[②]。

---

① 传教士的字典，尤其是叶尊孝的字典，对这种安排做了些改变：他们将音节按照我们的字母顺序来排列，再将每个音节按四声的顺序来排列。我们所掌握的汉—拉词典手稿几乎都采用了这种系统，尤其是那份用于1813年出版的汉语字典的抄本也采用了这排列方法。

② 最著名的方言是福建省的一级市漳州的方言以及粤语。漳州话又叫作“Chin-cheo”话，欧洲人曾经常在厦门港口活动，那时他们需要学习这种方言。自从英国人和美国人将货物集散地建立在广东以来，广东话对于商业就非常重要。日本人、越南北部的东京人、交趾支那人和朝鲜人运用汉字书写，但对汉字的发音有所改变，我们也可以将他们的发音视为方言。

（p. 35）

汉语语法

60．单个的汉语词的形态都是不变的，无论是发音还是书写都没有任何变化。

61．名词之间的关系，动词的时态和人称变化，时间和地点的关系，肯定句、祈愿句、条件句的性质，这些或通过词的位置来判断，或由一些独立的词来表示，这些词由不同的汉字组成，位于有名词或动词功用的词之前或之后。

62. 中国人把本身具有意义的词称为**字實** *chĭ tseú*［充实的词］，如名词和动词；把仅用来改变实字意义或者表明实字之间关系的小品词，叫作**字虛** *hiû tseú*［空的词］，或**辭助** *tsoú thseû*［助词］。

63．很多汉语词可以同时用作名词、形容词、动词，有时甚至是虚词。我们可以选择确切表达某词的意思以及它在句中所作的成分，或者让读者根据上下文的意思和词与词的相对位置自己来决定。

64. 在古代，文字书写仅用于有限的情况，古人喜欢省略动词或句子的主语，留给每个词充分的解释空间。词的关系很少被标明【61】。人们尽可能用最少的词来表达意思。人们单独书写每个句子，并不将其与应在它前后的句子相连。由此形成了一种格言式的、含糊的、简明的、割裂的风格，我们可以在古代遗迹上发现这一风格，因此，我们称这种风格为 **文古** *koù wên*［古典文体］。

（p. 36）65. “古典文体”逐渐不能满足社会日益增长的需求了，于是文风就有了不同的变化，以使语言清晰、具体，并适合于各种不同形式。为了能通过对话就能互相理解，简练的词被复合词代替，前者由于同音字的原因而意义含混不清【57】。代词更加常用，可以帮助确定一个词是名词性还是动词性的。新的虚词的运用或旧虚词的新用明确了词之间的关系，不同的构词法改变了分句间的分隔和组合关系。在这种文风变化中产生了 **話官** *kouân hoá*［官员的语言］，通俗地说，就是官员的语言（*langue mandarinique*）。

66. 介于这两种文风之间还有第三种风格，即 **昌文** *wên tchhâng*［文学风格］。这种风格兼有前两种的特点：它与古文相比少了模糊和简洁，多了华丽，与官话相比少了明晰和冗长，甚至可以说少了语法性。这种风格有丰富的变化，可以更接近古文，亦可以更接近官话。

67.“古文”和“官话”之间的差别相当明显，因此有必要分别介绍它们的语法规则。至于介于两者之间的“文昌”，它所有的语法已经包含在“古文”和“官话”的规则中了，没有新的东西。

68. 专门学习古文规则对于理解古代经典經 *kìng*，理解孔子及其学派的其他哲学家的书，以及大焚书（公元前 213 年）之前所有种类的著作，历史、地理、哲学和文学，还有与政治或治国有关的作品都是非常必要的，（p. 37）这类作品即使是在现在还是以模仿古文的方式写成。

69. 官话规则是现今全中国都在使用的语言规则。对于想要说汉语，或想阅读一些接近口语风格的作品，比如面向普通百姓的命令或公告，或者需要大声朗读出来的文书，还有通俗文学、小说、戏剧、一些古书的评述、各种轻松的作品，以及通常来说中国人所说的小說 *siaò chouĕ* [小的语言]，官话规则是必不可少的。官话规则对于理解现、当代创作的文学或历史作品同样也十分有用，在这些作品中有很多复合词和通俗短语，或根据古代就有的用法从对话体中借来的表达方式。

第一部分　“古文”或古典文体

（p.38）

一、名词

70. 汉语中有些词永远是形容词或名词，另一些则有时是名词，有时是动词，这种词的意义由它在句中的位置来判断。

71. 汉语没有表示阴、阳、中性的标志，有很多特殊名词来表示动物的性别。必要时，我们通过一些特定的词来确定性别，例如：

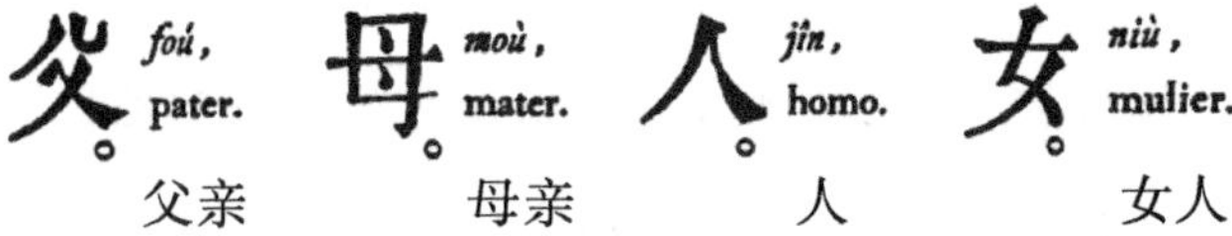
父 foù, pater.
母 moù, mater.
人 jîn, homo.
女 niù, mulier.

父亲　　母亲　　人　　女人

72. 通常来说，汉语中不加任何标志来区分单数和复数。我们不加区别地说：

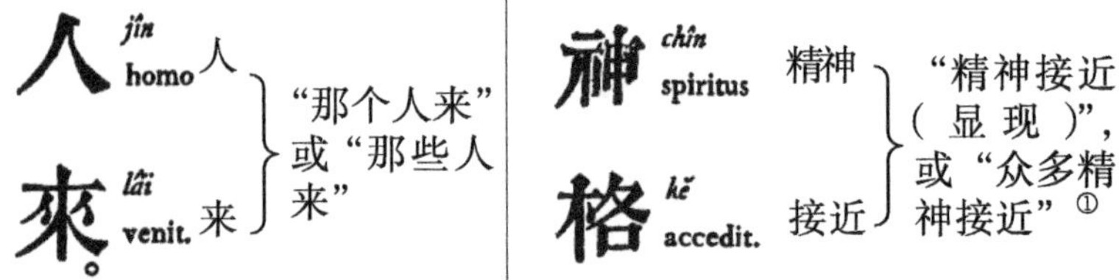
人 jîn homo 人
來 lâi venit. 来
“那个人来”或“那些人来”
神 chîn spiritus 精神
格 kĕ accedit. 接近
“精神接近（显现）”，或“众多精神接近”①

① 译者按：拉丁文 ccdeit 和法文 approche 都表示“接近”“进入”，这里可能是作者的讹误。

73. 当必须明确单复数的时候，我们使用表示复数或总称的前置虚词或后置虚词。选用哪种虚词要根据其用法以及所修饰名词的性质来决定。

74. 有四个虚词必须位于名词之前，如：

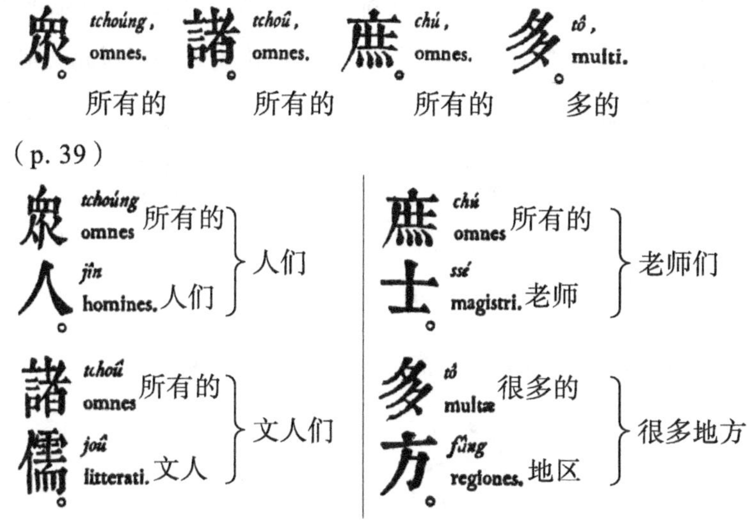
衆 tchoúng, omnes. 所有的　諸 tchoû, omnes. 所有的　庶 chú, omnes. 所有的　多 tô, multi. 多的

(p. 39)

衆 tchoúng omnes 所有的　人 jîn homines. 人们 } 人们

庶 chú omnes 所有的　士 ssé magistri. 老师 } 老师们

諸 tchoû omnes 所有的　儒 joû litterati. 文人 } 文人们

多 tô multæ 很多的　方 fāng regiones. 地区 } 很多地方

75. 这四个虚词应放在名词之后：

皆 kiāi, omnes. 所有的　俱 kiū, omnes. 所有的　咸 hiân, omnes. 所有的　都 toū, omnes. 所有的

例如，我们说：

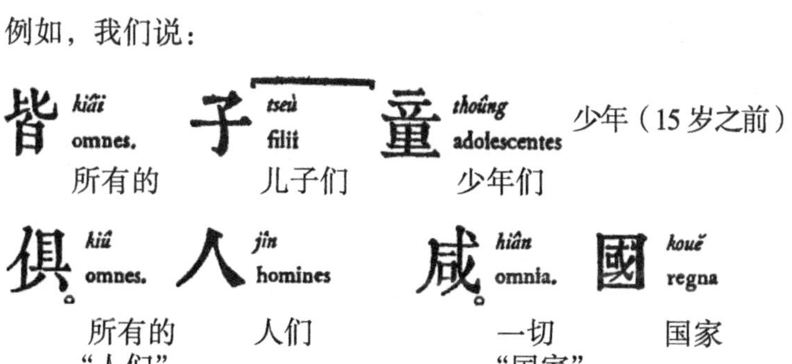
皆 kiāi omnes. 所有的　子 tseù filii 儿子们　童 thoûng adolescentes 少年们　少年（15 岁之前）

俱 kiū omnes. 所有的“人们”　人 jîn homines 人们

咸 hiân omnia. 一切“国家”　國 kouĕ regna 国家

都 toû omnes.
人 jîn homines
les hommes. 人们
所有的 人们

76. 需要注意这类虚词的位置，因为如果它们的位置变化了，意思也发生变化。例如：“人都”如果是“都人”，意思不再是“人们”，而是“宫廷里的人”[①]。只有在出现省略词时此规则才有例外，例如：

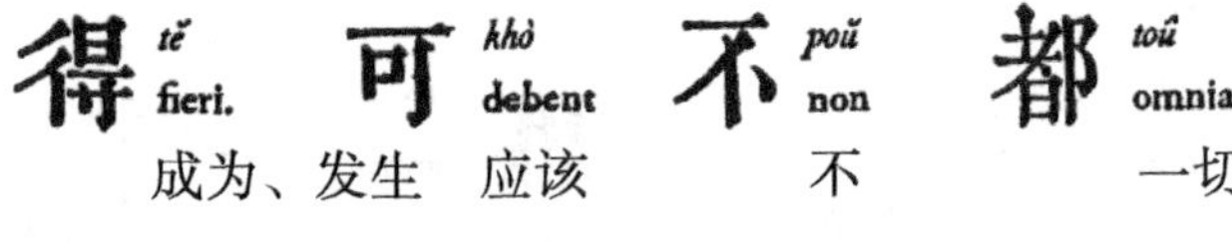
得 tĕ fieri.
成为、发生
可 khò debent
应该
不 poŭ non
不
都 toû omnia
一切

“不能达成的事务”；省略了：

物 wĕ, negotia 事务，完整的句子是“物都不可得”。

也 yè (p. f.)
（结尾虚词）
是 chí hæc
这些
皆 kiâï omnia
所有

“所有这些事物。”

（p. 40）77. 在使用集体名词时，单复数的区分就没有用了。例如：

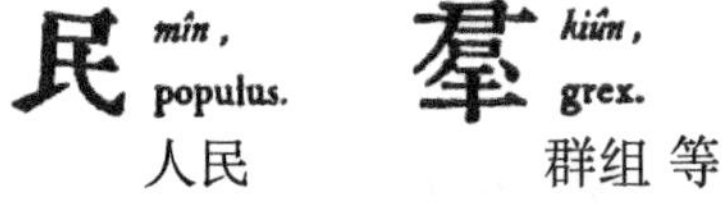
民 mîn, populus.
人民
羣 kiûn, grex.
群组 等

78. 汉语也会用一些有泛指意义的数词来表示复数或总称。

---

① 译者按：“宫廷里的人”，原文为 l'homme de la cour。“都人”或许应理解为“都城的人”。

这些数词并不是无差别地使用，而是需要根据一种成体系的区别或从前的传统来使用，有些数词须搭配某类特定的事物，例如：

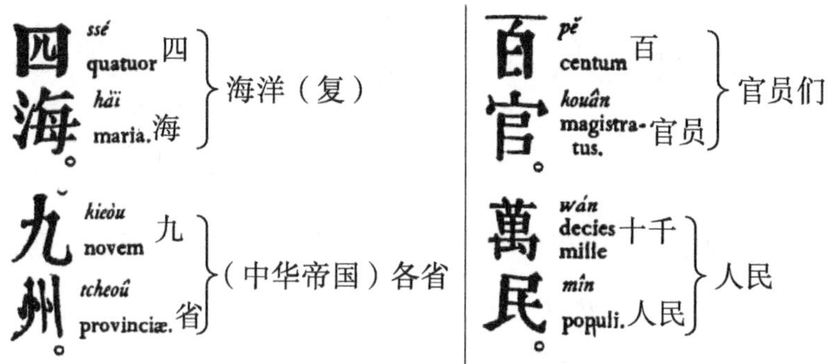
四 ssé quatuor 四
海 hài maria. 海
海洋（复）
百 pě centum 百
官 kouān magistra-tus. 官员
官员们
九 kieòu novem 九
州 tcheoū provinciæ. 省
（中华帝国）各省
萬 wán decies mille 十千
民 mîn populi. 人民
人民

79. 当两个名词构成一个新词时，前置语（le terme antécédent）位于后置语（le terme conséquent）之后：

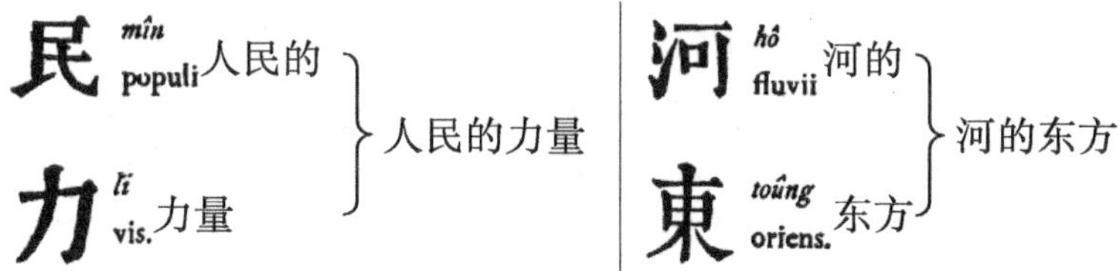
民 mîn populi 人民的
力 lǐ vis. 力量
人民的力量
河 hô fluvii 河的
東 toūng oriens. 东方
河的东方

这是汉语中的普遍规则，没有例外。

80. 上条规则也适用于所有的复合名词，例如我们说：

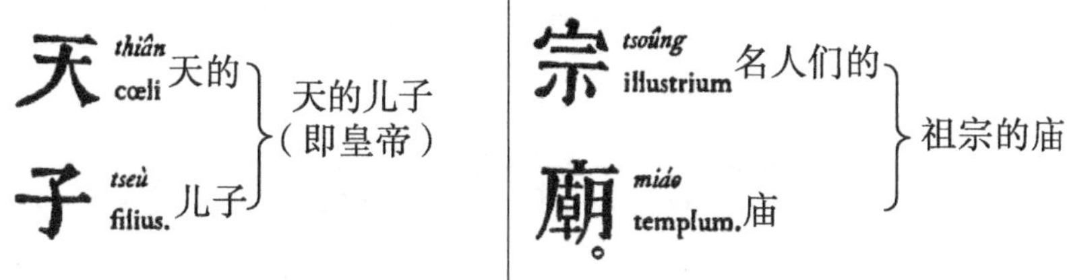
天 thiān cœli 天的
子 tseù filius. 儿子
天的儿子（即皇帝）
宗 tsoūng illustrium 名人们的
廟 miáo templum. 庙
祖宗的庙

81. 在不改变结构的情况下，我们经常在后置语前加虚词之 tchī，来更明确地表示赋予关系、所属关系、隶属关系。

（p. 41）有时，有“之”字还是省略“之”字并没有区别，例如以下两种说法均可：

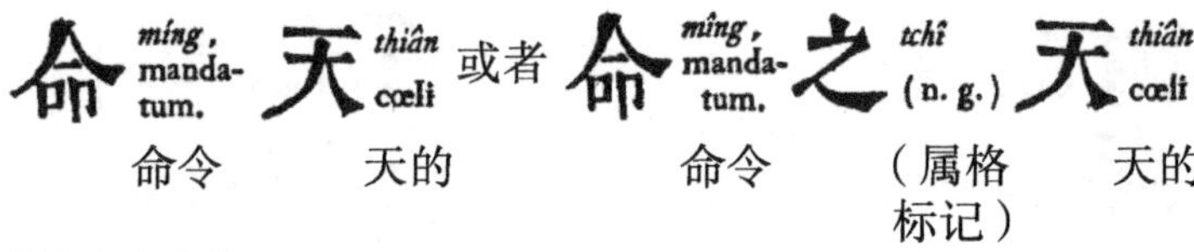
命 míng, mandatum. 天 thiân cœli 或者 命 míng, mandatum. 之 tchî (n. g.) 天 thiân cœli
命令 天的 命令 （属格标记） 天的

“天的命令”

82. 通常来说，当前项或后项是组合形式或复杂形式，则必须加“之”字，以分清二者，避免模棱两可。于是我们说：

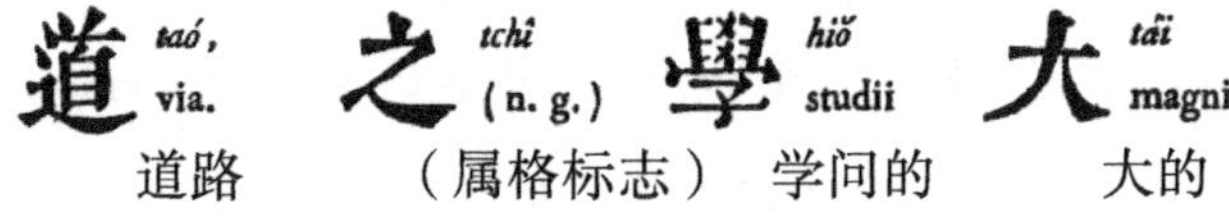
道 taó, via. 之 tchî (n. g.) 學 hiŏ studii 大 taí magni
道路 （属格标志） 学问的 大的

“大学之道（或政治哲学之道）。”

始 chì, initium. 仁 jîn humanitatis 善 chén virtutum 之 tchî (n. g.) 孝 hiáo pietas
开始 人文的 美德的 （属格标记） 虔敬
義 í justitiæque 之 tchî (n. g.) 源 youân fons 百 pĕ centum
和正义的 （属格标记） 源头 百
之 tchî (n. g.) 宗 tsoûng principalis 衆 tchóung omnium 行 hîng actionum
（属格标记） 主要的 所有的 行为的

“孝是好的行为的源泉，最杰出的美德，仁慈和正义的开始。”

命 míng. mandatum
明 míng clarum
之 tchî (n. g.)
天 thiân cœli

命令 明亮的 （属格标志） 天的

“天的明亮的指令（神意）。”【参看 97, 235, 241】

83. 一个名词作任意动词的主语或某一主动态动词的宾语时，没有任何特殊的标记。主语置于动词之前，宾语位于动词之后。这条规则几乎没有例外【参看 157】：

善 chén virtutem.
好 hào amat
王 wâng rex

美德 爱 王

“王爱美德。”

84. 表示动作的词，根据去除、添加、分离或聚合等不同的意义，（p. 42）由不同的介词来表示。在以下几段中我们将介绍这几种关系的主要表达法。

85. 與 iù，本意是“给”，表示合并、添加、同时性，可以译为“对”（à），“和……一起”（avec）等。

樂 lŏ, lætari.
偕 kiâi simul
民 mîn populum
與 iù ad

欢喜 同时 人民 与

“与人民一起欢乐。”

86. 於或于 iû，意为“通过”（par），“在……里”（dans），“从”（de），“对于”（à）：

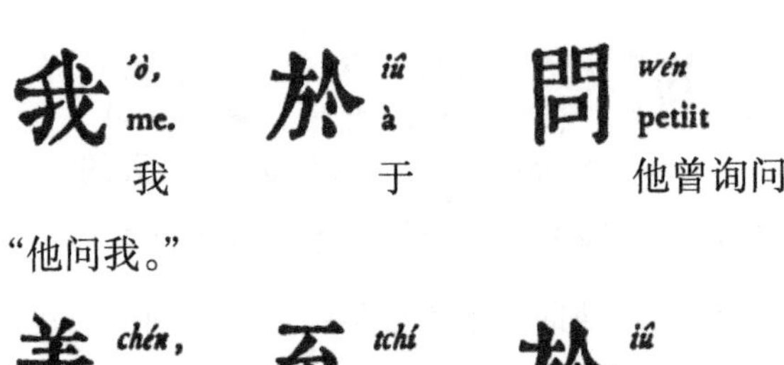
我
'ò,
me.
於
iû
à
問
wén
petiit

我　于　他曾询问

"他问我。"

善
chén,
virtute.
至
tchí
summa
於
iû
in
止
tchì
stare

美德　至高的　在……　站

"停止于最大的美德。"

下
hiá
subjectis
天
thiân
cœlo
於
iû
in

下面的事物　天　在……

"在天的下面（帝国）。"

王 wâng, regem. 於 iû ad 從 thsoûng sequi

王　于　跟随

"跟随王。"或"听从王。"

87. 乎 *hoû*，既表示添加，也表示去除，既表示到达，也表示离开：

謂
'wéi
vocatur
外
wái
exteriori
待
tái
expectare
己
kì
seipsum
足
tsoŭ
sufficere
德
tĕ
virtus.
之
tchî
(p. r.)
於
iû
ab
無
woû
nihil
乎
hoû
ad

被称为　外面　等待　自己　足够

美德　（关系虚词）　于　无　于

"自给自足，不期待外界的任何东西，这就叫作美德。"

“到门口。”

（p. 43）

“对于鬼神的虔敬。”

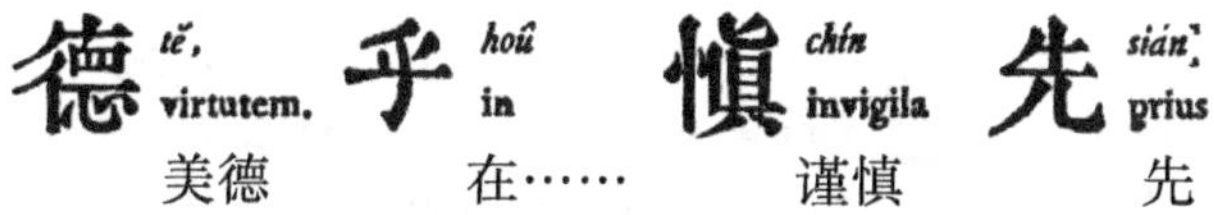

“首先，要在美德方面谨慎。”

“爱学习，就是接近知晓。”

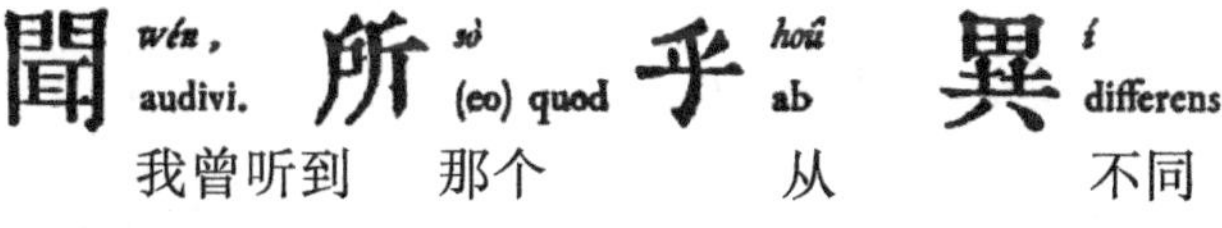

“与我听到的不同。”

“我对您没有任何隐瞒。”

88. 諸 *tchoû*【见 74】通常表示起源、离开、分离。

己 kì, seipso.
諸 tchoû à
求 khieoû exspectare
惟 wêi solùm
自己　从　等待　只有

“只期待由自己而出的东西。”

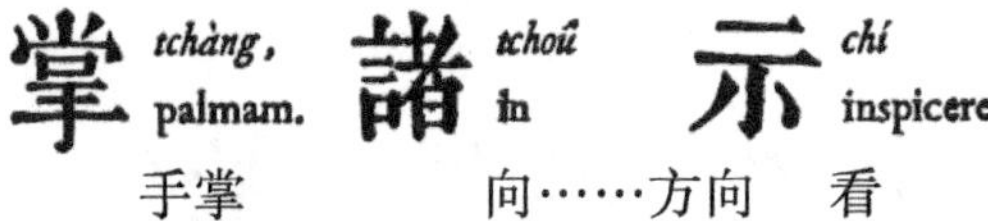
掌 tchàng, palmam.
諸 tchoû in
示 chí inspicere
手掌　向……方向　看

“看向他的手掌。”

89. 從 *thsoûng* 也表示分离：

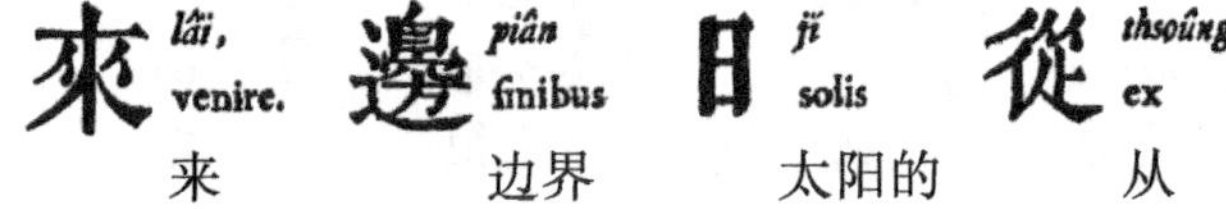
來 lâi, venire.
邊 piên finibus
日 jĕ solis
從 thsoûng ex
来　边界　太阳的　从

“从太阳的尽头来（或从落日的尽头来）。”

90. 自 *tseú* 也表示“从”（de）：

夏 hiá, Hia.
克 khĕ vincen-do.
自 tseú ex
歸 kouĕ'i reversus
王 wâng rex
夏　战胜　从　归来的　王

“王从他对夏的胜利中归来。”

（p. 44）91. 由 *yeoû* 是“自”的同义词，也表示本初、起源、原因、开端：

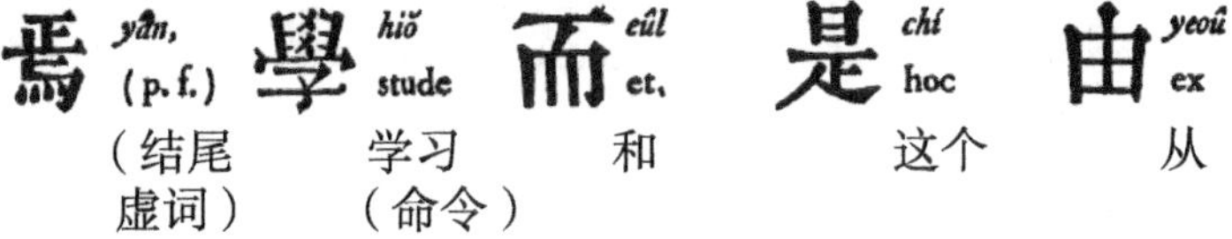
焉 yên, (p. f.)
學 hiŏ stude
而 eûl et,
是 chí hoc
由 yeoû ex
（结尾虚词）　学习（命令）　和　这个　从

“您从这本书开始学习。”

92. 称呼语（compellatif）通常没有任何标志，并且经常被动词的主语代替：

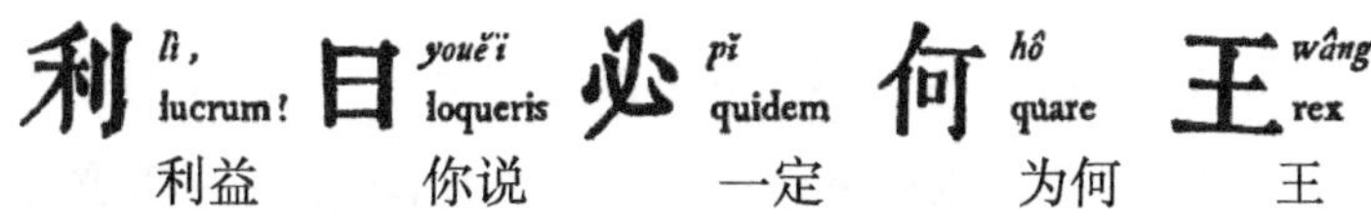

“王啊！为什么谈利益？”——字面意思是“王为什么谈利益？”

二、形容词

93. 有的词本身就有形容词的意义，例如：

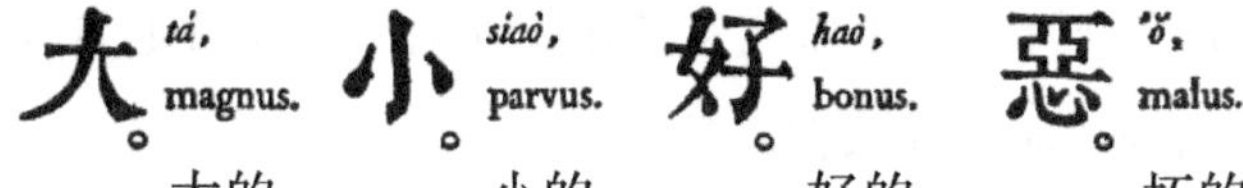

94. 有些则是名词，在与其他名词结合后表达一种品质（attribut）【79, 80】，例如：

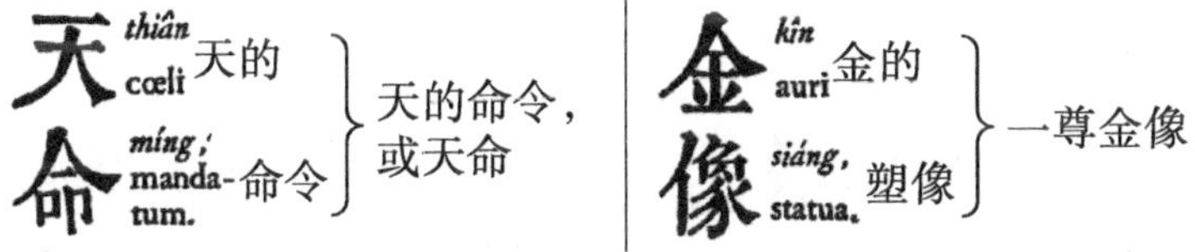

在所有名词用作表示品质的词的情况下都是如此，比如那些表示材质、性质、类别或品种等的名词。

95. 形容词的用法与表品质的名词（noms attributifs）相同【80】，位置几乎总是在所修饰名词之前。

言 *yân,* verbum. 话　善 *chén* bonum 好的　　高尚的话

（p. 45）96. 有些形容词可以被当作动词，这种情况下经常会出现声调的变化，以此来表示不同于作为形容词时的意义【55】。例如：

好 *hào,* bonus. 好的　　变成　　好。*háo,* amare. 爱（动词）

惡 *'ŏ,* malus. 坏的　　变成　　惡 *oú,* odisse. 仇恨（动词）

97. 形容词可当作抽象名词使用，这时它的位置通常要在名词之后，它的构成就好像它们是名词一样。

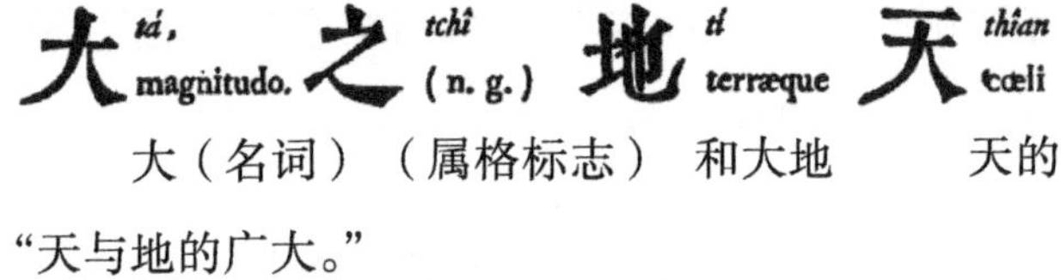

大 *tá,* magnitudo. 之 *tchî* (n. g.) 地 *tí* terræque 天 *thîan* cœli

大（名词）（属格标志）和大地　　天的

"天与地的广大。"

98. 所有动词加 者 *tchè* 后构成形容词【145, 169】，例如：

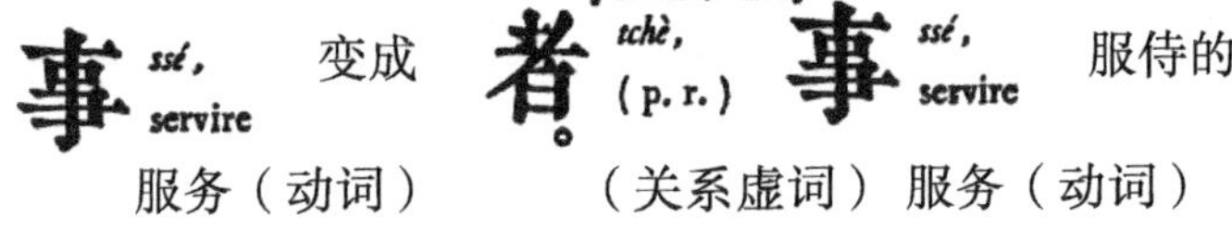

事 *ssé,* servire　　变成　　者 *tchè,* (p. r.) 事 *ssé,* servire　　服侍的

服务（动词）　　（关系虚词）服务（动词）

死 *ssè,* mori　　变成　　者 *tchè,* (p. r.) 死 *ssè,* mori　　垂死的，死的

死亡（动词）　　（关系虚词）　死亡（动词）

99. "者"的用法可延伸到一些本身就有形容词意义的词上，

尤其是在名词被省略或在前文已出现过的情况下单独使用这些具有形容词意义的词时。我们不加区别地说：

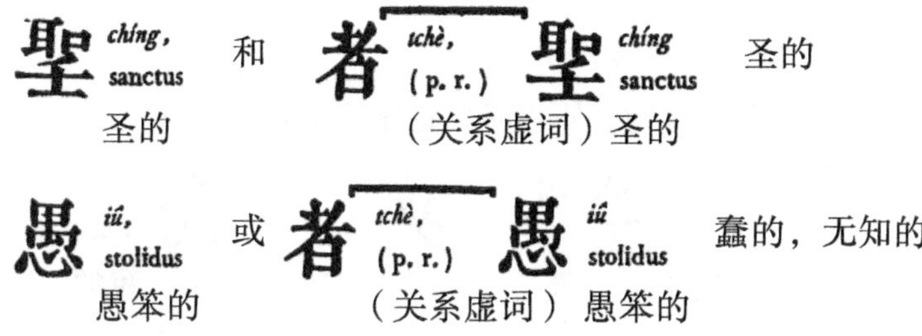

假定该词省略了表“存在”意义的动词（verbe substantif），我们也可以译为：“那个神圣的人”，“那个愚笨的或无知的人”。

（p. 46）100. 比较级的表达法是形容词原级加上於 *iû*，该字的意思是“在……之前”（prae）、“以……为代价”（au prix de）、鉴于、考虑到（eu égard à）：

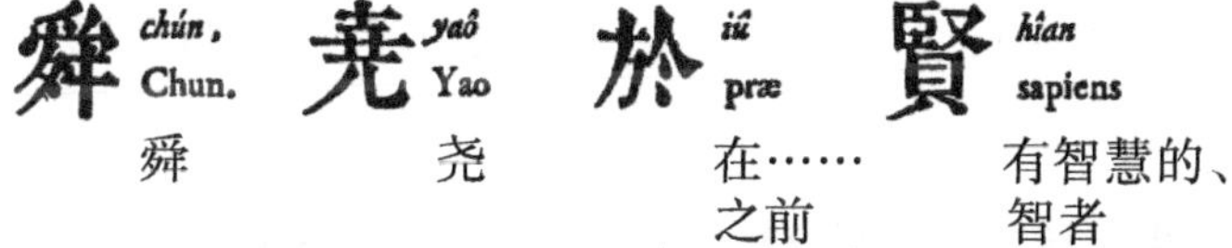

“比尧帝和舜帝还有智慧。”《孟子》【参看 212, 271】

101. 如果要以绝对的方式表达比较级，可以用尤 *yeoû*［很多］，或者益 *y*［添加］：

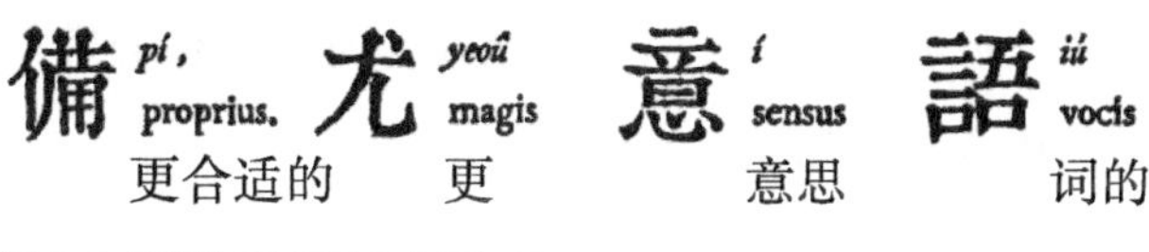

“这个词的意思更合适。”

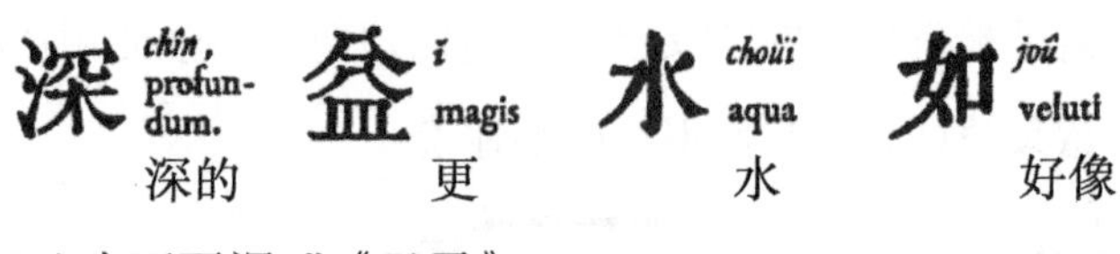

深 chîn, profundum. 深的　益 i magis 更　水 choüi aqua 水　如 joû veluti 好像

“比水还要深。”《孟子》

102. 如果是问句，则没必要将比较级表达出来：

賢 hîan, sapiens! 有智慧的　路 loú lou 路　與 iú vel 或者　我 'ò meus 我的

孰 choû quis 谁　子 tseu Tseu 子　子 tseù magister 老师

“我的老师和子路，谁更有智慧？”《孟子》

103. 最高级的构成是在形容词前使用以下几个词：

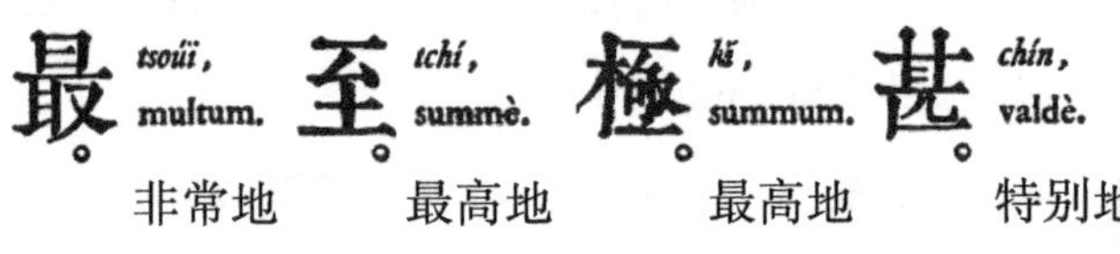

最 tsoüi, multum. 非常地　至 tchí, summè. 最高地　極 kĭ, summum. 最高地　甚 chín, valdè. 特别地

例如：

最 tsoüi multùm 非常地　至 tchí summè 最高地　極 kĭ summè 最高地　甚 chín valdè 特别地

窮 khioûng, pauper. 贫穷的　聖 chíng, sanctus. 神圣的　高 kaô, altus. 高的　善 chén, bonus. 好的

（p. 47）这四个虚词不可以无差别地与所有形容词搭配，只在具体的使用中决定其用法。

三、专有名词

104. 大多数城市名、河流名、山名由两到三个汉字组成，通常由“邑”（第 158 部），“阜”（第 170 部），“水”（第 85 部），“山”（第 46 部）等部首派生而出。

105. 人名通常没有任何可以与其他名词相区别的特性。通常来说它们由两到三个汉字构成，构成规则比较固定。

106. 每个家族从很久很久以前起就有一个家族成员都共有的名字，这就是我们所说的姓 *síng*。姓的数量并不多，有人制作了一些方便查阅的姓氏表，以避免把人名当成其他普通名词。[①]

107. 姓氏永远在其他名字之前。完整的人名有好几个音节，而姓是的第一个音节。称呼女性和地位尊贵的文人时，我们采用代称法，只提姓，然后加上氏 *chí*［家族］字：

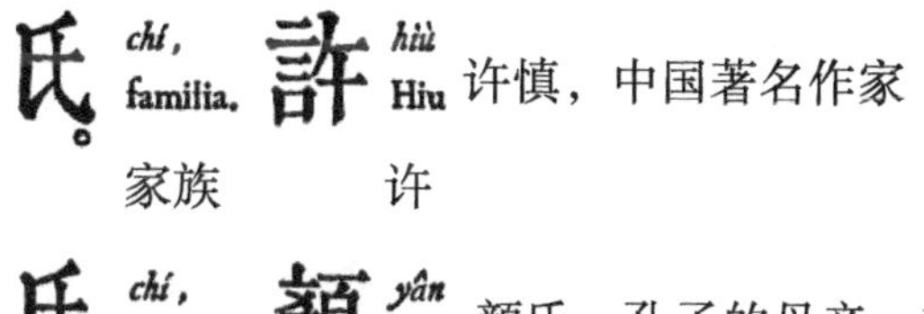
氏 chí, familia. 許 hiù Hiu
氏 chí, familia. 顏 yân Yan

许慎，中国著名作家

家族　许

颜氏，孔子的母亲，来自颜家。

家族　颜

---

① 叶尊孝神父曾经编制过一个这样的表，由他的字典的出版者印刷并发表（《汉字西译》，第 972 页）。叶神父没有收录由两个音节组成的姓（姓複 *foü sing*），克拉普洛特先生在他的《汉字西译补》第 30 页加上了这些姓。我们认为没有必要在这里重复关于人名的历史细节，因为我们在《叶尊孝神父字典评论》（*Examen critique*）中已经进行了说明，克拉普洛特先生将该《评论》收录在他的《汉字西译补》（第 18 页及以下）中。在此书中，我们只谈论与语法有关的内容。

（p. 48）孔子的家族名是孔 *Khoùng*。

108. 名 *míng*［小名，或孩童名］，是小孩出生时父母给取的名字。名加在姓后，或者只用名，代替人称代词来指自己。我们绝不能叫我们尊敬的人的名，没有任何特殊的理由就称呼或书写当朝皇帝的名是犯上罪，即使只是把这个名当作普通名词也不可以。孔子的名是丘 *Khieoû*［小山］。①

109. 字 *tseú* 是 20 岁时开始戴象征成人的帽子时获得的一种称号。字通常由两个汉字构成，在姓后加上字就构成了每个人最常用的称呼。孔子的字是尼仲 *Tchoúng-nî*。

110. 諱 *hoéi* 是人们授予尊贵的死者的称号。历史上，称呼皇帝除了用死后的称号外不用其他名字。② 我们给孔子的讳名数

---

① 他有时便以此自称，而不用“我”。（见《中庸》第 143 页第 24 个注释）。我们在大声朗诵这几段时，有注释提醒说，为了表示尊重，我们不说“丘”，而说“某”。

② 皇帝有两种死后的称号，一种是謚 *chí*，这种称谓与他们的品质或行为有关，比如：

帝皇武文功神德聖

chíng tĕ chîn koūng wên woù hoâng tí

“神圣、有德行、神的、有功绩的、有文才的、勇士般的皇帝。”

帝皇孝廣明欽

khîn mîng kouàng hiáo hoâng-tí

“可敬的、英明的、虔诚的皇帝。”

平时用这些称号时可以简化，比如“文帝”“明帝”等。（接下注）

量很多，表达了对他的崇敬和怀念。

四、数词

所有数字的名称都可以用 13 个图形表示，（p. 49）其中的前十个各有两种形式：一种较为古老且非常简单，另一种书写起来则比较复杂，这是为了避免误认或防止故意篡改。这些数字为：

一	壹	*ĭ*, unus.	一	八	捌	*pă*, octo.	八
二	貳	*eúl*, duo.	二	九	久	*kieoù*, novem.	九
三	參	*sân*, tres.	三	十	拾	*chĭ*, decem.	十
四	肆	*ssé*, quatuor.	四	百		*pĕ*, centum.	百
五	伍	*où*, quinque.	五	千		*thsiân*, mille.	千
六	陸	*loŭ*, sex.	六	萬 或	万	*wán*, decies mille	十千
七	柒	*thsĭ*, septem.	七				

（接上注）另一种称号叫作號廟 *miáo haó*［庙的名字］，这是死去的皇帝刻在皇室家族牌位上的称谓，这种称号与亲属关系有关，比如：

祖世 *Chí-tsoù*, l'aïeul de la race. 家族的祖宗

宗成 *Tchhîng-tsoûng*, celui qui a achevé l'illustration, &c. 建立了伟大功绩的人，等等。

“康熙”“雍正”“乾隆”等不是人名，而是年代名或朝代名，用于注明事件的日期。

（p. 50）112. 十、百、千、万（如果不用其他单位，更大的数字仍用“万”作单位）的数量需放在这些数字之前，而加在这些数字之上的更小的数要放在这些数字之后。以下是一个很大的数字，可以作为所有这种数字组合方法的例子：

十 chĭ, decem 十
二 eúl, duo 二
萬 wán, decies mille 十千
一 ĭ, unum 一
四 ssé, quatuor 四
百 pă, centum 百
六 loŭ, sex 六
十 chĭ, decem 十
一 ĭ, unum 一
千 thsiân, millia 千
八 pă, octo 八

“186，214”

113. 我们几乎总是在数词后面加上一个虚词，不论这个虚词怎样随事物性质的不同而变化，都不影响数词的意义。我们称这种虚词为量词（numérales）。[①] 作为量词使用的词完全没有了它单独使用时的意思，数词的出现可以让我们分辨一个词是否为量词。

114. 有时量词位于数词和所修饰事物之间：

① 叶尊孝神父编制了一个表，马礼逊先生将这张表收录在他的语法书里（第 37 页及以下）。叶尊孝字典的编辑者也印刷了这张表，却加上了一个非常不恰当的标题：“数字化的汉字”（*Caractères numériques*）（《汉字西译》，第 933 页）。他的上述工作让我们不必再在此书中给出这张极占篇幅的表。

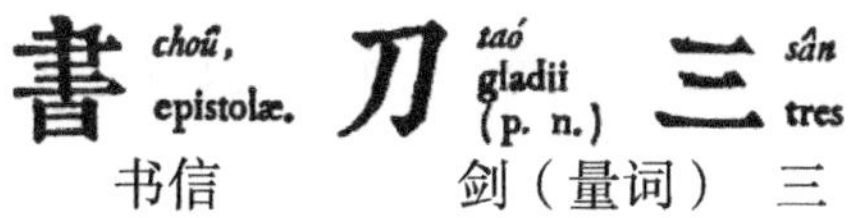

书信 剑（量词） 三

“三封信。”[①]

115. 通常我们先表达事物的名称，然后是数词，最后再加上与该事物搭配的量词：

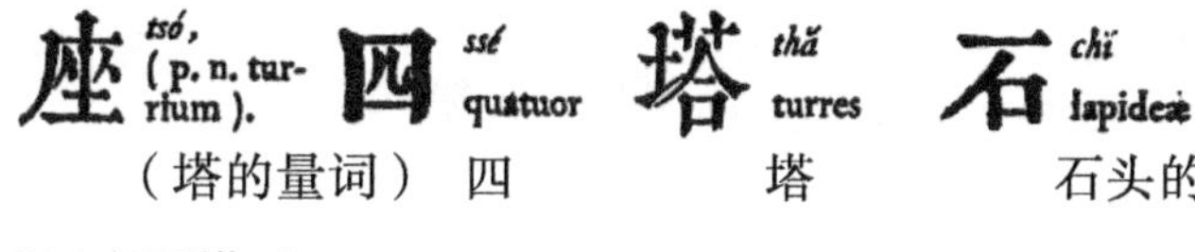

（塔的量词） 四 塔 石头的

“四座石塔。”

（p. 51） 匹 *phĭ*, (p. n. equorum). 六 *loŭ* sex 馬 *mà* equi

（马的量词） 六 马

“六匹马。”

116. 当我们想表达一个不确切的数量时，我们可以加上餘 *iû* 或許 *hiù*，这两个字表示“差不多”“多一点或少一点”（un peu plus ou un peu moins）的意思。

里 几近 百 二

“差不多二百里［法里的十分之一］[②]。”

---

① 译者按：“刀”为计算纸张的单位，一百张为一刀。此处法文原文为“Trois lettres”，即“三封信”，或为作者的讹误。

② 译者按：在法国，1 陆里 =4.445 公里≈9 里。

117. 表示顺序、次第，需在数词前加上虚词**第** *tí*。

三 *sân*, tres. 三　**第** *tí*, (p. o.) 第三（序数虚词）

118. 有时，我们计算整体中的部分时使用一些特定的划分部分的词汇，而不用数词，例如：

下 *hiá*, inferior. 下　**上** *chàng*, superior. 上　即第一、第二

或者，

下 *hiá*, inferior. 下　**仲** *tchoúng*, medius. 中　**上** *chàng*, superior. 上　即第一、第二、第三

《易经》的前四个字①有时用来表示将一个整体分为十份的各部分的名称；（p. 52）“天干”的十个字②可以用来表示将整体分成十份的各部分名称，“地支”③的十二个字表示十二份的各部分名称，而二者的组合则可以表示六十份的各部分名称。这后三

---

① 貞 *tchíng*. 利 *lí*. 亨 *hêng*. 元 *yoûan*.

② 癸壬辛庚己戊丁丙乙甲

kiâ ï píng tîng meóu kì kêng sîn jîn kouèi

③ 巳辰卯寅丑子

亥戌酉申未午

tseù tchheòu yên maò tchîn ssé

'où wéï chîn yeoù siŭ hâi

种计数方法几乎只用于日和年的推算，还会用于表示日期和日历等。

五、代词

119. 在古代最常用的三个第一人称代词是我 'ò、吾 'oû 和予 iù。“我”是唯一一个现在还在使用的第一人称代词。请看例子：

“我不希望人们为我加上好的品质”，也就是说，“夸大我的功劳”。孔子

吾 'oû, me. 我　省 sìng examino 检查　三 sān ter 三次　日 jĕ die 一天中　吾 'oû ego 我

“我每天审查我自己三遍。”《论语》

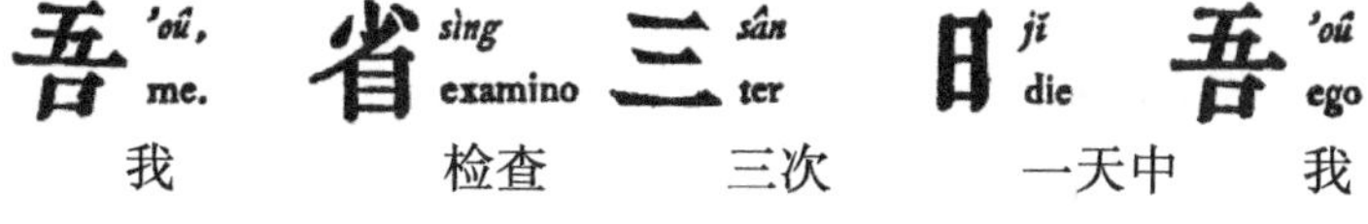

“是天让我有了美德。”《论语》

120. 从“秦始皇帝”（公元前 212 年[①]）起，皇帝开始用朕 *tchin*.来自称，且只有皇帝能用。（p. 53）起初，所有地位尊贵的人都可以使用这个词。

位 'wéi, dignitatem.
帝 tí imperatoris
宅 tsĕ occupo
朕 tchín ego
尊位
皇帝的
占
我

“朕占据了皇帝的尊位。”《书经》

之 tchî (n. g.) 御 iú imperialis 朕 tchín ego

（属格标志） 皇家的 我

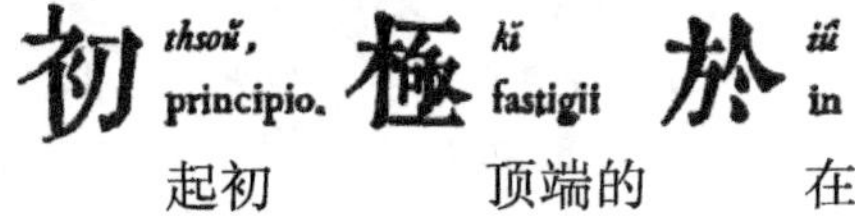
初 thsoŭ, principio.
極 kĭ fastigii
於 iû in
起初
顶端的
在

“在我的统治之初。”满语《四书》前言

121. 为了避免使用第一人称代词，我们有时用名来自称【108 和注释】。例如孔子说：

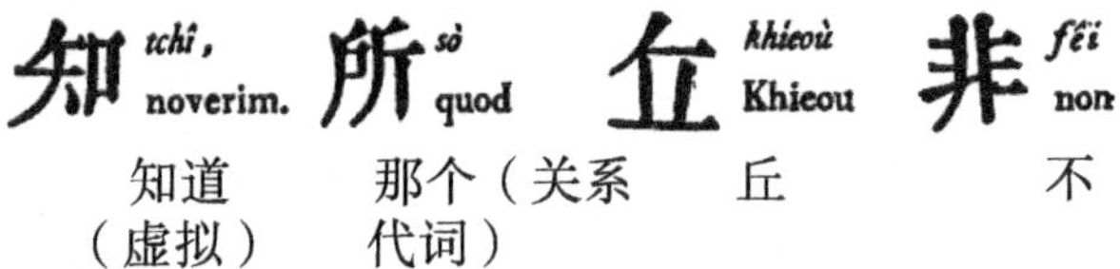
知 tchî, noverim.
所 sò quod
丘 khieoû Khieou
非 fĕi non
知道（虚拟）
那个（关系代词）
丘
不

“这是丘（我）所不知的。”

122. 从古代起，中国人就尽量不使用第一人称代词，而根据身份用各种谦称来代替第一人称代词。古代帝王自称“寡人”

---

① 译者按：秦始皇是公元前 221 年统一六国，开创帝制。作者此处或误将 221 年写作 212 年。

［卑微的人］：

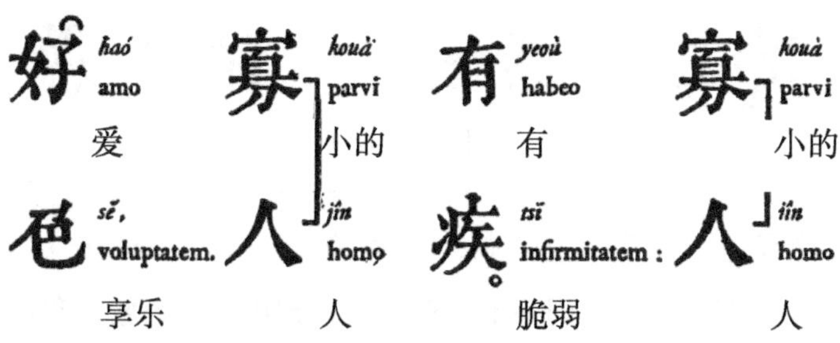

“我有弱点：我喜欢享乐。”《孟子》

123. 臣民在与皇帝对话时自称臣 tchhîn［臣民］，在官方文书中，这个字被写得很小，位于竖行的右侧，例如：

（p. 54）

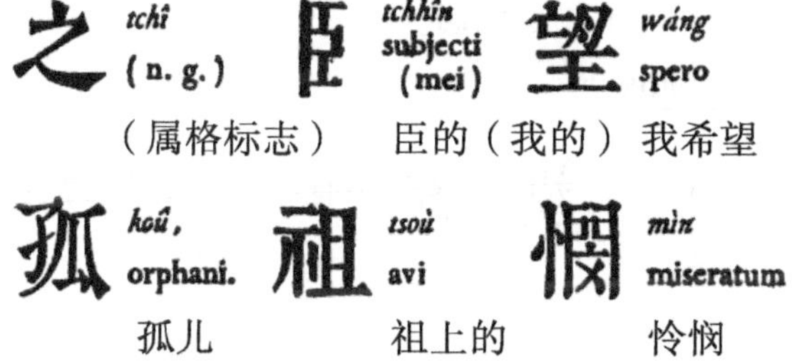

“我希望陛下能因我祖上之故怜悯我，您的臣民，一个孤儿。”[①]

124. 所有其他表示一个人与另一个人之间关系的称号，都可以取代第一人称代词。我们下面会介绍这方面礼貌用语的规则。

125. 作者在表达观点或提出批评的时候通常自称愚 iû［愚

① 这是一位历史学家在献给皇帝他的书时这样说的，他祈求得到他的一位祖先曾被授予的恩典，这位祖先也是一位历史学家。

笨的、不聪明的人]。在这种情况下，下列语句：

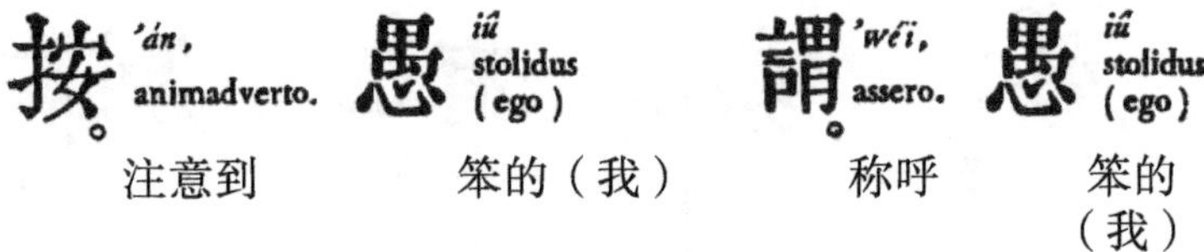

按 'án, animadverto.
愚 iû stolidus (ego)
謂 'wéi, assero.
愚 iû stolidus (ego)

注意到　笨的（我）　称呼　笨的（我）

应译为“我说”（je dis）、“我注意到”（je remarque）等。

126. 第二人称代词并不比第一人代词用得更频繁。我们在书里常遇到的有以下几个：

127. 爾 eùl似乎是最早被使用的，而且显得更能表示敬意。

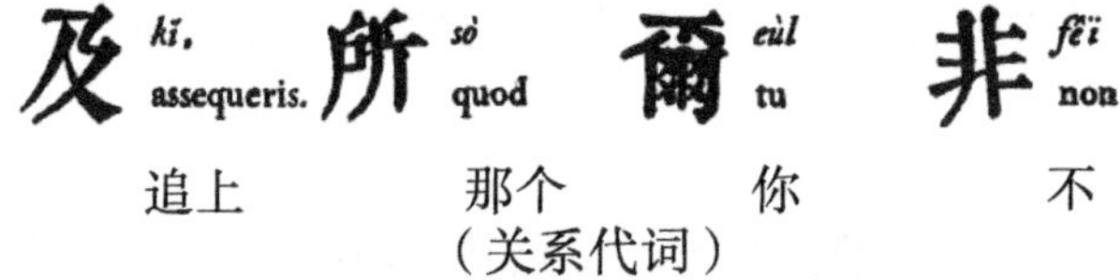

及 kĭ, assequeris.
所 sò quod
爾 eùl tu
非 fēi non

追上　那个（关系代词）　你　不

“这是您无法达到的。”

128. 由于发音相同，汝或女 joù有时会被替换为如 joû和若 jŏ：（p. 55）

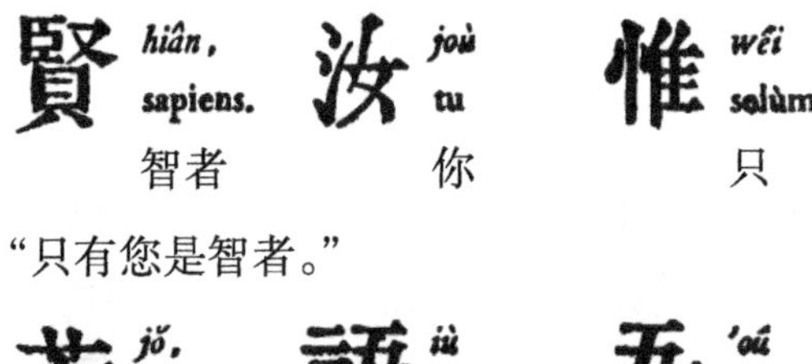

賢 hiân, sapiens.
汝 joù tu
惟 wêi solùm

智者　你　只

“只有您是智者。”

若 jŏ, tibi.
語 iù dico
吾 'oû ego

对你　说　我

“我对您说……”

129. 子 *tseù*，本意为“儿子”，曾经是很多著名哲学家和作家的称号，可取代第二人称代词，好比在法语中我们用第三人称来取代第二人称。

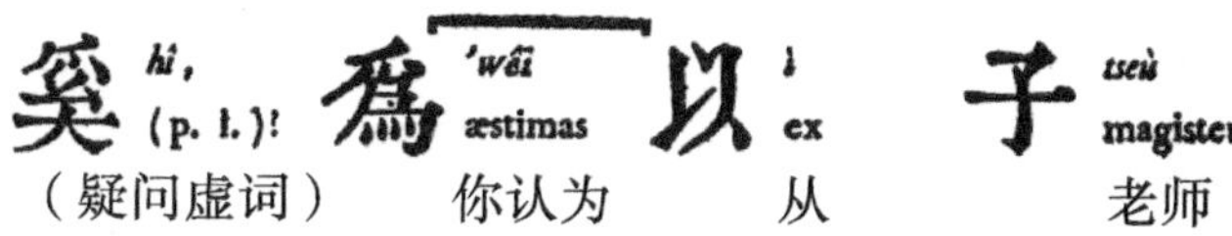
奚 hî, (p. I.)!
爲 'wêi æstimas
以 ì ex
子 tseù magister
（疑问虚词）
你认为
从
老师

“您是怎么想的？”正如法语中说“先生怎么想？”

我们也会用子夫 *foû-tseù*，这个词更具体地指“老师”或“博士”：

歟 iû, (p. i.)!
人 jîn vir
聖 ching sanctus
子 tseù magister
夫 foû
（疑问虚词）
人
圣的
老师

“您是圣人吗？”

130. 下足 *tsoŭ-hiá*，“脚的下面”，在典雅的文风中表示“您”。

哉 tsâi, (p. i.)
取 thsiù capias
下 hiá tu
爲 'wêi esse
安 'ân an
（疑问虚词）
取得
你
是
是否
信 sín fidem
所 sò quem
足 tsoŭ
足 tsoŭ sufficio
信任
那个（关系代词）
我足够

“我如何能值得您的信任？”

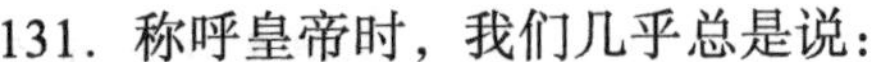

131. 称呼皇帝时，我们几乎总是说：

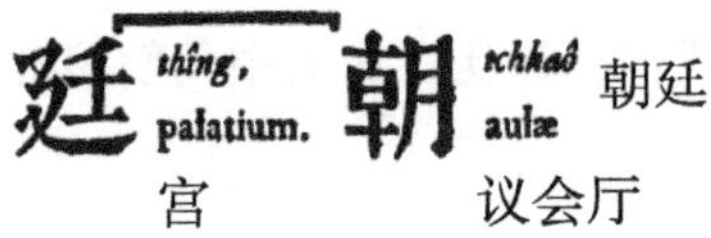
廷 thîng, palatium. 朝 tchhaô aulæ 朝廷
宫 议会厅

或者

（p. 56）

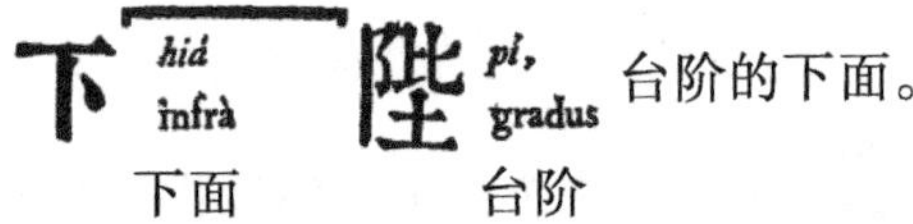
下 hiá infrà 陛 pí, gradus 台阶的下面。
下面 台阶

这是两种表示“陛下”（votre majesté）的说法。

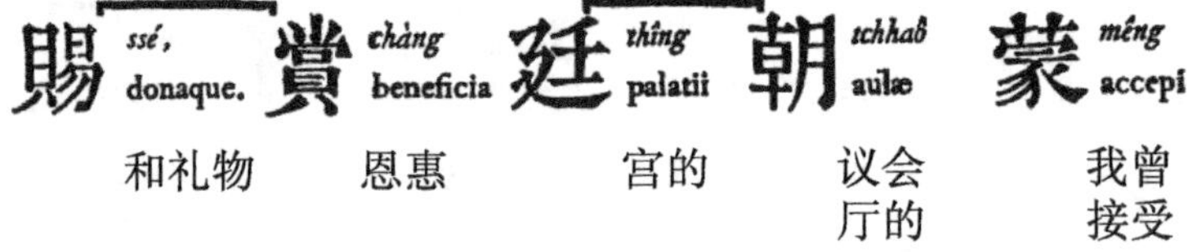
賜 ssé, donaque. 賞 chàng beneficia 廷 thîng palatii 朝 tchhaô aulæ 蒙 mêng accepi
和礼物 恩惠 宫的 议会厅的 我曾接受

“我收到了陛下的礼物。”

一 ĭ unico 神 chîn divæ 陛 pí graduum 内 néi interius 今 kîn nunc
一个 神的 台阶的 里面的 现在
統 thoùng, gubernio. 靈 lîng intelligentiæ 下 hiá inferioris 賴 lăi donatur 海 hăi marium
统治 智慧的 下面的 被给予 大海的

“如今被大海包围的地方（全世界），由于陛下的英明统一于唯一的统治之下。”《史记》

132. 第三人称代词由其 khî，伊 î 和厥 kiouĕi 来表示：

母 moù, materque. 和母亲
民 mîn populi 人民的
其 khî is 他
也 yè (p. f.) （结尾虚词）
父 foú pater 父亲
爲 'wêï est 是

“他是人民的父亲和母亲。”《孟子》

“厥”在《书经》里经常作为“其”的同义词使用。这两个代词和很多其他第三人称代词更常作为物主形容词或指示形容词来使用【见 139, 141】。

133. 我们把**其** khî 也放在句子的名词性主语后面，使句子简明、典雅，尤其是当句子是感叹句或问句时。

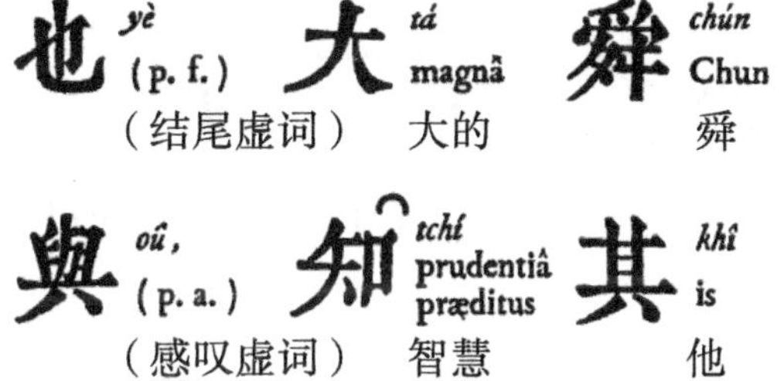
也 yè (p. f.) （结尾虚词）
大 tá magnâ 大的
舜 chún Chun 舜
與 oû, (p. a.) （感叹虚词）
知 tchí prudentiâ præditus 智慧
其 khî is 他

“舜的贤明多大啊！”（p. 57）

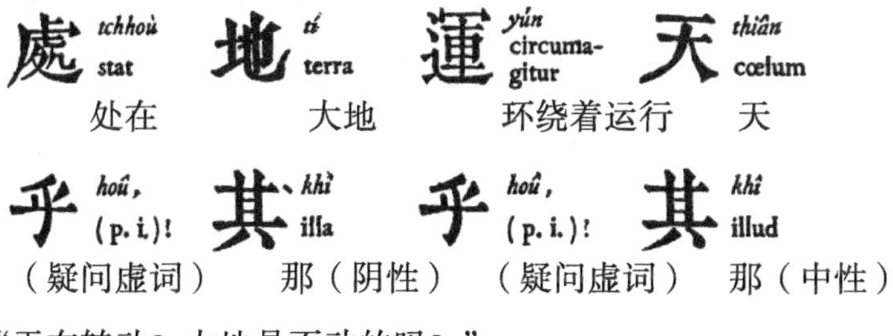
處 tchhoù stat 处在
地 tí terra 大地
運 yún circumagitur 环绕着运行
天 thiân cœlum 天
乎 hoû, (p. i.)! （疑问虚词）
其 khî illa 那（阴性）
乎 hoû, (p. i.)! （疑问虚词）
其 khî illud 那（中性）

“天在转动？大地是不动的吗？”

矣 *ì,* (p. f.) 其 *khî* ea 人 *jìn* hominis

（结尾虚词）那（阴性） 人的

乎 *hoû,* (p. i.)! 神 *chîn* spiritualis 心 *sîn* intelligentia

（疑问虚词） 有灵性的 心智

“人的智慧是有灵性的吗？”【参看 211】

134. 如果第三人称代词是一个主动动词的宾语，应总是用之 *tchî* 来表示，这条规则对于人和物都适用。

之 *tchî,* eum. 征 *tching* subjicit' 而 *eûl* et 往 *wàng* it 王 *wâng* rex

他（宾格） 征服 并且 他去 王

“王为了征服他而前行。”

之 *tchî,* illum. 殺 *chă* occidere 以 *ì* ad 可 *khò* potest

他（宾格） 杀 至于 他可以

“他可以杀了他。”

135. 常见的人称代词，如“我自己”(moi-même)，“你自己”(toi-même)，“他自己”(soi-même)，可表示为己 *kì* 或自 *tseú*。“己”作主语时放在动词之前，作宾语时放在动词之后。“自”放在动词之前，构成自反意义：

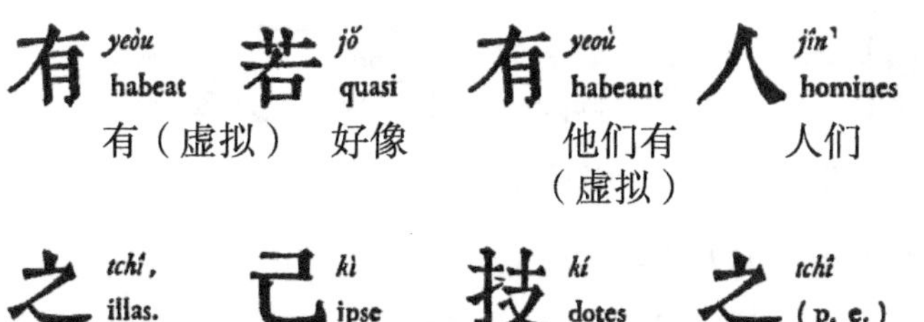
有 yeòu habeat
若 jŏ quasi
有 yeoù habeant
人 jîn homines
之 tchî, illas.
己 kì ipse
技 kí dotes
之 tchî (p. e.)

有（虚拟） 好像 他们有（虚拟） 人们

那些（宾格） 他自己 天赋 （属格标志）

“如果（其他）人有才能，对于他来说好像他自己也有了这些才能一样。”《大学》

（p. 58.)

息 sĭ, cessat.
强 kiâng, cohibendum
以 ì, ad
君 kiûn,
不 poŭ, non
自 tseù, seipsum
子 tseù,

停止 强大 对于 智者

不 自己

“智慧的人对自己严格要求，永不停止。”《易经》

136. 为表达同样的意思，我们还可以用身 chîn［身体，人］、躬 koûng［身体］、親 thsîn［近的］：

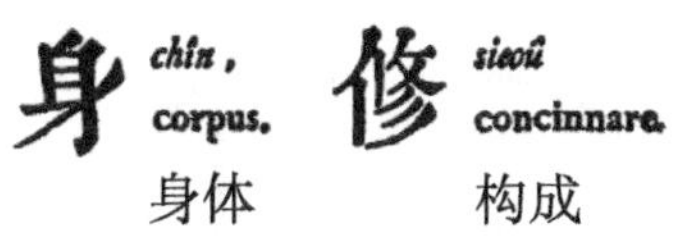
身 chîn, corpus.
修 sieoû concinnare.

身体 构成

“修饰他的人格，改正自己。”

耕 kêng, arat.
躬 koûng corpore
子 tseù filius
天 thiân cœli
犁地 用身体 儿子 天的

“天子（皇帝）亲自耕作。”

之 tchî, illud. 筆 pi scripsit 筆 pi penicillo 親 thsín proprio

它 他书写 用毛笔 自己的

“他是用自己的笔写的。”

137. 人称代词很少带有表示复数的标志，不过我们也可以像名词一样【75】在代词后面加上以下几个字之一来表示复数的意思：等 tèng ordo 秩序、屬 chǒu classis 分类、儕 tchhâi turba 人群等。

乎 hoû, (p. i.)
吾 'oû no-
衆 tchoúng multis
猶 yêou sicut
文 wên Wên
（疑问虚词）多人 如 文
儕 tchhâi bis
況 hoáng multò magis
用 yoúng utitur
王 wâng wâng
我们 他使 用 王

“鉴于文王任用很多其他人，更何况是任用我们呢？”《左传》

矣 i, (p. f.)
之 tchî (p. e.)
今 kîn nunc
吾 'oû
（结尾虚词） （赘词） 如今 我们
虜 loù captivi
爲 'wêi sumus
屬 choŭ
俘虏 是

“我们现在是囚犯。”（p. 59）

138. 代词之间的关系的表达法与名词一样【79, 83, 84】。然而在有些情况下，当人称代词作主动态动词的宾语时，反而要放在动词之前。【见 157】

139. 主有词的构成方法，根据表品质的名词（noms attributifs）【80】的规则，将人称代词放在名词之前，中间不加之 *tchî*。

國 kouĕ, regno. 国家
吾 'oû meo 我的
利 lí lucrandum 获利
以 ì ad 为了

“为了给我的国家带来利益。”

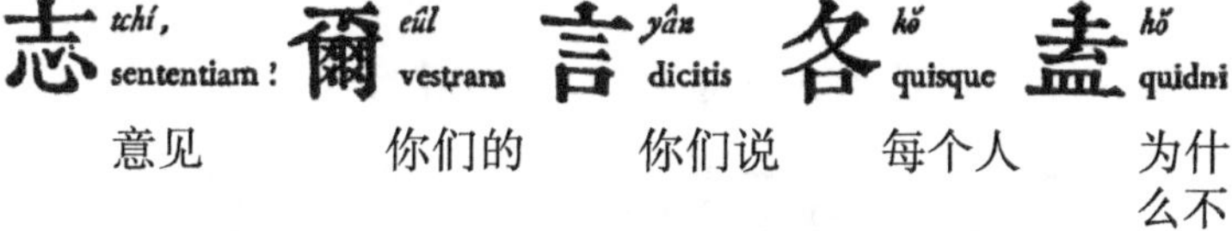
志 tchí, sententiam! 意见
爾 eùl vestram 你们的
言 yân dicitis 你们说
各 kŏ quisque 每个人
盍 hŏ quidni 为什么不

“你们为什么不说说你们各自的想法？”《论语》

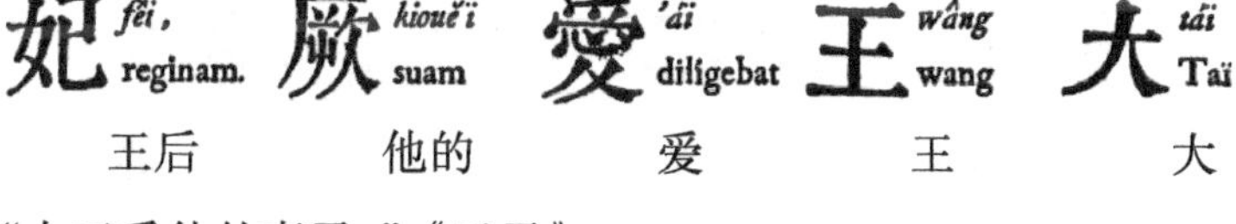
妃 fēi, reginam. 王后
厥 kiouĕ'i suam 他的
愛 'ái diligebat 爱
王 wâng wang 王
大 tái Taï 大

“大王爱他的妻子。”《孟子》

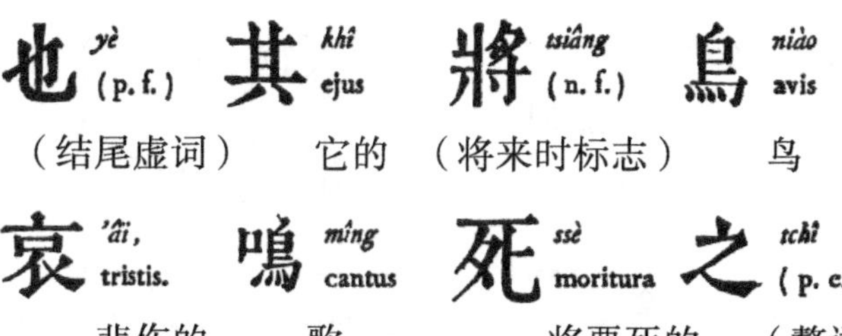
也 yè (p. f.) （结尾虚词）
其 khî ejus 它的
將 tsiâng (n. f.) （将来时标志）
鳥 niào avis 鸟
哀 'âi, tristis. 悲伤的
鳴 mîng cantus 歌
死 ssè moritura 将要死的
之 tchî (p. e.) （赘词）

“当鸟快死的时候，它的歌声变得哀伤。”《论语》

140. 除了第三人称代词之外【132】，汉语中还有相当多的指示代词。我们在这里为其中最常用的逐个举例。

141. 彼 *pì* 与 此 *thseù* 或 玆 *tseû* 的意思相互对立。“彼”指较远的人或物，“此”或“玆”指较近的人或物，分别表示“那个”（celui-là）和“这个”（celui-ci），“那个人”（cet autre）和“我自己”（moi-même）。在使用这些字时，加上或不加名词都可以。（p. 60）

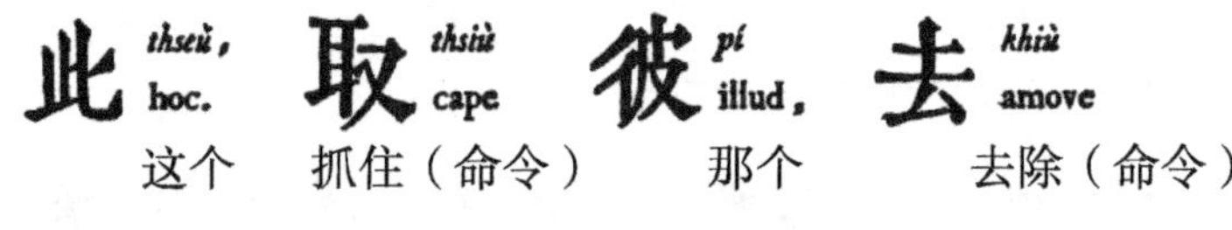

“请您远离那个，取得这个。”《道德经》

“让我们拉开弓箭对准这头小母猪，打这头大野牛。”《诗经》

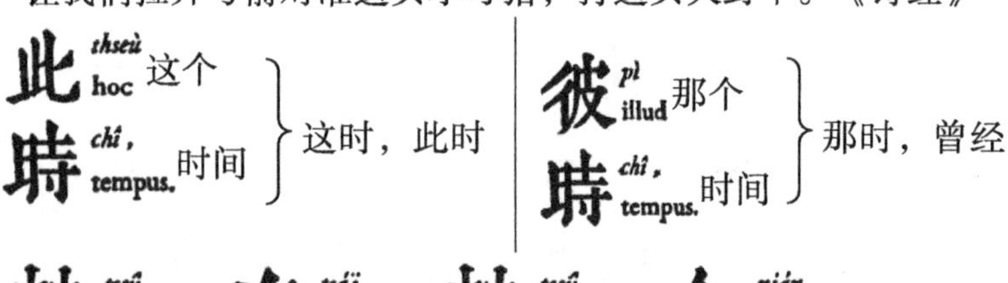

“想着这个，（完全）处在这个中。”《书经》

142. 夫 *foû* 只用来表示人。

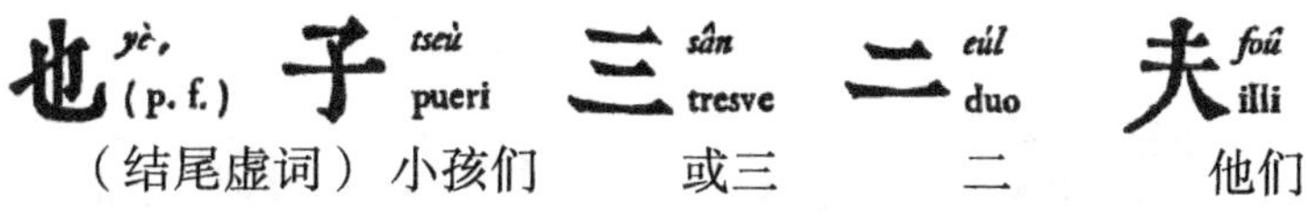
也 yè, (p. f.)
子 tseù pueri
三 sân tresve
二 eúl duo
夫 foû illi

（结尾虚词）小孩们 或三 二 他们

“这两三个小孩”，即“是你们，我的学生。”《论语》

爲 'wéï, causâ!
而 eûl et
爲 'wéï causâ
人 jîn hominis
非 fëi non
誰 choûi cujus
慟 toúng angere
之 tchî (n. g.)
夫 foû hujus

原因 和 原因 人的 不

谁的 感到悲痛（属格标志）那个的

“如果不是为了这个人而悲痛，又是为了谁呢？”（同上）

143. 是 *chí* 通常用作动词或分句的宾语：

（p. 61）

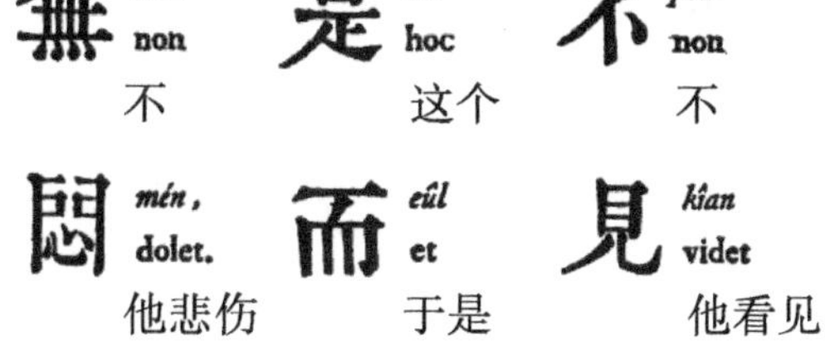
無 woû non
是 chí hoc
不 poŭ non
悶 mén, dolet.
而 eûl et
見 kían videt

不 这个 不

他悲伤 于是 他看见

“他看不到就不感到悲伤。”《易经》

也 yè, (p. f.)
時 chî tempore
是 chí illo
當 tâng in

（结尾虚词）时候 那个 在

“在那个时候。”《孟子》

不 poŭ non　位 'wéi dignitatem　居 kiū occupans　是 chí hâc

不　尊位　占据（现分）这个（夺格）[1]

驕 kiâo, superbit.　而 eûl et　上 chàng altam　故 koù causâ

他骄傲　并且　高的　原因（夺格）

"为了这个原因，他在高位之上却不骄傲。"《易经》《中庸》

144. 斯 ssê 和 此 thseù 的意思完全一样：

者 tchè qui.　三 sân tria　斯 ssê hæc　知 tchî scit

那个人　三　这些　他知道

"知道这三件事的人……"《中庸》

145. 作插入句主语的连接代词（le pronom conjonctif）由者 tchè 来表示，永远放在插入句的句尾，无论句子有多长，也不管句中动词的数量和动词后所加的宾语的数量[2]。

（p. 62）

---

① 《康熙字典》规定了这句话中"是"的意义。由于"是"也表示系动词"是"（être），我们还可以将"是故"译为"这就是原因"（est causa）。在《中庸》中，我们就是这样翻译相同的句子的。见第 88 页及其他处。

② 这个固定结构尤其值得注意，因为古文中有些单句往往有语法上的难点，而这个结构是理解这些句子的关键。

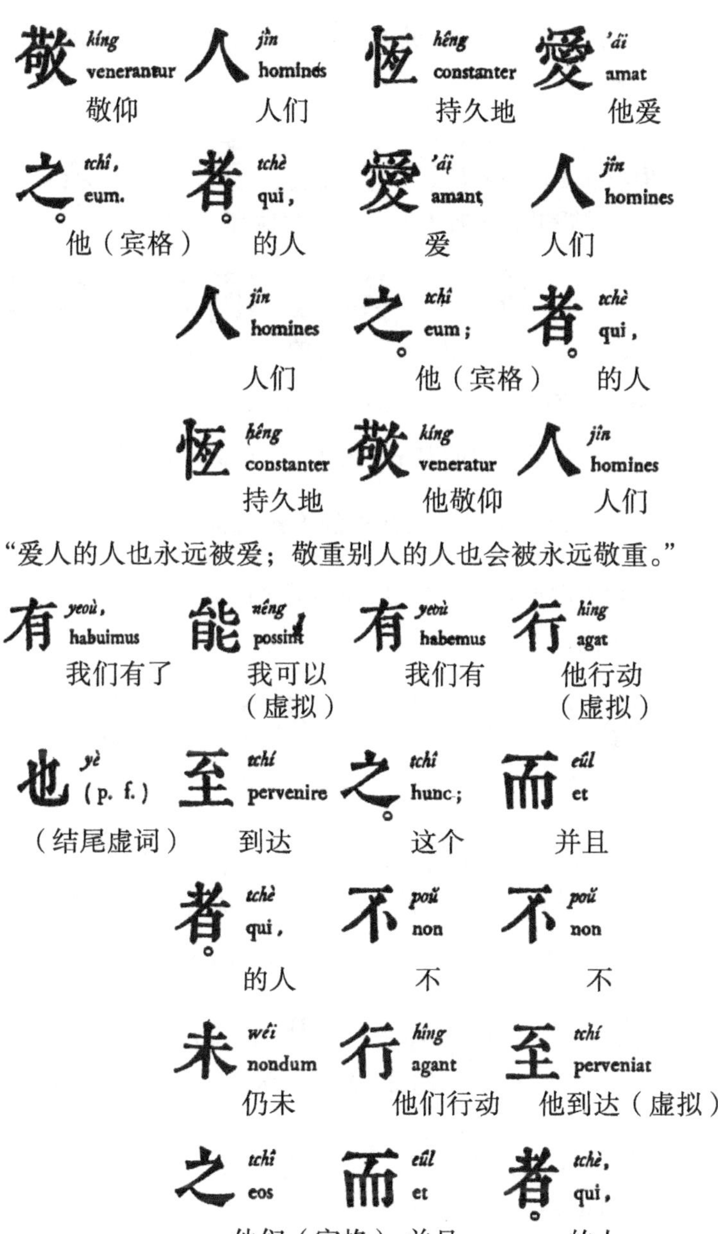

敬 *kíng* veneratur 敬仰　人 *jîn* homines 人们　恆 *hêng* constanter 持久地　愛 *'ái* amat 他爱

之 *tchî*, eum. 他（宾格）　者 *tchè* qui, 的人　愛 *'ái* amant 爱　人 *jîn* homines 人们

人 *jîn* homines 人们　之 *tchî* eum; 他（宾格）　者 *tchè* qui, 的人

恆 *hêng* constanter 持久地　敬 *kíng* veneratur 他敬仰　人 *jîn* homines 人们

“爱人的人也永远被爱；敬重别人的人也会被永远敬重。”

有 *yeoù*, habuimus 我们有了　能 *nêng* possint 我可以（虚拟）　有 *yeoù* habemus 我们有　行 *hîng* agat 他行动（虚拟）

也 *yè* (p. f.) （结尾虚词）　至 *tchí* pervenire 到达　之 *tchî* hunc; 这个　而 *eûl* et 并且

者 *tchè* qui, 的人　不 *poŭ* non 不　不 *poŭ* non 不

未 *wéi* nondum 仍未　行 *hîng* agant 他们行动　至 *tchí* perveniat 他到达（虚拟）

之 *tchî* eos 他们（宾格）　而 *eûl* et 并且　者 *tchè*, qui, 的人

“有付出努力而没有成功的人，却从来没有不付出努力就成功的人。”

也 yè (p. f.)
(结尾虚词)
君 kiûn princi-pem
君王
後 héou post habeat
之后他有
義 í justum,
正义
未 wéi nondùm
仍未
者 tchè qui
的人
其 khî suum
他的
而 eûl et
却
有 yeoù habuimus
我们曾有

“从来没有热爱正义，却将他的君王放在某些事物之后。”也就是说：“不是最爱他的君王。”《孟子》【参看 154】

146. 作为插入句动词补语的连接代词由所 sò来表示，这个字永远位于插入句主语之后和动词之前。

（p. 63）

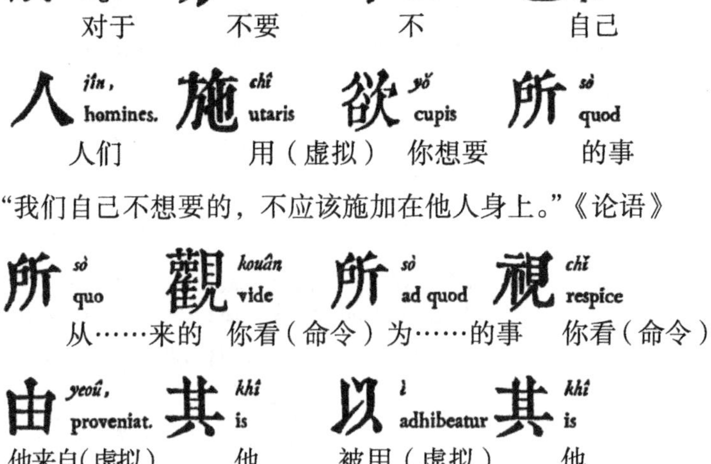
於 iû erga
对于
勿 fě ne
不要
不 poǔ non
不
己 kì ipse
自己
人 jîn, homines.
人们
施 chî utaris
用（虚拟）
欲 yǒ cupis
你想要
所 sò quod
的事

“我们自己不想要的，不应该施加在他人身上。”《论语》

所 sò quo
从……来的
觀 kouân vide
你看（命令）
所 sò ad quod
为……的事
視 chì respice
你看（命令）
由 yeoû, proveniat.
他来自(虚拟)
其 khî is
他
以 ì adhibeatur
被用（虚拟）
其 khî is
他

"看他的作用和他来自哪里。"[①]《论语》【参看 187】

在所有这些句子中，要避免将连接代词前的词（该词为支配这一连接代词的动词的主语）错当作连接代词的先行词。

147. 在上一段的最后一个例子中，"所"好像由两个虚词支配，因为动词 以 *ì*［使用］和 由 *yeoû*［经过］变成了纯粹的表达关系的词（exposans de rapports）：前者表示目的、意图、工具，后者表示起源、原因或者出发点。出于同样的原因，连接代词"所"需放在虚词前，如在以下十分常见的例子中：

以	*ì,* propter.	所	*sò* quà
	因为		这（夺格）

"这就是为什么"，或"就是因为此"。

148. 连接代词在古文中比较罕见，因为古文的句子一般比较短，并且通常使用独立的短句来表达思想。

149. 疑问代词"谁"（qui），"哪个"（lequel），由 誰 *chôuï* 或 孰 *choû* 来表示：

（p. 64）

讓	*jáng,* se dedere!	不	*poŭ* non	敢	*kàn* audet	誰	*chôŭi* quis
	交出自己		不		敢		谁

"谁敢不服从？"《书经》

---

① 逐字的翻译是："观察他的所为"，到（ad），"和看他从哪里来"，从（ex），把作为宾语的"所"字与动词或紧跟其后的虚词放在一起。

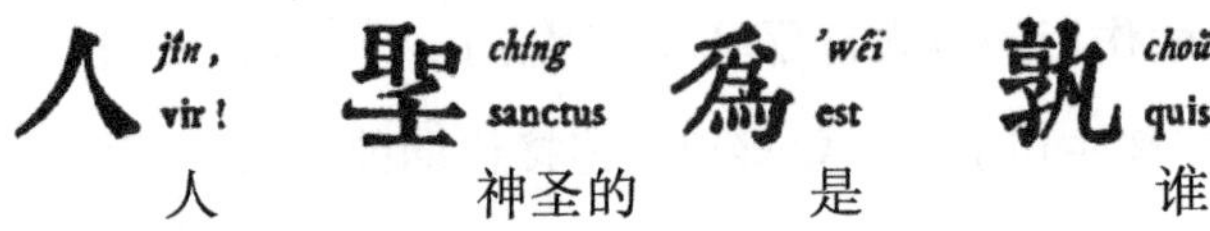
人 jîn, vir!
聖 chíng sanctus
爲 'wêi est
孰 choŭ quis
人 神圣的 是 谁

“哪个是圣人？”①

150. 疑问代词也用于表示怀疑的句子中：

之 tchî (n. g.)
知 tchî scio
吾 'oû ego
（属格标志） 知道 我
子 tseù filius.
誰 choûi cujus
不 poŭ non
儿子 谁的 不

“我不知道他是谁的儿子。”《道德经》

六、动词

151. 中国人称为字活 *hŏ-tseú*［活的词］的动词如名词一样【70】共有两种；一种本身为动词，另一种则可以作动词、抽象名词、形容词，甚至是虚词，它的词性取决于它在句中位置的不同，也取决于它前后的关系标志词。②

① 译者按：原文无出处。

② 有一些只作名词的词在特殊情况下也曾作为动词来使用。比如，当韩愈在一篇反对修建佛寺的文章中谈到修道之人时，甚至如此写道：

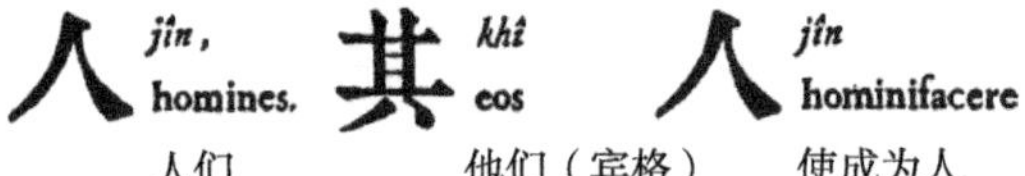
人 jîn, homines.
其 khî eos
人 jîn hominifacere
人们 他们（宾格） 使成为人

意思是：让这些人成为人，使他们还俗为民，将与人的品质相关联的义务和权利赋予他们。这些简练的句子非常罕见，因为它们是大胆的创作，所以没有任何规则可言。

152. 每当涉及为主语赋予某种性质的情况时，我们习惯省略表“存在”意义的动词。在这种情况下，我们有时会把一个没有意义的虚词放在名词和形容词之间，以表示一个停顿。

隱 yên, obscura. 隐秘的
費 fëi ampla 宽阔的
之 tchî (n. g.) （属格标志）
君 kiūn
而 êul et 且
道 táo via 道路
子 tseù sapientis 智者的
“智者的道广大且隐秘。”《中庸》
由 yeoû Yeou 由
師 ssê Sse 师
參 sēn Sen 参
柴 tchhâi Tchhaï 柴
也 yè (p. f.) （结尾虚词）
也 yè (p. f.) （结尾虚词）
也 yè (p. f.) （结尾虚词）
也 yè (p. f.) （结尾虚词）
喭 yán, rudis. 粗俗的
辟 phĭ levis, 轻浮的
魯 loù ignarus, 无知的
愚 iû stolidus, 愚笨的

“柴不聪明；参没有文化；师很轻浮；由的行为比较粗俗。”[①]《论语》【参看 139】

153. 当涉及为主语更确切地赋予某种关于行为的性质时，我们需要用爲 'wêi这个字，可以译为“是”（être）[②]：

---

① 这些是孔子的四个学生的名字，哲学家孔子对这几个学生进行了评论。

② 这个词的本意是“做”（faire）：

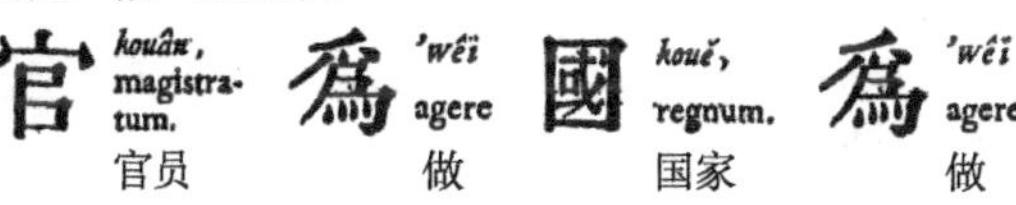
官 kouān, magistratum. 官员
爲 'wêi agere 做
國 kouĕ, regnum. 国家
爲 'wêi agere 做

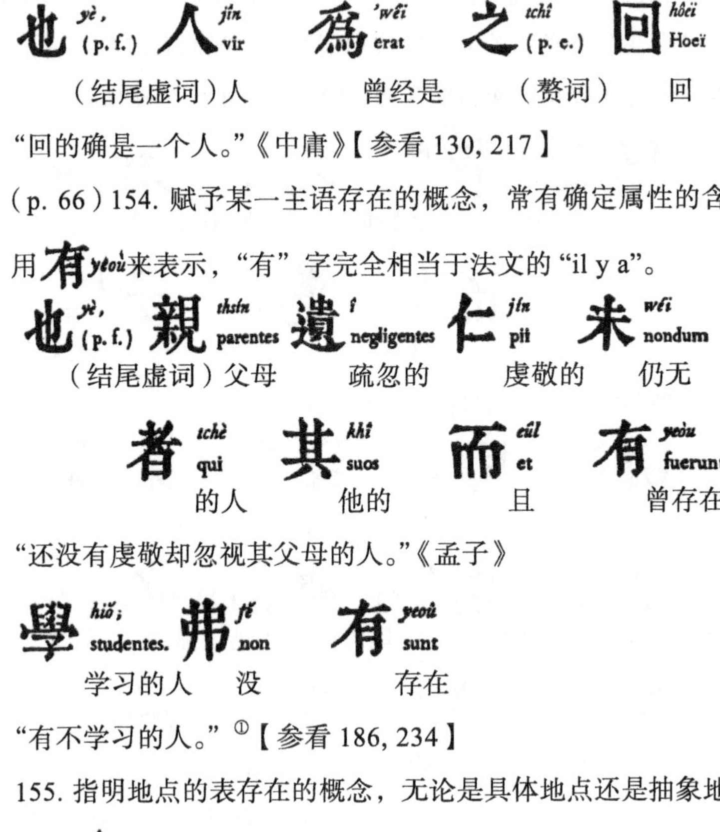

也 yè, (p. f.)　人 jîn vir　爲 'wêi erat　之 tchî (p. e.)　回 hôeï Hoeï

（结尾虚词）人　曾经是　（赘词）　回

“回的确是一个人。”《中庸》【参看 130, 217】

（p. 66）154. 赋予某一主语存在的概念，常有确定属性的含义，用有 yeòu来表示，“有”字完全相当于法文的“il y a”。

也 yè, (p. f.)　親 thsîn parentes　遺 î negligentes　仁 jîn pii　未 wéi nondum

（结尾虚词）父母　疏忽的　虔敬的　仍无

者 tchè qui　其 khî suos　而 eûl et　有 yeòu fuerunt

的人　他的　且　曾存在

“还没有虔敬却忽视其父母的人。”《孟子》

學 hiŏ; studentes.　弗 fĕ non　有 yeoù sunt

学习的人　没　存在

“有不学习的人。”[①]【参看 186, 234】

155. 指明地点的表存在的概念，无论是具体地点还是抽象地点，都用在 tsâi［在……］来表示。

陳 tchhîn, Tchhîn,　在 tsâi erat in　子 tseù tseu　孔 khoùng Khoung

陈　曾经在　子　孔

“孔子曾经在陈国。”

---

① 出自《中庸》（我的版本中第二十章，第 20 段，第 81 页），此句前后还有很多句子都可以作为这个结构的例子。

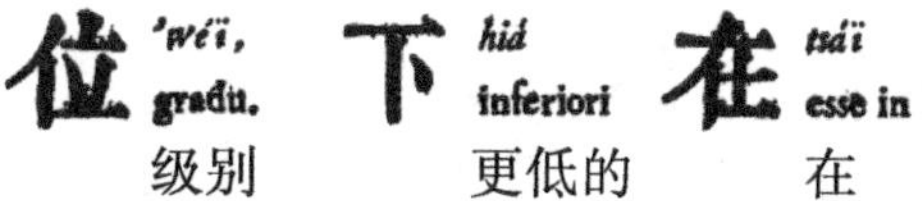
位 'wéi, gradu.
下 hià inferiori
在 tsái esse in
级别
更低的
在

"处在较低的地位。"

156. 动词的主语几乎总是位于动词之前【83】，但是主语经常被省略，特别是当主语是人称代词或前文已经提到过。

157. 代词在作主动动词的宾语时，为了制造高雅的倒装效果，上一条规则不再适用，例如我们会见到这样的句子：

（p. 67）

也 yè, (p. f.)
知 tchī novit
吾 'oû me
不 poŭ non
（结尾虚词）
他知道
我
不

"他不认识我。"

而不是用更为规则的句子也吾知不。[①]

欺 khî, decipio! 誰 choûi quem 吾 'oû ego

我欺骗　谁（宾格）　我

"我骗谁？"《论语》【参看 252】

158. 当使用能引导双宾语的动词时，直接宾语位于动词后，间接宾语紧跟直接宾语之后。

---

① 请注意这里即使用了倒装也并没有模棱两可，因为如果要说"我不知道"，应该说：

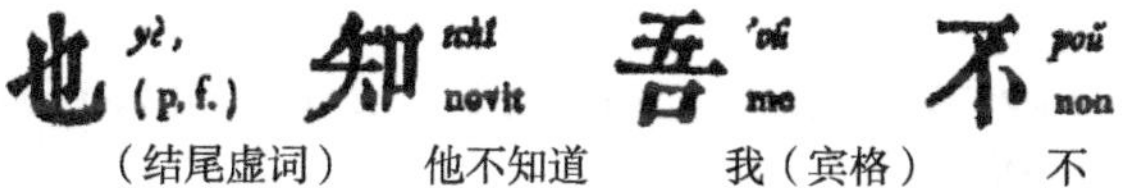
也 yè, (p. f.)
知 tchī novit
吾 'oû me
不 poŭ non
（结尾虚词）
他不知道
我（宾格）
不

天 thiân, cœlum. 天（宾）
人 jin virum 人（宾）
能 nêng potest 可以
天 thiân cœli 天的
於 iû ad 至于
薦 tsián designare 推荐
子 tseù filius 儿子

“天子（皇帝）能推荐一个人给天（来接替他）。”《孟子》

下 hià, imperio. 国家
天 thiân
之 tchî eum 他（宾格）
與 iù donare 给

“给他天下。”《孟子》【参看 119】

159. 我们还可以把间接宾语放在直接宾语和动词之前，在间接宾语前加上一个介词：[1]

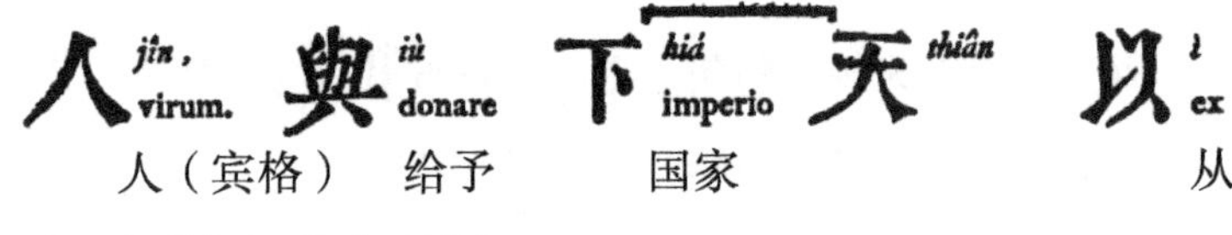
人 jin, virum. 人（宾格）
與 iù donare 给予
下 hià imperio 国家
天 thiân
以 ì ex 从

“把天下给人。”《孟子》

160. 汉语经常不明确指出动词的时态，而需通过上下文来理解，或者在必要的情况下由时间副词来表达，时间副词可以是具体的时间，（p. 68）如“昨天”“明天”“今天”“现在”，也可以是笼统的概念，例如“之前”“之后”“已经”“很快”等。

161. 表示将来时最常用的词是將 tsiâng。

---

[1] 译者按：作者此处的拉丁语翻译采用的动词 dono（给予）的双宾语结构是：dono + 礼物的对象（宾格）+ 所给的礼物（夺格）。

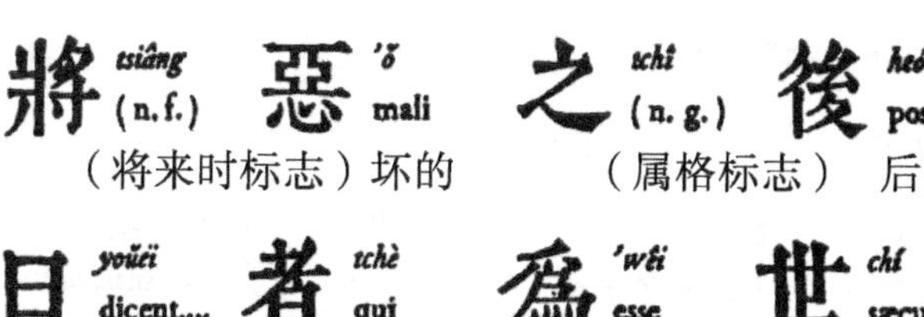
將 tsiâng (n.f.)
惡 'ŏ mali
之 tchî (n. g.)
後 heóu posteriorum
日 yoüei dicent....
者 tchè qui
爲 'wêi esse
世 chí sæculorum

（将来时标志）坏的 （属格标志） 后面的

将说…… 的人 是 世纪的

“那些后世作恶的人将会说……”

之 tchî, illum.
問 wén interrogabo
將 tsiâng (n. f.)
吾 'oû ego

他（宾格） 将会问 （将来时标志）我

“我将会问他。”【参 139, 173】

162. 曾 thsêng表示过去：

之 tchî (p. e.)
與 iù et
曾 thsêng (n. pr.)
問 wén, interrogavisti.
求 khieôu Khieou
由 yeôu Yeou

（赘词） 和 （过去时标志）

你曾问 求 由

“您曾就由和求的事来问我。”《论语》

163. 已 i也表示过去，可位于动词前，也可位于动词之后。

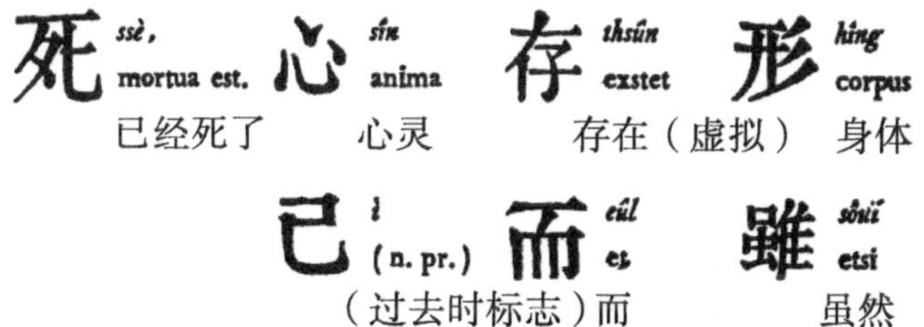
死 ssè, mortua est.
心 sîn anima
存 thsûn exstet
形 hîng corpus
已 i (n. pr.)
而 eûl et
雖 sôui etsi

已经死了 心灵 存在（虚拟） 身体

（过去时标志）而 虽然

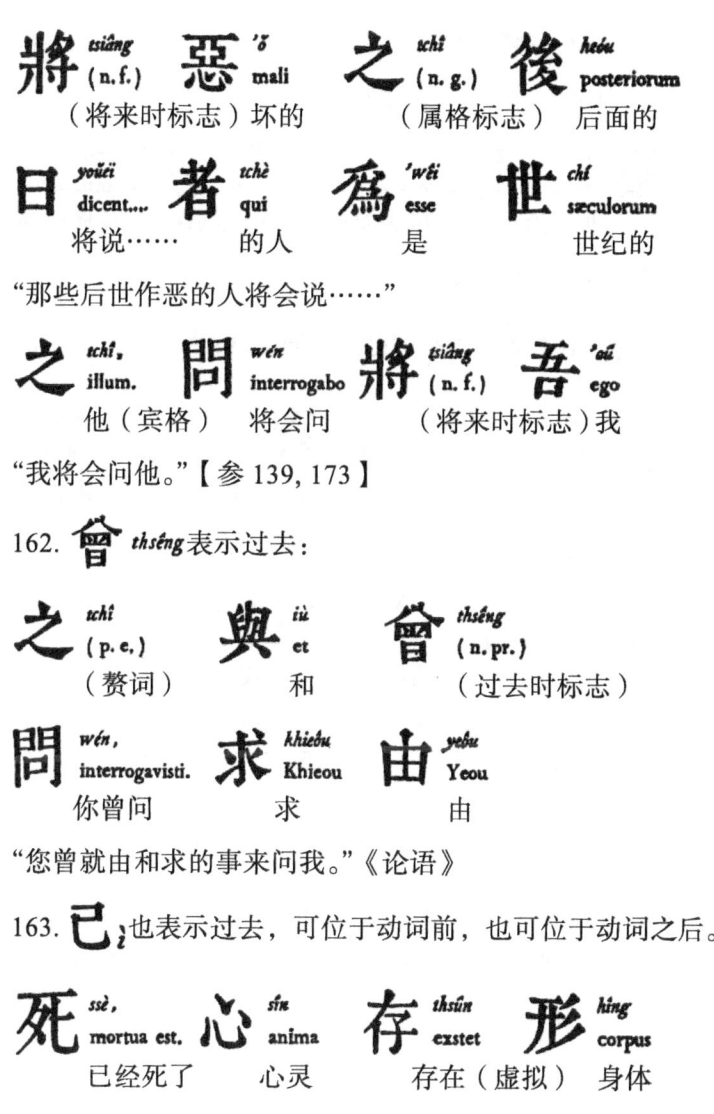

“即使他的身体还存在，他的灵魂已经死了。”也就是说“他还活着，但是已经没有任何感情”。

甚 *chín*, valdè.　已 *ì* (n. pr.)　之 *tchî* illum　病 *píng* malè habuit

非常地　（过去时标志）他（宾格）他曾经苛待

“他曾对他非常不好。”

（p. 69）164. 既 *kí* 是“已”的同义词：①

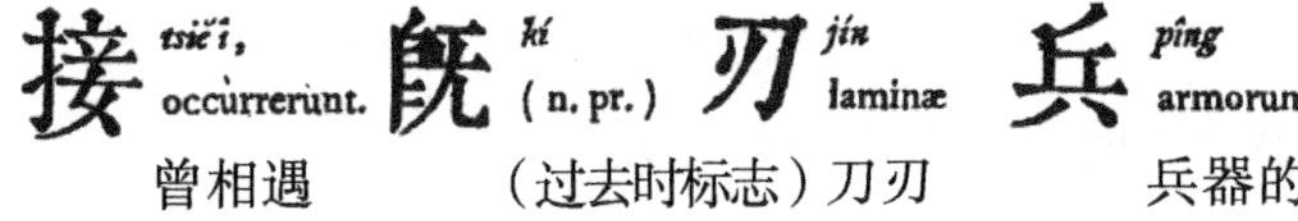

曾相遇　（过去时标志）刀刃　兵器的

“兵器的刀刃已经碰撞到一起。”《孟子》

曾吃　曾烹饪　我

他（宾格）　并且　（过去时标志）

“我把它做熟并把它吃了。”同上

165. 所有动词，甚至是带有直接宾语和间接宾语的主动态动词，都常作泛指、不定意义，并且可以作主语或其他动词的宾语；因此我们可以根据情况用不定式或与该动词相对应的动作名词来翻译这一动词。

① “既”作连词时意思为“既然”。该连词表示一个动作与之前发生或存在的某件事有联系。“既”在拉丁语里意思为“quoniam, cum-jam”，法语为“puisque”，英语为“since”，德语为“nachdem”，等等。

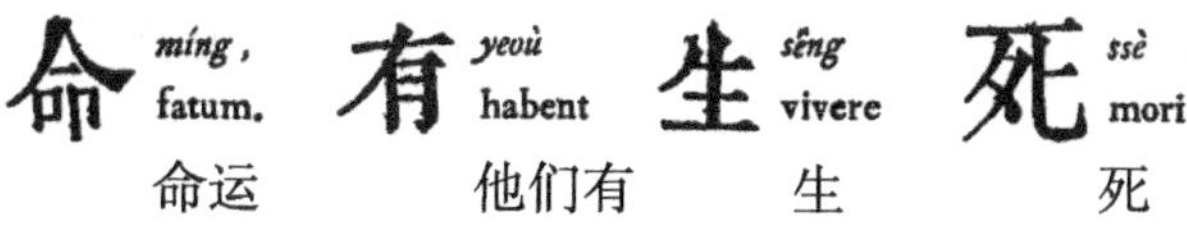
命 míng, fatum. 有 yeoù habent 生 sēng vivere 死 ssè mori
命运 他们有 生 死

“生或死（或者“生命与死亡”）有天的命令。”即“生死取决于命运。”《论语》

之 tchî illud 吾 'oû ego 有 yeoù habere 怪 kouáï, insolita, 素 soú sectari
它 我 有 不寻常的事 寻找
矣 ì, (p. f.) 弗 fě non 述 choŭ narrationes, 後 héou posterioribus 隱 yèn obscura,
（结尾虚词）不 叙述 后面的 隐秘的事物
爲 'wêi agerem 焉 yân (p. f.) 世 chí sæculis 行 hîng agere
做（虚拟）（结尾虚词） 时代 做

“追寻隐秘的事物，做不寻常的事情，为了在后世得到称赞，我不会这样做”（也就是不会做“素”和“行”这两个动作）。《中庸》（第 70 页）

166. 当多个分句之间有从属关系的时候，动词有肯定意义的句子一般放在后面，有连词的句子放在前面。

樂 lŏ lætari 豈 khì qui 池 tchhî lacusque 雖 soûi licèt
喜悦 的人 和湖 允许
哉 tsâï, (p. i.) 能 nêng possit 鳥 niào avesque 有 yèou habeat
（疑问虚词） 能够（虚拟）和鸟 有（虚拟）
獨 toŭ solus 獸 cheóu bestiasque 臺 thâï turrem
只 和兽 塔（宾格）

“虽然有塔，一片池塘，和鸟兽，我们怎么能独自享受它们？”《孟子》

樂 yŏ musicam que 敢 kàn audeant 其 khî illorum 位 'wéi dignitatem, 雖 soûi etsi
和音乐　他们敢（虚拟）他们的　尊位（宾格）虽然
焉 yân, (p. f.) 作 tsŏ facere 德 tĕ virtutem, 苟 keòu si 有 yèou habeant
结尾虚词　做　美德　如果　他们有
禮 lì ritus 不 poŭ ne 無 woû non 其 khî illorum
礼　不　无　他们的

“即使（人们）有他们（王公贵族）的尊贵，如果他们没有美德，他们不敢设想礼仪，不会做（新的）乐曲。”《中庸》

167. 我们经常省略第一个分句中的连词，尤其是表假设的连词“如果”，因为两个动词的相对位置已经足以表明第一个分句从属于第二个分句，应该被认为具有连接性意义。[①] 在这种情况下，为了避免歧义，（p. 71）第二个分句可以由一个表示结论或归纳（induction）的词来为第一句定性。

從 thsoûng, obsequitur. 弗 fĕ non 民 mîn populus 信 sín fidem assequitur, 不 poŭ non.
跟随　不　人民　取得信任　不

---

① 如果把这条规则与名词的规则（79）、复合词的规则（80）、表品质的名词（noms attributifs）和形容词（94，95）的规则，以及与副词、表修饰或表状语的表达法有关的规则（见下文 177）进行比较，我们发现在汉语里思维的顺序几乎总是倒置的，在鞑靼语里也是这样（见《鞑靼语研究》（*Recherches sur les langues tartares*），第一卷，第 279 页）。但是关于动词和一些介词后面的直接宾语，情况会有所不同，这些直接宾语在汉语里位于支配它们的词之后。这种语言的典型特征值得注意。

“如果他们不取得人民的信任，人民不会跟随他们。”或“因为没有取得人民的信任，[①]……”《中庸》

利 lî lucrandum 有利于
日 youĕ dicent 将说
國 kouĕ, regno; 国家
以 ì ad 为了
王 wâng rex 王
吾 'oû meæ 我的
何 hô quomodo 如何
大 tá
利 lî lucrandum 获利
日 youĕ dicat 说（虚拟）
家 kiâ, domui. 家
以 ì ad 为了
夫 foû magnates 有权力的人
吾 'oû meo 我的
何 hô quomodo 如何

“如果王说：什么能够给我的国家带来利益？大夫将说：什么能够带给我家带来利益？”或者，“当王说……，大夫说……”或者，“因为王说……，大夫说……”[②]等。《孟子》

在第二句中有表示归纳的词的例子如下：

河 hô fluvii 河的
民 mîn populum 人民
移 î deveho 我移动
凶 hioûng, calamitatibus laboret; 它承受灾难
河 hô fluvii 河的
東 toûng, orientem. 东边
於 iû in 到
其 khî ejus 它的
則 tsĕ tunc 那么
內 nĕi interius 内部的

“如果在河中间的地区遭受灾难，那么我会把居民迁到河的东边。”《孟子》【参看 135, 142, 171, 226, 240, 265】

① 译者按：在原文中，括号里的“不取得信任”用的是现在分词结构“n'obtenant pas de confiance”。

② 译者按：原文中，作者用了现在分词结构“le roi disant… les grands disent…”。

168. 命令式不需要任何标记，通过所有除第二人称代词之外的主语的缺失，可以推断出命令的意思。

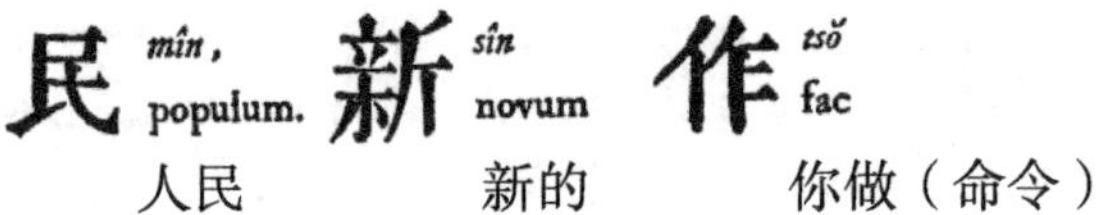
民 mîn, populum.
新 sîn novum
作 tsŏ fac

人民　新的　你做（命令）

“做新的人民”，也就是说，“更新他们的风气和德行”。《大学》

（p. 72）

坐 tsó, sede. 復 fŏu iterùm

你坐（命令）再一次

“请再坐下。”

169. 主动的动词性形容词（adjectif verbal actif）通过加上

者 tchè【98, 145】构成。

何 hô quid 什么
者 tchè (p. r.) （关系虚词）
與 iù vel 或者
不 poŭ non 不
以 i ad 以
之 tchî (n. g.) （属格标志）
不 poŭ non 不
爲 'wêi agentis 行动的人
異 í, discrimen!
形 hîng forma
能 nêng potentis
者 tchè (p. r.)
不同　样貌　有能力的人　（关系虚词）

“不做的人和不能的人区别是什么？”也就是说，不行动的人和不能行动的人之间的区别。《孟子》【参看 186, 251】

170. 可 *khò*［可以，能够］在动词之前构成一种被动意义上的非强制动词（verbe facultatif），因此也可以构成一个动词性形容词，对应法语以“able”（可……的）来表示的形容词，比如“aimable”（可爱的），“faisable”（可行的）等。【参看 254】

可 khò possunt 可以
白 pě albi 白的
可 khò possunt 可以
爵 tsiŏ dignitates 尊位
蹈 taó, calcari. 被踩
刃 jín enses 剑
辭 thseû recusari, 被拒绝
祿 loŭ emolumenta 薪资

“荣誉和薪水可以被拒绝，锋利的刀刃可以用脚在上面走。”《中庸》【参看 241】

171. 在没有任何模凌两可的情况下，也就是说当我们能合乎逻辑地分辨出句中作为动作的主语的名词时，被动意义不用任何标志：

行 hîng, frequentatur. 被行走
不 poŭ non 不
其 khî ea 它
道 taó via 道路

“道路不能被通行。”《中庸》

（p. 73）

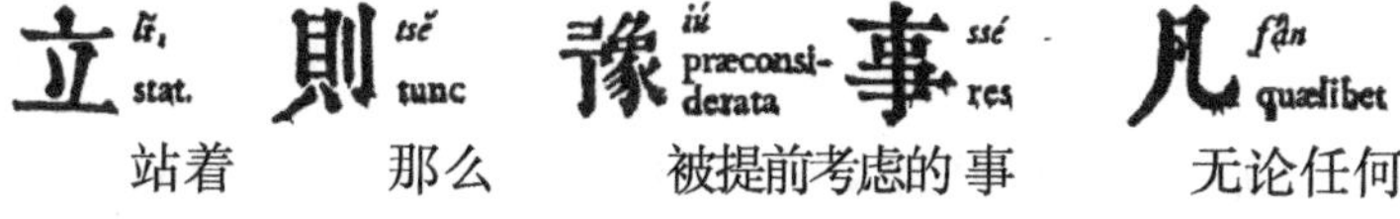
立 lĭ, stat. 站着
則 tsĕ tunc 那么
豫 iú præconsiderata 被提前考虑的
事 ssé res 事
凡 fân quælibet 无论任何

“所有被提前考虑的事都能够持续存在。”《中庸》【参看 226】

172. 在必要的时候，被动式由位于动词和构成直接宾语的词之间的於 *iû* 字来表示。

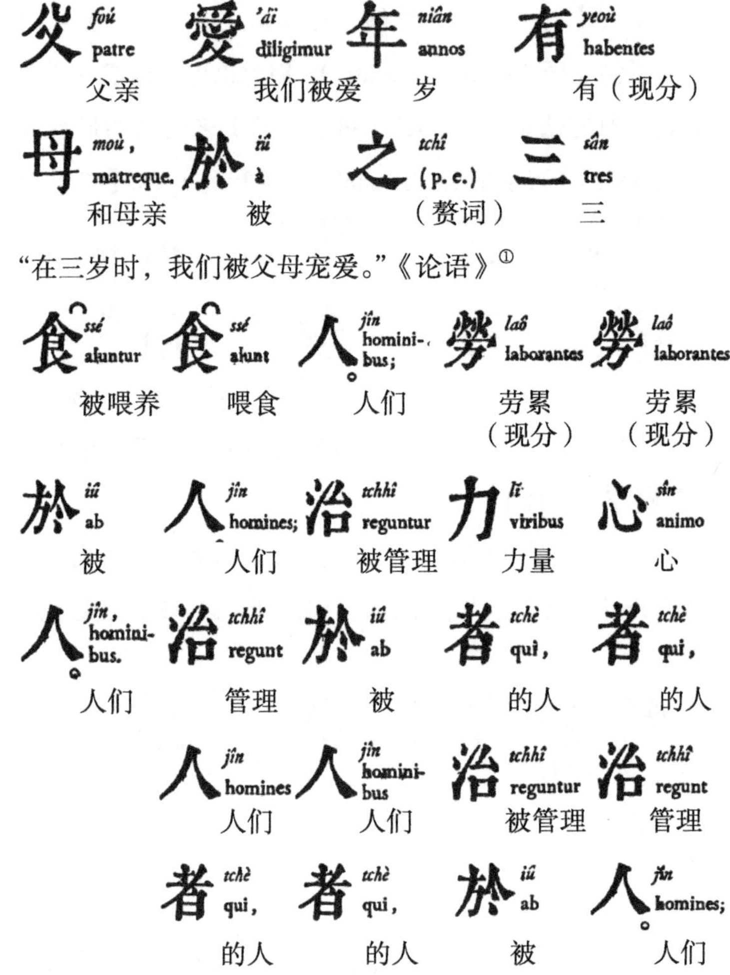
父 foú patre 父亲
愛 'ái diligimur 我们被爱
年 niân annos 岁
有 yeoù habentes 有（现分）
母 moù, matreque. 和母亲
於 iû à 被
之 tchî (p. e.) （赘词）
三 sân tres 三

“在三岁时，我们被父母宠爱。”《论语》[①]

食 ssé aluntur 被喂养
食 ssé alunt 喂食
人 jîn homini-bus; 人们
勞 laô laborantes 劳累（现分）
勞 laô laborantes 劳累（现分）
於 iû ab 被
人 jîn homines; 人们
治 tchhî reguntur 被管理
力 lĭ viribus 力量
心 sîn animo 心
人 jîn, homini-bus. 人们
治 tchhî regunt 管理
於 iû ab 被
者 tchè qui, 的人
者 tchè qui, 的人
人 jîn homines 人们
人 jîn homini-bus 人们
治 tchhî reguntur 被管理
治 tchhî regunt 管理
者 tchè qui, 的人
者 tchè qui, 的人
於 iû ab 被
人 jîn homines; 人们

“那些使用智力的人管理其他人；那些使用体力的人被管理；那些被管理的人供养管理者，管理者被供养。”【参看 217】

---

① 译者按：法语原文为“A lâge de trois ans, nous sommes chéris par nos parens.”而《论语》（阳货篇）：“予也有三年之爱于其父母乎？”意思为“宰予难道没有从他父母那里得到过三年的怀抱之爱吗？”此处雷慕沙翻译有误。

173. 我们还可以通过在某动词前加上見 kiân［看见］字来赋予它被动意义：

（p. 74）

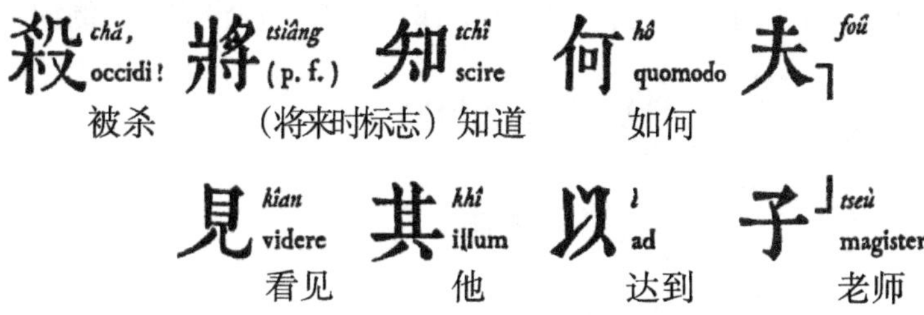
殺 chă, occidi! 被杀
將 tsiâng (p. f.) （将来时标志）
知 tchî scire 知道
何 hô quomodo 如何
夫 foû
見 kian videre 看见
其 khî illum 他
以 ì ad 达到
子 tseù magister 老师

“老师，您怎么知道他将会被杀？”《孟子》

七、副词

174. 有的词本身就有副词的意义，有的表示时间或地点：

今 kîn, nunc. 现在
已 ì, jam. 已经
昨 tsŏ, heri. 昨天
前 thsiân, antè. 之前
後 heóu, post. 之后
未 wéi, nondum. 仍未

有的针对方式、时间等提问。例如：

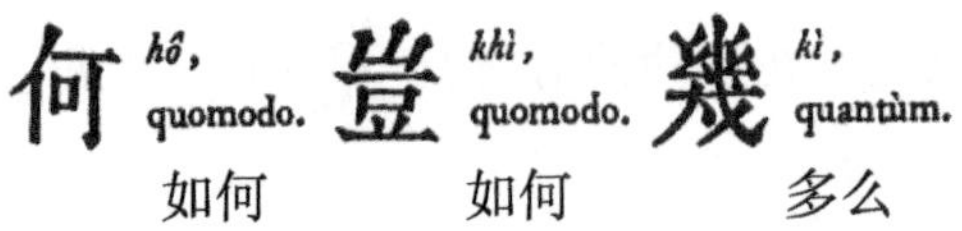

175. 其他副词则由一些词的重叠来构成，这些词单个出现时有形容词或动词意义，有时甚至连这些意义都没有。[①] 例如：

〈 hoâng, 喤 hoâng 痛苦地哭

〈 yǒ, 躍 yǒ 跳着

〈 khieôu, 俅 khieôu 恭敬地，用谨慎的、恭敬的方式

（p. 75）这类副词有很多象声词，特别在诗歌和描写中被使用。

176. 我们可以按照自己的意愿通过在形容词或动词后加上然 jân 字来构成副词。“然”的意思是“如此”（ainsi）。

177. 形容词和其他表品质的名词（noms attributifs）通常位于所修饰的主语之前，同样，副词以及简单或复合的修饰性或状语性词组，也是位于所修饰的动词之前。从这个规则中可以看出，名词或动词是如何根据他们在句中所在的位置成为副词而不需要加任何标志的：

① 叶尊孝神父在他的字典中对这类词的介绍不太准确，他总是用“dicitur de”来翻译（译者按：dicitur de，拉丁语，意思为“据说关于……”），参见已出版的字典（译者按：原文如此，应为《汉字西译》）的 229，539 等词条。

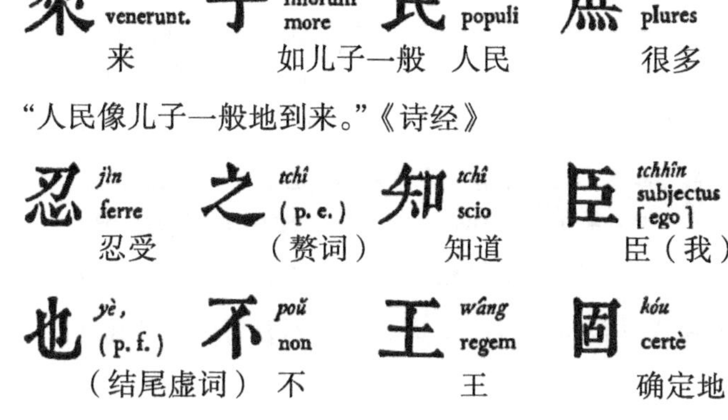
來 lâi, venerunt.
子 tseù filiorum more
民 mîn populi
庶 chú plures

来 如儿子一般 人民 很多

“人民像儿子一般地到来。”《诗经》

忍 jìn ferre
之 tchî (p. e.)
知 tchî scio
臣 tchhîn subjectus [ego]

忍受 （赘词） 知道 臣（我）

也 yè, (p. f.)
不 poŭ non
王 wâng regem
固 kóu certè

（结尾虚词） 不 王 确定地

“我确实知道您不能忍受。”《孟子》

坐 tsó, sedebat.
侍 chí assistendo
華 hoâ hoa
西 sî si
公 Koûng Koung

曾坐 待在旁边[①] 华 西 公

“公西华曾坐他旁边。”【参看 119】

当遇到如上句中那样有多个动词相连时，主要动作总是后置，之前的动词只用于修饰主要动词的动作。

（p. 76）178. 上一条规则也适用于由动词的主动态分词构成的副词词组，这些词组可以带或不带宾语，要时刻注意修饰性词组总是位于所修饰动词之前：

王 wáng, regnare.
而 eûl et
民 mîn populum
保 pào tueri

统治 并且 人民 保护

“通过保护（拯救）人民而统治。”《孟子》

---

① 译者按：此处拉丁语动词 assisto -ere 表示“身处某人旁边”，assistendo 是动名词夺格，此处表示方式，相当于副词。

表否定时，用与修饰语相适应的否定词【272】：

勿 wě ne
不要
非 fēi sine
没有
勿 wě ne
不要
非 fēi sine
没有
動 toúng, movearis.
行动
禮 lì ritu
礼仪
言 yân, loquaris;
说话
禮 lì ritu
礼仪

"不遵守礼仪不要说；不遵守礼仪不要行动。"《孟子》

八、介词

179. 严格意义上的介词通常直接引起它的补语。【见 85 及以下】

180. 有一些名词在它们和其他名词组合时可以被当作介词。【80】

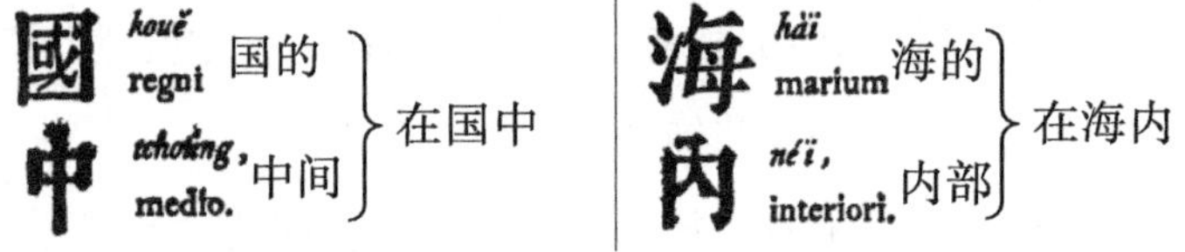
國 kouě regni 国的
中 tchoûng, medio. 中间
在国中
海 hàï marium 海的
內 néï, interiori. 内部
在海内

181. 一些动词可以作为介词使用，其意义由本意引申而来。比如以 ì［使用］，变成介词"为"（pour），"通过、由"（par），"以某方式"（au moyen de）等。

（p. 77）九、连词

182. 句子各部分之间的关系和主从句之间的关系可以由它们

之间的位置来表示【167】，也可以在必要时由连接句子各部分的虚词来表示，这些虚词让我们知道每个句子对整体意义有什么作用。由于这些虚词大都有很多用法，我们将在专门的段落中介绍它们。

十、叹词

183. 叹词或表达赞赏、惊讶、痛苦的虚词一般位于句末：

耳 eùl aurem
乎 hoû, (p. a.)!
洋 yâng,
耳朵
（感叹虚词）
巨大的
哉 tsâï, (p. a.)!
盛 chíng adimplet
yâng,

（感叹虚词） 充满

“多么和谐啊！和谐填满了耳朵！”

184. 然而有时，表达赞叹的虚词位于它所赞叹的品质的词之后：

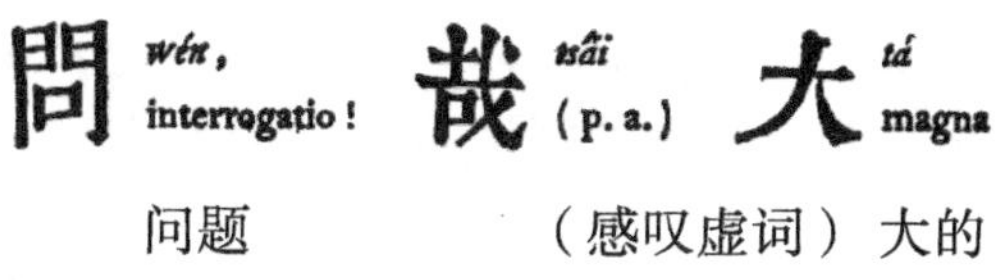
問 wén, interrogatio!
哉 tsâi (p. a.)
大 tá magna
问题
（感叹虚词）大的

“多么大（重要）的问题啊！”

十一、虚词

用于构成古文中的习语或词组

185. 大多数虚词，即“空词”（mots vides）【62】原本是实词（mots pleins），而它们作为虚词时已改变了原意。我们有必要概括那些最常用的虚词的各种不同意义，这样既是为了能够避免（p. 78）由一系列的隐喻而导致的错误的理解，也是为了能够正确理解那些用其他语言规则无法分析的习语或词组。

186. 之 *tchî* 是古文中所有虚词里最常用的一个，它最初是一个象形字，表示一株从地里长出的芽。由此，这个字的动词意义为“出”（sortir）、“从一个地方到另一个地方”（passer d'un lieu dans un autre），或者“从一种状态到另一种状态”（d'un état dans un autre）。

者 tchè, (p. r.) 之 tchî transiens 其 khî suum 妻 thsî 有 yeòu fuit
（关系虚词）穿过（现分）他的 曾存在
楚 thsoù Thsou 友 yeòu amicum 子 tseù uxorem 託 thŏ fidens
楚 朋友 妻子 托付（现分）
遊 yeoû peregri-nans 而 eûl et 於 iû ad 其 khî suam
远行（现分） 于 他的

“有个人把他的妻子托付给他的朋友，然后到楚国旅行。”[①]《孟子》

187.“之”还表示“为了”（pour），“关于，对于”（à l'égard de）：

而 eûl et
親 thsîn amant
其 khî ipsi
人 jîn homines
辟 phî, deflexi.
愛 'ài diligunt quo
所 sò quos
之 tchî erga

并且 爱 他们自己 人们

避让 和喜爱 他们（宾格） 对于

“人们偏袒他们爱的人。”《大学》

（p. 79）除了这两种十分罕见的情况以外，“之”总是与它之前的词构成一体，这个词可以是动词，也可以是名词。

188.“之”用于表示两个名词之间的关系【81】，对于它之前的词，“之”字起到一种类似于属格词尾的作用。

---

① 我们可以见到之之 tchi［给这个，去那里］。一位传教士引用了这句话：

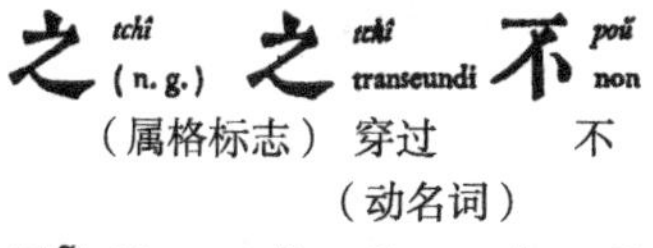
之 tchi (n. g.)
之 tchi transeundi
不 poü non
路 loú, viam.
之 tchi hoc
知 tchi scit

（属格标志） 穿过 不

（动名词）

道路 这个 他知道

“他不知道去那里的路。”

在这句话中“之”字被重复了三次，它们的作用依次是：动词，第三人称代词宾格，动词与之后的名词之间关系的标志。

189. 有时“之”可以被当作指示形容词，[①] 古书中有很多这样的例子。然而在通常的用法中，当一个主动动词的动作已在前文出现过，“之”只用来表示该动作【134】。

190.“之”还经常被当作动词主语之后的赘词，在这种情况下，它的作用类似于定冠词或部分冠词。

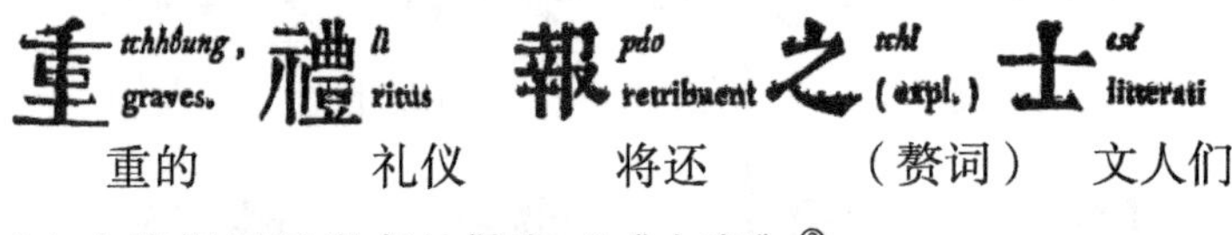
重 tchhǒung, graves.
禮 lì ritus
報 páo retribuent
之 tchî (expl.)
士 ssé litterati
重的　礼仪　将还　（赘词）　文人们

“文人将报还以崇高的敬意。”《中庸》[②]

191. 我们也可以把“之”放在有 yeoù［il y a，154］、未 wéi 字［还没有，言下之意“我们曾经有”］、謂 wéi［称呼、叫］之后：

之 tchî, eos.
有 yeoù. habent
有，有……
他们（宾格）　他们有

（p. 80）

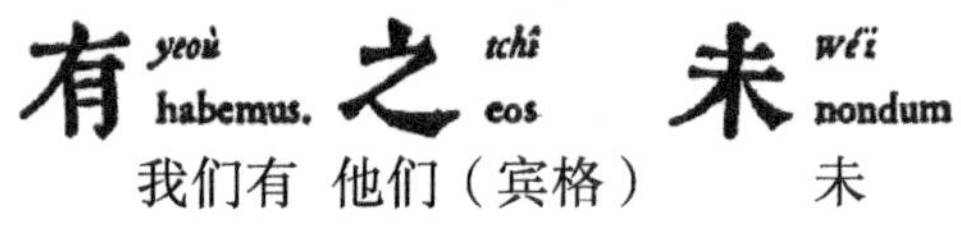
有 yeoù habemus.
之 tchî eos
未 wéi nondum
我们有　他们（宾格）　未

“还没有过，还从来没有过。”【参看 145】

①《康熙字典》引用过的一位作者说，“之”这一虚词的意义与下列内容相关：被指出的事物，另一事物的归属，人们所去往的地方。我们在《诗经》中找到这样一个例子：

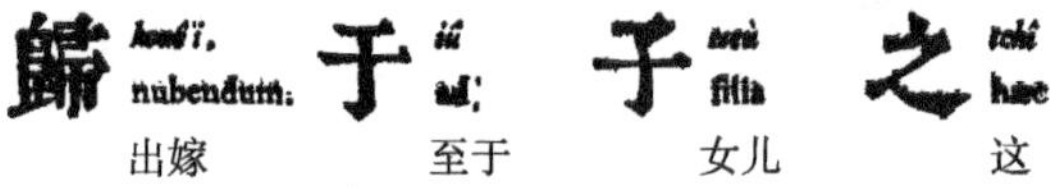
歸 kouēi, nubendum;
于 iû ad;
子 tseù filia
之 tchî haec
出嫁　至于　女儿　这

“一个女儿正在去她丈夫家。”

② 其他相同用法的例子见：87，119，135，137，139，153，162，177，253。

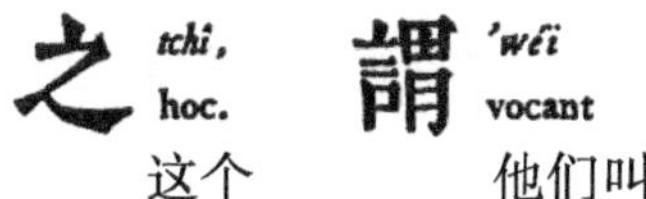

我们叫这个

在倒装时或者在“之”字有赘词性质时【190】:

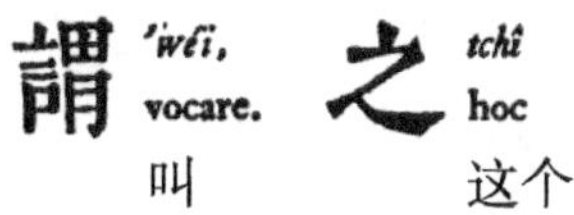

这个叫作[①]

该用语在下定义时十分常用。【参看 87】

192.“之”在形容词和动词之后可以被当作 者 tchè【98, 99；145, 169】，在这种情况下，它还没有偏离我们之前提到的限定的作用【190】。

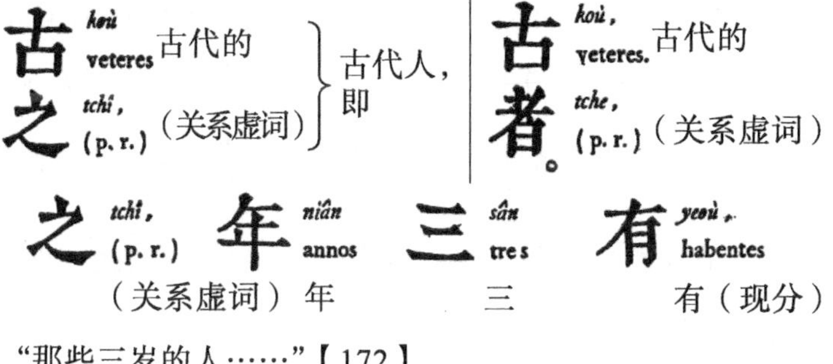

“那些三岁的人……”【172】

① 见《中庸》的开头：每当“之”作为这两段中所讲的意思出现时，都更清楚地表达了它所连接的词之间的关系，从而避免了模棱两可。它其实从来都不是真正的赘词，我们这样叫它是为了简略，为了不在纯理论性分析上花太多时间，因为这样的话，很多读者会认为解释得过于详细了。

193. "之" 有时会加上 者 *tchè* 字，那么此时我们只能把它看作赘词或限定词【190】：

經 *king* King　之 *tchi* (p. r.)　學 *hiŏ* studerent
经　（关系虚词）学习

也 *yè*, (p. f.)　於 *iû* quoad　者 *tchè* qui
（结尾虚词）至于　的人

"学生们，关于《经》……"

（p. 81）194. 者 *tchè* 确切地说是一个限定词，[1] 用来限制某个对象的笼统或空泛的概念。在这种情况下，"者" 与形容词和动词一起使用【98, 99, 145, 169】。

195. 当一个形容词或一个词性可在名词、形容词或动词间转换的词之后有 "者"，并且该词不与任何明确的主语有关时，这种结构构成一个抽象名词。我们可以加上 之 *tchi*，重新构成形容词，但是其意思是限定性质的【190, 193】。以 誠 *tchhing* [完美，完成] 字为例，可以这样搭配：

者 *tchè*, (p. r.)　誠 *tchhing* perfectum 完美，完善（名词），以及
（关系虚词）　完美

---

① 根据《说文》的解释，"者" 的古字由表示 "多个" 的符号和一个表示 "白" 的符号组成，因此它代表了一个从很多事物中凸显出来的事物。

之 tchî,(p.r.)（关系虚词） 者 tchè,(p.r.)（关系虚词） 誠 tchhîng perfectum 完美

完美的人。

196. "者" 位于一个或多个需要用同义词来定义或解释的词之后，对这个（些）词的定义通常由同样数目的词构成，最后以也 yè结束，以使前后两个词互相对称。

也 yè,(p.f.)（结尾虚词） 本 pèn fundamentum 基础 者 tchè (p.r.)（关系虚词） 德 tě virtus 美德

"美德就是基础。"

也 yè,(p.f.)（结尾虚词） 人 jîn homo 人 者 tchè (p.r.)（关系虚词） 仁 jîn pietas 仁

"仁（l'humanité）就是（全部的）人。"①

---

① 在这个例子中有一个中国人很喜爱的典雅的用法，也是中国语言的特别之处：仁［对他人的爱］与人［人］同音，声调不同。另外，"仁"的字形中包括了"人"和"二"这两个字，"二"可以意味着两个人之间的关系，即一个人和与他相似的人之间的关系。由此我们可以制造两个有相同发音和相似字形的汉字组合效果。由此我们说：

也 yè,(p.f.)（结尾虚词） 正 tching rectitudo 公正 者 tchè (p.r.)（关系虚词） 政 tching regimen 政治

"行政就是公正。"以及

也 yè,(p.f.)（结尾虚词） 孝 hido pietas 孝 者 tchè,(p.r.)（关系虚词） 教 kido institutio 教育

"教育就是孝。"

这两个例子中还多了一个巧妙之处：两个相对应的字不仅发音相互呼应，而且前一个汉字包括了后一个汉字，与之相比多了一个66号部首［击打，活动］，就好似在说：统治就是施行公正；教育在于践行孝道。但是汉语的表达更为典雅和生动。

（p. 82）197. 连接“也”和“者”来表示承接作用（résomption）的方式如下：

者 tchè, (p. r.)　也 yè, (p. f.)　中 tchoûng medium
（关系虚词）（结尾虚词）中间

“这中间的（我们刚提到过的）。”

198. 也 yè最常见的用法是无意义的结尾词，好比句号或逗号，表示一句话的结束，或用来分隔两个分句。

199. 我们常将“也”加在作为主语的专有名词后面，以表示停顿，代替表“存在”意义的动词【152】。

200. “也”还可以加在简短的回答之后来表示结束，在这种情况下，“也”和疑问虚词相对应。

也 yè, (p. f.)　可 khò pctest　乎 hoû, (p. i.)!　可 khò potestne
（结尾虚词）可以　（疑问虚词）可以吗

“可以吗？——可以。”

（p. 83）201. 於或于 iû在表示“走，行进”的词之后，表达具体或抽象意义上的位置、并列等关系【86】。

202. 它在动词中构成被动意义【172】。

203. 在一个比较句中，它引导相比较的项【100】。

204. 它表示“为了”“相对于……”“关于”：

也 yè, (p. f.) 於 iû quoad 者 tchè (p. r.) 夫 foû illi
（结尾虚词） 于 （关系虚词） 那些
病 ping morbos 之 tchî (p. e.) 醫 î medici
疾病 （赘词） 医生

“医生，当涉及疾病……”【参看 193, 265】

205. 乎於 oû-hoû 位于句首，表示赞赏、惊叹。

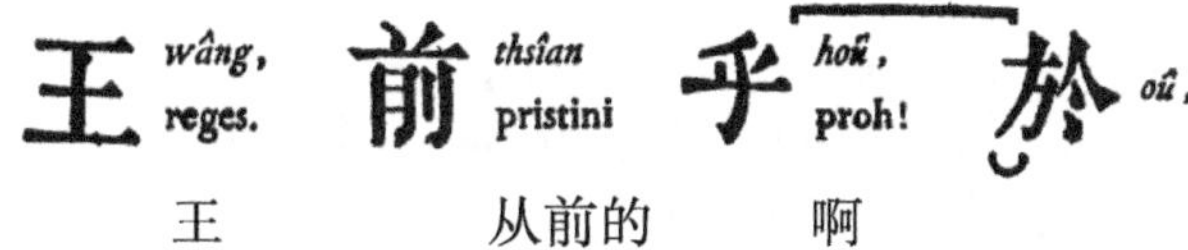
王 wâng, reges. 前 thsîan pristini 乎 hoû, proh! 於 oû,
王 从前的 啊

206. 乎 hoû 和上一个虚词一样，表达不同名词之间的关系，是一些动词和它们的宾语之间的媒介【87】。

207. 它可以表示“以……的身份”“因为……的缘故”等。

貴 kouëi, nobilisque. 富 foú dives 乎 hoû quasi 行 hîng agere
和尊贵的人 富人 好像 行动

“像富贵之人一样行动”《中庸》

208. “乎”位于表达同情、痛苦、赞叹等感情的句子末尾【183】。

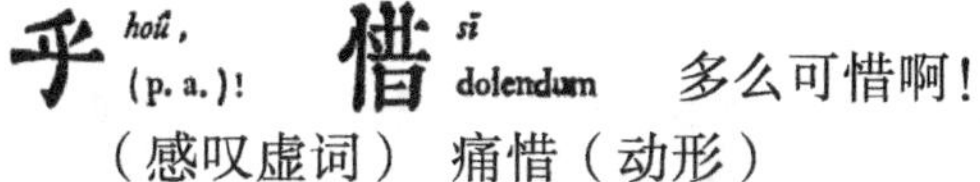
乎 hoû, (p. a.)! 惜 sî dolendum 多么可惜啊！
（感叹虚词） 痛惜（动形）

乎 hoû, (p. a.)! 〈 yâng immensitas 洋 yâng, 多么广大啊！
(p. 84)（感叹虚词）广大

209. **乎烏** *oû-hoû*，通常被写作**呼嗚**，表示惊叹、痛苦等，位于句首。【参看 205】

210.“乎”表示疑问，位于句末，可单独使用，也可加上疑问虚词或结尾虚词：

乎	矣	仁
hoû, (p. i.)!	*i*, (p. f.)	*jîn* pietas-ne
（疑问虚词）	（结尾虚词）	仁？

“这就是仁（l’humanité）？”

哉	乎	遠	仁
tsâi, (p. i.)!	*hoû* (p. i.)	*youàn* remota	*jîn* pietas
（疑问虚词）	（疑问虚词）	远的	仁

“仁如此远？”即“仁如此难以践行。”【参看 133】

211. 我们在每一个句子成分的后面都重复“乎”，表示疑问或怀疑：

乎	否	乎	宜
hoû (p. i.)!	*feoù*, nonne	*hoû* (p. i.)!	*î* convenit
（疑问虚词）	是否	（疑问虚词）	合适

“这合适吗？还是不合适？”

者	乎	其	之	不
tchè (p. r.)	*hoû* (p. i.)	*khî* is	*tchî* (n. g.)	*poŭ* non
（关系虚词）	（疑问虚词）	他	（属格标志）	不

乎	其	覺	言	識
hoû, (p. i.)	*khî* is	*kiŏ* vigilat	*yân* loquens	*chĭ* scio
（疑问虚词）	他	醒着	说话（现分）	我知道

夢	者	者	今
méng somniat	*tchè* (p. r.)	*tchè* (p. r.)	*kîn* nunc
做梦	（关系虚词）	（关系虚词）	现在

"我不知道此刻正在说话的我是醒着还是在做梦。"

212."乎" 和 "於"【100】一样也表比较：

天 thiân, cœlo.
乎 hoû præ
高 kaô altum
莫 mŏu nihil
天 比 高 没有什么

"没有比天更高的了。"【参看 271】(p. 85)

乎 hoû præ
日 jĭ die
吾 'oû ego
比 日 我
爾 eùl, te.
長 tchàng major
一 ĭ uno
你 更大 一

"我比您大一天。"《论语》

213. 乎庶 *chú-hoû* 这个词组在我们的语言里可以表达为 "peu s'en faut"（差不多）、"à-peu-près"（几乎）、"je pense"（我想）等。

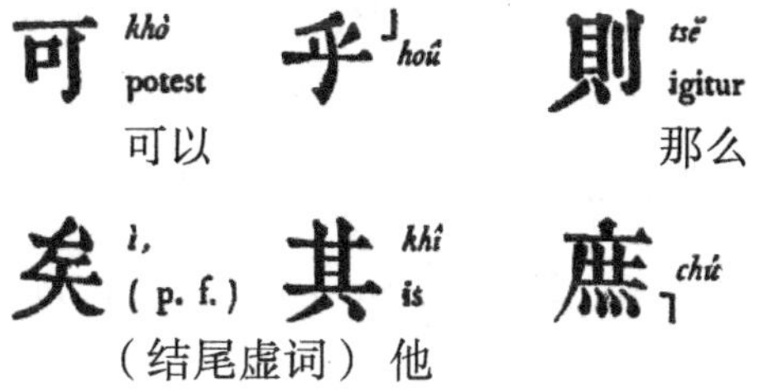
可 khò potest
乎 hoû
則 tsĕ igitur
可以 那么
矣 ì, (p. f.)
其 khî is
庶 chú
（结尾虚词） 他

"因此我看他可以。"

也可以说 幾庶 *chú-kì*。

214. 諸 *tchoû* 表示复数【74】。

215. 用作介词时可作为“於”【201】或“乎”【206。参看 119】的同义词。

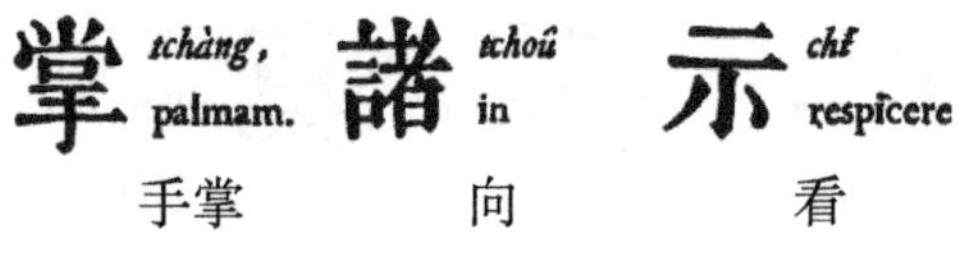
掌 tchàng, palmam.
諸 tchoû in
示 chí respicere
手掌 向 看

“看他的手掌里。”

身 chîn, seipso. 諸 tchoû ex 本 pèn radicem (habere)

他自己 从 根（有）

“在自身有（他行为的）基础。”

216. 諸有 yeoù-tchoû 用我们的话说就是“n’est-ce pas?”（不是吗？）

有 yeoù 十 chĭ decem 方 fāng quadrato 之 tchî (n. g.) 文 wên Wen
十 方形的 （属格标志）文
諸 tchoû, nonne! 里 lì li 七 thsĭ septem 囿 yéou hortus 王 wâng wang
不是吗？ 里 七 花园 王

“文王的花园有七十里［七法里］见方，不是吗？”《孟子》（p. 86）这个问题的回答是之有 yeoù tchî（il les avoit）。

217. 邪或耶 yê 和“乎”一样表达疑问或怀疑。它位于句末，而且也在每个问句之后重复。

大 tá magnitudinem
大
且 thsièi equidem
那么我
而 eûl et
而且
使 ssè si
如果
也 yè (p. f.)
（结尾虚词）
得 tĕ assecuta essem
得到
有 yeoù habuissem
有
予 iù ego
我
邪 yê, (p. i.)!
（疑问虚词）
此 thseù hanc
这个
用 yoúng usum,
用处
也 yè (p. f.)
（结尾虚词）

“如果我有用处（说话的是《中庸》寓言故事中的一棵树），我会长到这么大吗？”

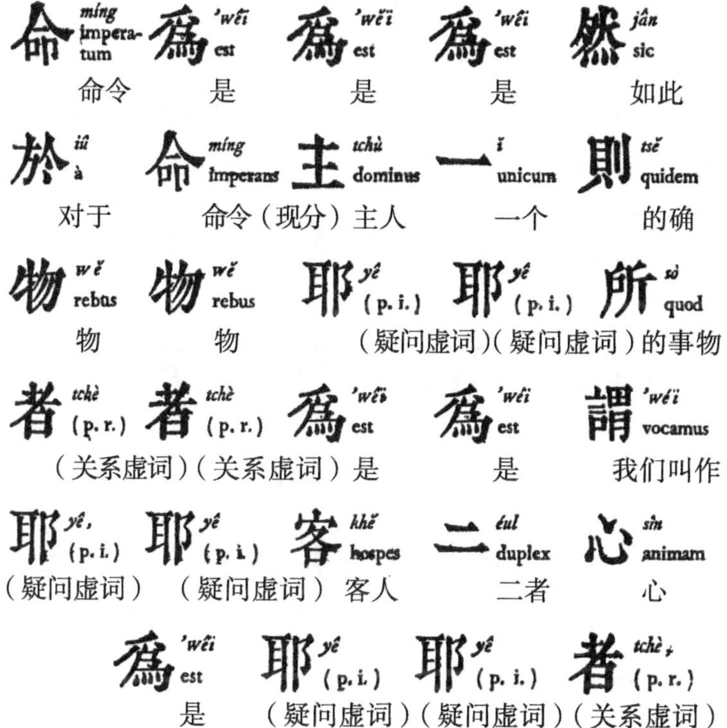
命 míng imperatum
命令
爲 'wêi est
是
爲 'wêi est
是
爲 'wêi est
是
然 jân sic
如此
於 iû à
对于
命 míng imperans
命令（现分）
主 tchù dominus
主人
一 ĭ unicum
一个
則 tsĕ quidem
的确
物 wĕ rebus
物
物 wĕ rebus
物
耶 yê (p. i.)
（疑问虚词）
耶 yê (p. i.)
（疑问虚词）
所 sò quod
的事物
者 tchè (p. r.)
（关系虚词）
者 tchè (p. r.)
（关系虚词）
爲 'wêi est
是
爲 'wêi est
是
謂 'wéi vocamus
我们叫作
耶 yê, (p. i.)
（疑问虚词）
耶 yê (p. i.)
（疑问虚词）
客 khĕ hospes
客人
二 éul duplex
二者
心 sin animam
心
爲 'wêi est
是
耶 yê (p. i.)
（疑问虚词）
耶 yê (p. i.)
（疑问虚词）
者 tchè; (p. r.)
（关系虚词）

“于是，我们称作为‘灵魂’（ame）的东西是唯一的还是有两个？它是主人还是客人？它给外界事物下命令还是被外界事物命令？”

218. 與 *iù* 本义是“给”：

（p. 87）

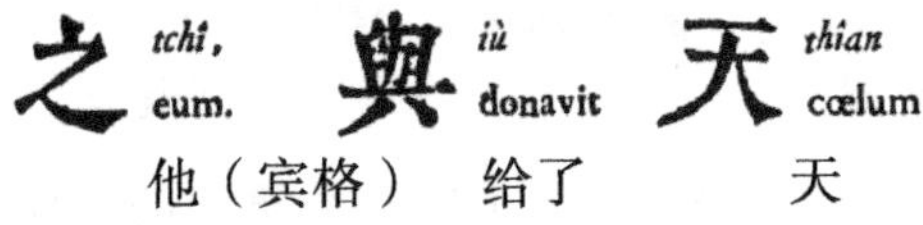
之 tchî, eum.
與 iù donavit
天 thian cœlum

他（宾格） 给了 天

“天给了他。”

219. 它表达“增加”“集合”“同时”【85】。

220. 它加在表达相同或相异的形容词前，甚至是由于两个比较项由同一个主语支配而使得比较变成“关联性的”（corrélative）：

聞 wên audire
與 iù ad
不 poŭ non
聞 wên audire
同 thoûng, simile.
不 poŭ non
行 hîng exercere
而 eûl et

听 与 不 听

相似 不 练习 并且

“学习而不践行，和不学习是一样的。”

異 *i,* diversa. 與 *iù* ad 相 *siâng* mutuò 必 *pĭ* profectò 彼 *pì* illi

不同的 与 相互地 必然地 他们

“他们必定彼此不相同。”

221. “與”还表示两个状态或动作的对比，并且其中的一个好于另一个。这种情况下，相比之下不好的一项放在前面，之前加上“與”字，通常之后会跟也 *yè*字；较好的一项放在后面，之前加寧 *nîng*字［更好（il vaut mieux）］：

儉 kiàn, parcimonia. 节俭
也 yè (p. f.) （结尾虚词）
其 khî eorum 他们的
禮 lì ritus 礼
寧 nîng præstat 在……之前
奢 chê copiam 巨大的数量
與 iù ad 比

“关于礼，节省比挥霍更好。”

222. “與”位于很多名词之间时作为连系连词（copulative）使用，如果是疑问句，则为更替连词（disjonctive）。

（p. 88）

與 iù et 和
與 iù et 和
言 yân loqueba-tur 说
子 tseù Confucius 孔子
仁 jîn, humanita-tem. 仁慈
命 míng fatum 命运
利 lí lucrum 利益
罕 hàn rarò 罕见地

“孔子很少谈论利益，① 以及命运，以及仁慈。”《论语》

① “利”这个词用在这里有特定的意义，意思是“美德带来的好处”。

美 *meì*, pulchrior! 孰 *choŭ* quænam 乙 *ĭ* I 與 *iù* vel 甲 *kiâ* Kia

更美的 哪个 乙 或 甲

“甲和乙[①] 哪个更美？”

223.“與”还作赘词和句末词，有时表示赞叹和疑问。这种情况下它的声调是平声。

與 *iû*, (p. f.) 謂 *'wéi* dicebam 之 *tchî* (p. e.) 此 *thseù* hoc 其 *khî* id

（结尾虚词） 我曾说 （赘词） 这个 它

“这是我说过的。”

與 *iû*, (p. a.) 也 *yè* (p. f.) 知 *tchí* prudentiâ 大 *tá* magnâ 其 *khî* ille

（感叹虚词）（结尾虚词） 智慧 大的 他

“他的智慧是多么大啊！”

與 *iû*, (p. i.) 救 *kieóu* vitare 能 *nêng* potuisti 弗 *fĕ* non 如 *joû* quomodo

（疑问虚词）避免 你曾能 不 如何

“您怎么没能避开呢？”

当“與”表示以上这个意思时，我们现在用它的变体字歟。

224. 而 *eûl* 是一个连系连词（copulative），但我们从来不用它连接名词，因为它表示两个同时性品质的对立或对比，我们经常可以将它翻译为拉丁语的“et tamen”（但是）。

① 这两个字是天干地支汉字中的两个汉字，在这里泛指“一个”“另一个”“第一个”“第二个”。见 118 条。

（p. 89）

而 eûl et 但是
不 poŭ non 不
和 hô, consonans 和谐
小 siaò
人 jîn insipiens 愚蠢的人
同 thoûng idem 相同
而 eûl et 但是
不 poŭ non 不
同 thoûng idem 相同
君 kiûn
子 tseù sapiens 智者
和 hô consonans 和谐

“明智的人（与恶劣的人）相处融洽而不去模仿他们；愚蠢的人模仿他们而与他们不和。”《论语》

或者省略动词：

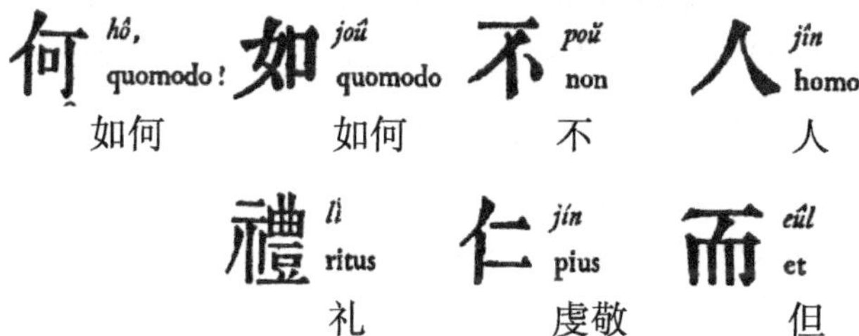
何 hô, quomodo! 如何
如 joû quomodo 如何
不 poŭ non 不
人 jîn homo 人
禮 lì ritus 礼
仁 jîn pius 虔敬
而 eûl et 但

“做人却不虔敬，符合礼的要求吗？”同上

225. 当一个插入句由“quoique”（即使）引导时，主句之前通常有“而”：

厭 yân, satiamur. 我们被满足
而 eûl et 但是
雖 soûi etsi 虽然
善 chén boni 好的
不 poŭ non 不
多 tô multi, 很多的
人 jîn homines 人们

“即使好人的数目很多，我们也不会满足。”【参看 163】

226. 在表达先、后和意图的时候，我们可以用而 eûl，也常用後而 eûl-héou 或后而 eûl-héou［然后、之后］

之 tchî, ei. 它 習 sĭ incumbere 不断地练习 時 chî diù 持续地 而 eûl et 而后 學 hiŏ studere 学习

“学习然后长时间练习。”《论语》

（p. 90）

禱 taò precatus sum 我祈祷 而 eûl ûl et ?? 而 有 yeoù habere 有 豈 khì num 难道

邪 yê, (p. i.)（疑问虚词） 後 heóu posteà 之后 病 ping morbum 病 待 tdi expectavi 我曾等待

“我要等到我病了之后才祈祷吗？”

國 kouĕ regnum 国家 而 eûl et 而 家 kiâ domibus 家

治 tchhî, regitur. 被治理 后 héou posteà 后 齊 thsî ordinatis 被治理之后

“家庭秩序井然时，国家才能被很好地治理。”《大学》[①]【参看 91, 134, 143, 239】

227. 在副词后，或在一个充当副词的简单或复合词组后，我

① 见《大学》开头的 20 个这样的例子。

们经常加上“而”，这个词将修饰语和“而”后面的动词联系在一起，因为句子的第一部分变成了主句的条件【167】。

怨 youán, pœnitet.
行 híng agere
利 lí lucrum
放 fàng vacando
多 tō multùm
而 eûl et
於 iû ad

觉得后悔　行动　利益　致力于

很多地　而　于

“为了利益行动的人，会有很多值得后悔的事情。”《论语》

也表达否定意义：

治 tchhí, regnat.
而 eûl et
嚴 yân severum
不 poŭ non

治理　而　严厉　不

“他不严厉，而他治理国家。”也就是说“他治理国家不需要严厉”。《孝经》【参看 143, 178, 239.】

（p. 91）228. 已而 eûl-ì［就停止（et cessat）］放在句末，表示“没有了”（sans plus），“只有”（il n’y a que）：

已 ì, cessat.
而 eûl et
人 jîn homines
九 kièou novem

停止　而　人们　九

“只有九个人。”

已 ì cessat
義 í justitia
有 yeòu habetur

停止　正义　被拥有

矣 ì, (p. f.)　而 eûl et　仁 jîn pietas

（结尾虚词）　而　仁慈

“仁慈和正义，这就是全部了。”《孟子》

229. 而已 *ì-eûl* 重复两遍表示“请停止”(cessez)、“终止你的意图”(laissez-là votre projet)[停止吧]。见《论语》微子篇第十八，第五段。

230. 而 *eûl* 有时也被当作代词 爾 *eùl*，因为它们发音相近。

與 *iû,* (p. i.) 强 *khiâng* fortitudo 而 *eûl* tua 抑 *ĭ* vel

(疑问虚词) 强壮 你的 或者

“……或者您的内心的坚强？”《中庸》

231. 爾 *eùl* [你] 有时我们由于发音相同用 耳 *eùl* [耳朵] 来代替时，也经常被当作虚词，位于名词之后，以表示该名词意义的非重要性：

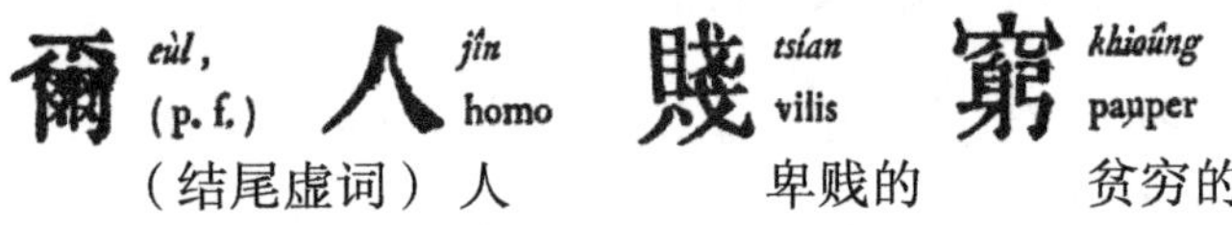
爾 eùl, (p. f.)
人 jîn homo
賤 tsían vilis
窮 khioûng pauper
(结尾虚词) 人 卑贱的 贫穷的

“我只是一个贫穷可怜的人。”

矣 *ì,* (p. f.) 耳 *eùl* (p. e.) 思 *ssê* advertisse 弗 *fĕ* non

(结尾虚词) (赘词) 注意 没

“这只是由于疏忽。”

（p. 92）

耳 eùl, (p.e.) 有 yeòu habet 何 hô (p.i.)! 君 kiun princeps 其 khî is
（赘词） 有 （疑问虚词） 君王 他
其 khî hujus 惟 wêi solùm 者 tchè (p.r.) 不 poŭ non
他的 只 （关系虚词） 不
名 mîng nomen 不 poŭ non 幾 kì quantùm 爲 'wêi esse
名字 不 多少 是

“为了成为王他还差什么？只差一个称谓而已……”

232. 爾 eùl 有时作为副词意义的标志使用：

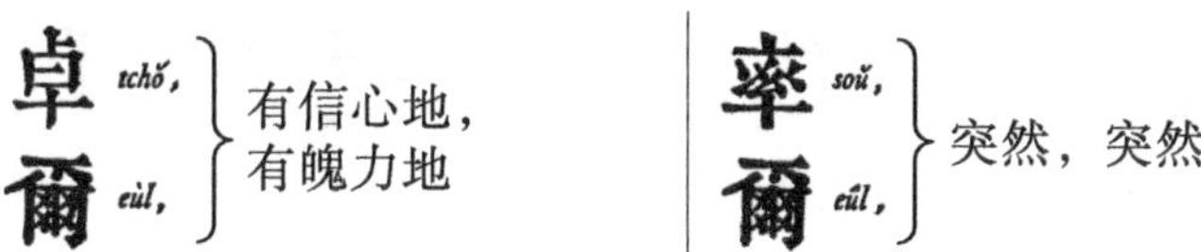
卓 tchŏ, 爾 eùl, 有信心地，有魄力地
率 soŭ, 爾 eùl, 突然，突然

233. 焉 yân 在句首表示提问：

殺 chă suppliciis 用 yoúng uti 焉 yân quare
惩罚 用 为什么

“这些刑罚有什么用？”《论语》

234. 它在句末时是一个结尾虚词，像也 yè 一样，没有实际意义【198】，但是我们更喜欢在以鼻音结尾的词后使用它：

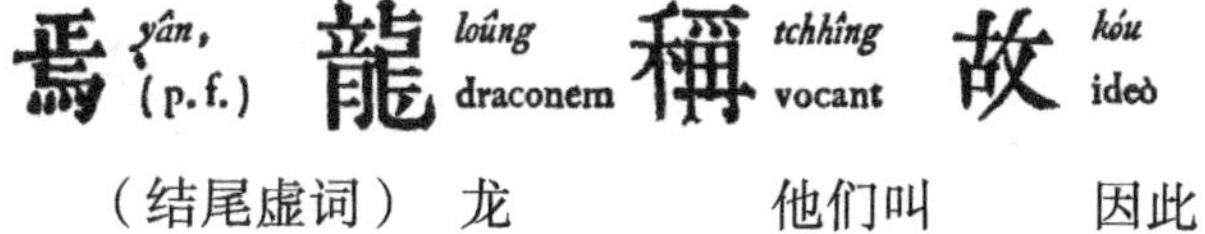
焉 yân, (p.f.) 龍 loûng draconem 稱 tchhîng vocant 故 kóu ideò
（结尾虚词） 龙 他们叫 因此

“正是因为此，人们叫他龙。”《易经》

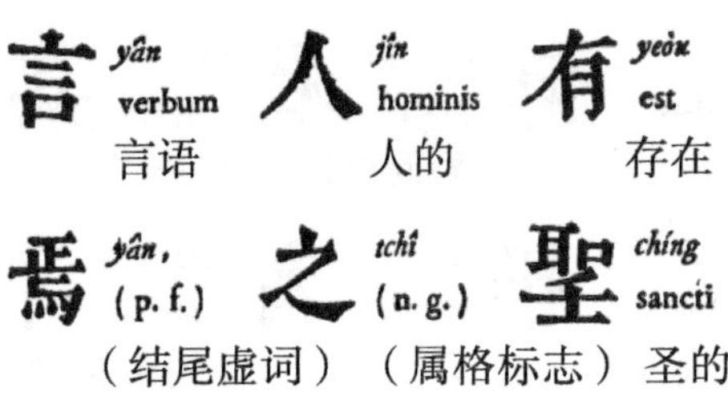
言 yân verbum 人 jîn hominis 有 yeòu est
言语 人的 存在
焉 yân, (p. f.) 之 tchî (n. g.) 聖 chíng sancti
（结尾虚词）（属格标志）圣的

“有圣人的话。”

（p. 93）235. 我们可以将它放在一个由如 joû引导的比较句之后：

食 chĭ eclipses 月 youĕ'i lunæ 如 joû sicut 之 tchî (n. g.) 君 kiūn
食 月亮的 好像 （属格标志）

焉 yân, (p. f.) 之 tchî (n. g.) 日 jĭ solis 過 koúo culpæ 子 tseù sapientis

（结尾虚词）（属格标志） 太阳的 过错 智者的

“智者的错误像日食和月食一样。”

236. 它可以在副词短语中代替然 jân【176, 238】。

忽 hoŭ,
焉 yân,
突然
少 chào,
焉 yân,
很少地

237. 然 jân本意是“如此、这样”（ainsi），也经常表示“是”（oui）：

然 jân, sic. 皆 kiāi omnes 人 jîn homines 之 tchî (p. e.) 古 koù veteres
如此 所有的 人们 （赘词） 古代的

“古人们如此（Sic veteres）……古人们这样（想）。”

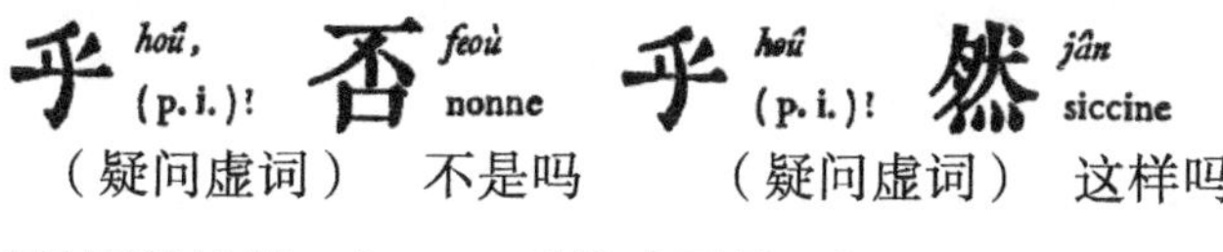
乎 hoû, (p. i.)!
否 feoù nonne
乎 hoû (p. i.)!
然 jân siccine
（疑问虚词） 不是吗 （疑问虚词） 这样吗

“是不是这样？”——“是或不是？”

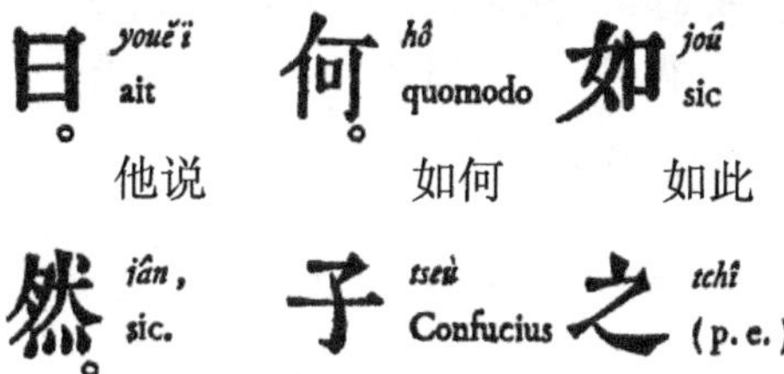
曰 youĕ'i ait
何 hô quomodo
如 joû sic
他说 如何 如此
然 jân, sic.
子 tseù Confucius
之 tchî (p. e.)

如此 孔子 （赞词）

“是这样的吗？——孔子重复说，是这样的。”《论语》

238. “然”是副词最常见的标志【176】。

239. 則 tsĕ 本意是“尺度，标准”（mesure, modèle）：

（p. 94）

則 tsĕ, norma.
准则
天 thiân
下 hiá imperii
帝国的
世 chí per sæcula
很长时间内
爲 'wĕi fit
成为
言 yân loquatur
他说（虚拟）
而 eûl et
而后

“当他说话的时候，他的话语成为帝国的准则。”

240. 它还可以表示归纳和结果。如果它之前的分句是肯定句，可以将它译为“donc”（于是），如果分句是假设句，则可以译为“alors”（那么）【166, 167】：

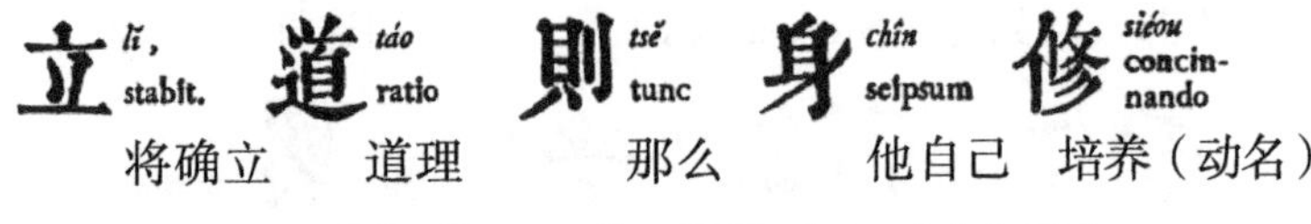

将确立 道理 那么 他自己 培养（动名）

“如果我们自己修正自己，道理将会确立。”《大学》

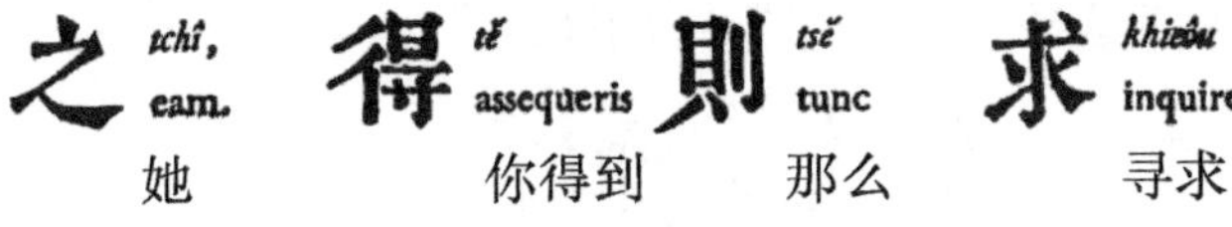

她 你得到 那么 寻求

“寻找，就会找到。”《孟子》

241. 則一 *ï-tsĕ* 重复两次，表示更替关联词“要么……要么……”（拉丁文 tum, tum, 法文 soit… soit…）：

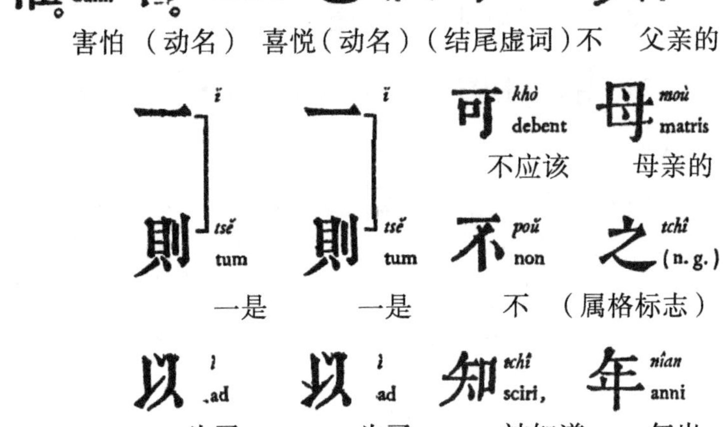

害怕（动名） 喜悦（动名）（结尾虚词）不 父亲的

不应该 母亲的

一是 一是 不 （属格标志）

为了 为了 被知道 年岁

“我们不能不知道（无所谓）父母的年龄，一是为了因此高兴（如果他们还年轻），一是为了担忧（如果他们已年老）。”

242. 我们有时会把且 *thsiëï* 和当作“则”，因为它们发音相近，“且”也表示归纳，（p. 95）比如表示某一品质和导致该品质的另一品质之间的关系：

賤 tsiàn, vilis.
且 thsièï et
貧 phîn pauper
卑贱的
而且
贫穷的

“贫穷且卑贱。”【参看 281】

243. 就 tsiéou 的本意是“完成”（achever），被用作时间副词。它也可被当作连词，表示后续、结果和连贯性：

利 lí, lucra.
地 tí terræ
時 chî tempora
天 thiân cœli
利益
地的
时机
天的
之 tchî (n. g.)
就 tsieóu scilicet
之 tchî (n. g.)
（属格标志）
就是
（属格标志）

“地获得收益（收成）取决于天的时节。”《孝经》

244. 卽 tsỹ 是“則”【240】和“就”的同义词，也表示结果，以及前后两个动作的紧密关系。

245. “即”也表示两个同义词的相同性。

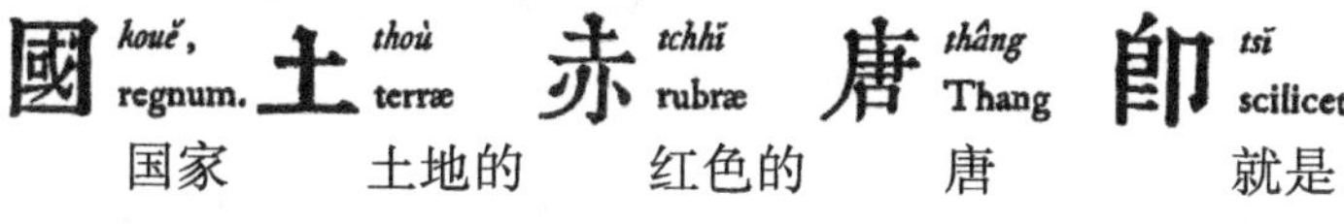
國 kouĕ, regnum.
土 thoù terræ
赤 tchhĭ rubræ
唐 thâng Thang
卽 tsĭ scilicet
国家
土地的
红色的
唐
就是

“（暹罗［Sin-lo 或 Siam］）是唐代的赤土国。”

246. 猶 yeoû［好像、如］也表示两件事物或两个同义词的相同性。

也 yè, (p. f.)
猶 yeoû quasi
之 tchî (n. g.)
兄 hioûng fratris majoris
（结尾虚词） 好像 （属格标志） 哥哥的
子 tseù filius
子 tseù filius
弟 tí minorisve
儿子 儿子 或弟弟的

“侄子（就像）儿子一样。”《礼记》

（p. 96）247. 若 jŏ 和 如 joû 也表示“如、同样”。然而“如”在这个意义上比“若”更常用：

鬼 kouèï dæmonem
若 jŏ tanquam
之 tchî eum
惡 oú odit
鬼 好像 他（宾格） 他憎恶

“他憎恶他就像（人们憎恶）鬼。”

248.“如”和更为常用的“若”代表假设虚词“如果”（si），[①] 第二个分句几乎总以“則”开头【240】，表疑问时也是如此：

行 hîng, agas!
爲 'wêï fit
則 tsĕ tunc
善 chén laudas
王 wâng rex
你行动 成为 那么 你夸赞 王
不 poŭ non
何 hô qui
之 tchî eam
如 joû si
不 谁 她（宾格） 如果

① 在不影响语义理解的情况下，这个虚词也可以省略【167】。有时我们还可以用 使 ssè 来代替它，即“使”（efficere ut）：

善 chén, bona.
果 kò reverà
性 síng indoles
使 ssè fac ut
好的 真的 性格 你做，使

“如果性格真的好……”

"如果陛下您称赞它（这条准则），那么为什么不施行它呢？"《孟子》

249. "若"后面跟一个名词或一个代词时表示"至于"（quant à），因为省略了論 *lûn*［认为、谈论］：

（关系虚词） 人（宾格） 小的 至于

"至于我……"《孟子》

250. "如"有时用于构成副词：

也 *yè*, (p. f.) 如 *joû* 〈 *khoûng* 空 *khoûng* inanis

（结尾虚词） 空的

"以一种不熟练的、无意义的方式。"

（p. 97）251. 若莫 *moŭ-jŏ*，或如不 *poŭ-joû* 表示"喜好""一件事好于另一件事"：

如 爱 如 知道

行动 她（宾格） 他爱 她（宾格）

她（宾格） 的人 她（宾格） 的人

的人 不 的人 不

“知道它（美德）的人不如喜好它的人；喜好它的人不如践行的人。”

252. 以 *ì* 本意是“用”（se servir, faire usage）：

也 *yè*, (p. f.) 以 *ì* utitur 吾 *'oû* me 毋 *woû* non

（结尾虚词） 他用 我（宾格） 不

“他不任用我。”《论语》

253. 同虚词一样，“以”之后跟补语，有一个从它做动词时的意义引申出来的意义：它在动词之前时表示方式或手段，它在动词之后表示结果或意图。我们可以用“ex”（从）、“ab”（由）、“iusta”（根据）等来翻译它。

下 hiá imperium 孝 hiáo pietate 王 wâng reges 昔 sĭ olim
帝国 孝 王 曾经
也 yè, (p. f.) 治 tchhî regebant 之 tchî (p. e.) 者 tchè (p. r.)
（结尾虚词） 治理 （赘词） （关系虚词）
天 thîan 以 ì ex 明 mîng clari
从 贤明的

“过去这些杰出的王以孝来治理国家。”《孝经》【参看 268】

（p. 98）

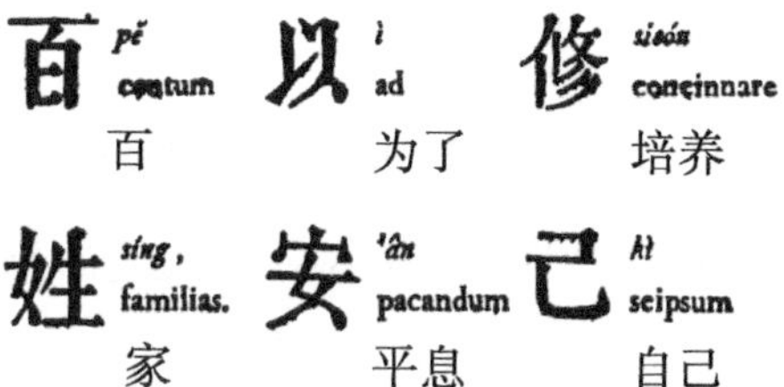

“培养自己为了让百姓安宁。”《论语》【参看 280】

254. “以” 在可 *khò*［能］之后，保持了其后动词的主动意义【参看 170】：

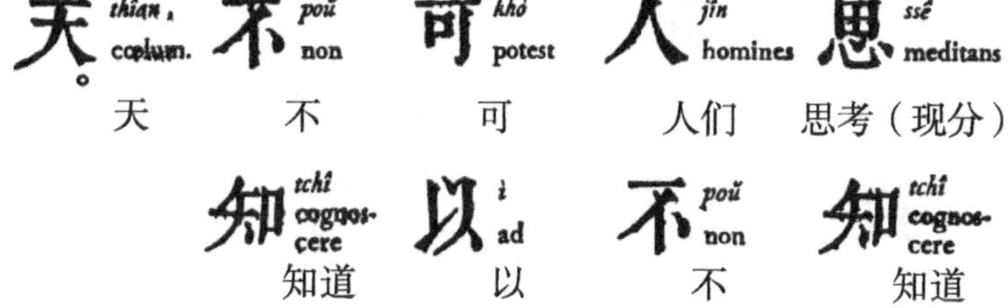

“想了解人的人不能不知道天。”①《中庸》【参看 134】

255. 以所 *sò-ì* 或以是 *chì-ì* 意思为 “因此”（quam ob rem）【147】，“这就是为什么”（c'est pourquoi），“就是通过这”（c'est par quoi），“如何”（comment）：

① 如果没有 “以”，“不知” 这个动词表示 “不被知道”（ignorari），但这个词之后不能加宾语。

“这就是为什么人们排列牙齿”，也就是说“这就是为什么我们尊敬老人。”《中庸》【参看 263】

256. 爲以 *i-'wêi* 由“以”（ex）和“为”（facere），“认为”（aestimare）组成，表示“评价”（existimare），“评判”（juger），“认为”（trouver）。

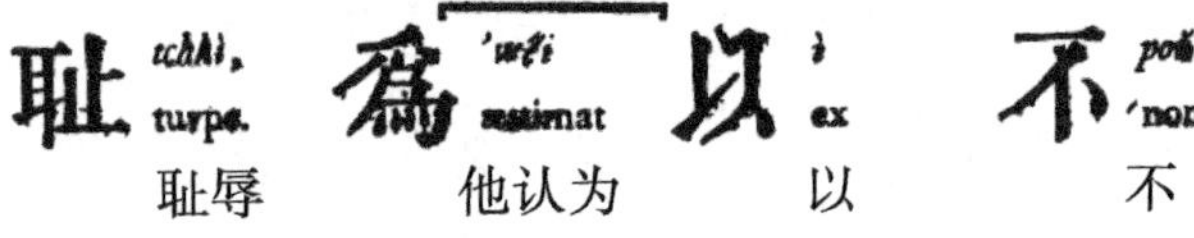
tchhì, turpe.
'wêi aestimat
ì ex
poŭ 'non

耻辱 他认为 以 不

“他不认为这是耻辱。”【参看 129】

（p. 99）257. 來以 *i-lâi*［自从］用来表达过去的某一时刻，这一时刻又在某一更久远的时间之后：

ì ad
jîn homines
thîan cœlum
tseú ex (quo)
lâï, futurum.
mîn populus que
tí terraque
yeoù habentur

以 人们 天 从

未来 和人民 和地 有

“自从有天、地、人和人民以来……”《孔安国》

258. 爲 *'wêi* 本意是“做”，可代替存在动词【153】。

259.“爲”（去声）意思为“由于”（à cause de）、“为了”（en faveur de）。有时位于其补语之前，有时位于之后。

'wéi, causâ.
jîn hominis
foû hujus

原因 人的 这个的

“由于这个人。”【参看 142】

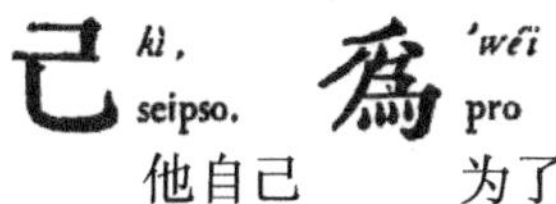
己 kì, seipso.
他自己
爲 'wéi pro
为了

为了自己。

260. 哉 *tsaï*通常是一个疑问虚词，位于句尾，它即可单独使用，也可以加上另一个疑问虚词或句尾虚词。【参看 210】

261. “哉”通常也表示惊叹，可以紧跟被赞叹的词。【参看 184】

262. 乃 *naï*很久以前被用作第二人称代词：

休 *hieôu*, bonum. 善　之 *tchî* (n. g.)（属格标志）　乃 *naï* tui 你的　惟 *wéï* solùm 只有

“这是一件只能由您而来的善行。”《书经》

（p. 100）263. “乃”也是一种连接连词和说明性连词，正如拉丁语中的“quidem”（某），它经常被当作纯粹的赘词使用。

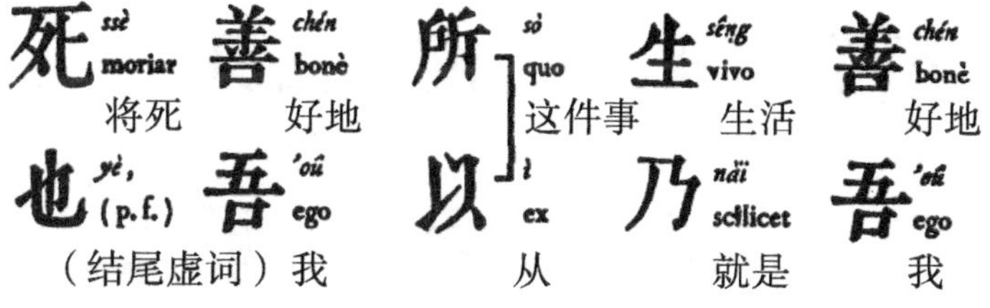
死 ssè moriar 将死
善 chén bonè 好地
所 sò quo 这件事
生 sêng vivo 生活
善 chén bonè 好地
也 yè, (p. f.)（结尾虚词）
吾 'où ego 我
以 ì ex 从
乃 naï scilicet 就是
吾 'où ego 我

“我好好地活着是为了有个好的死亡。”

264. 愈 *iù*被重复多次时表示“越……越……”（quò magis, eò magis），有一点特殊之处是，作为断定（assertion）的句子部分之前通常有“而”：

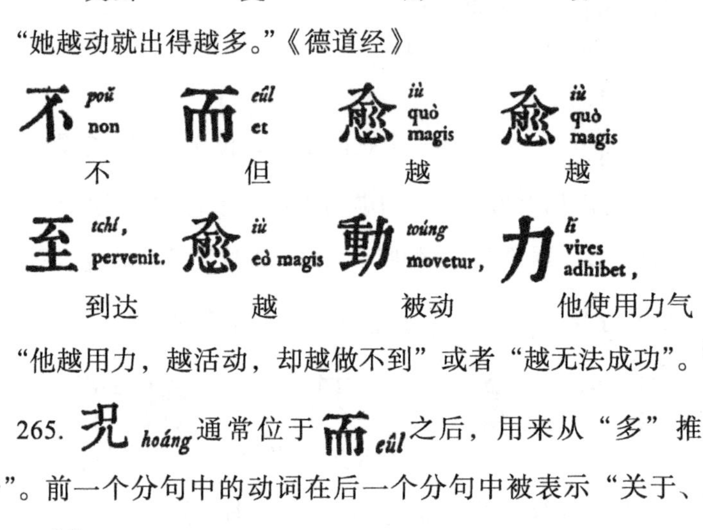

“她越动就出得越多。”《德道经》

“他越用力，越活动，却越做不到”或者“越无法成功”。[①]

265. 况 *hoáng* 通常位于而 *eûl* 之后，用来从“多”推断“少”。前一个分句中的动词在后一个分句中被表示“关于、至于”的於 *iû* 字代替【204】，并且后一个分句是问句：

（p. 101）

① 也可以相同的方式使用含义相同的益 *i* 和彌 *mi*。

乎 hoû, (p. i.) 侯 héou secundi, 而 eûl et 小 siaò parvorum

（疑问虚词） 第二的 那么 小的

“他不敢忽略任何小国的官员，更何况是一等、二等、三等、四等、五等王侯。”[①]《孝经》

266. 是 chi 位于句末时相当于法语中位于句首的“c'est”(这是)、“ce sont”(这些是)，特别在解释或定义的时候使用：

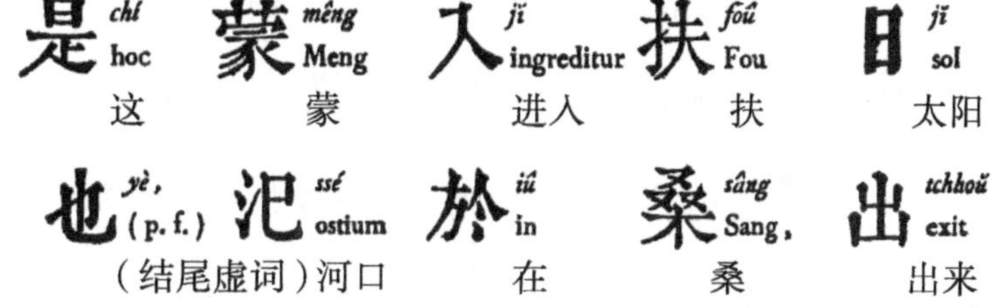
是 chí hoc 蒙 mêng Meng 入 jĭ ingreditur 扶 foû Fou 日 jĭ sol
这 蒙 进入 扶 太阳
也 yè, (p. f.) 汜 ssé ostium 於 iû in 桑 sâng Sang, 出 tchhoŭ exit
(结尾虚词)河口 在 桑 出来

“太阳是在扶桑国升起，在蒙河口落下。”《淮南子》

267. 故 koú 在句末表示“由于，因为”(à raison de, parce que)：

也 yè, (p. f.) 多 tô multitu-dine 人 jîn hominum 由 yeoû ex
（结尾虚词） 多数 人们的 从
故 koú causâ 之 tchî (n. g.) 去 khiŭ euntium
原因 （属格标志） 出去的

“由于去那里的人很多。”

(p. 102) 268. 類 loüi [类别、种类] 位于一个或多个名

① “公、侯、伯、子、男”依次是孔子时期中国大小封地领主的称谓。

词之后，可以加上或不加表示关系的标志，意思为“等等”（et caetera）。

kái
operiunt
他们盖
tchî
(n. g.)
（属格标志）
thsô
mattâ
草
tchì
solùm
只
tchî,
illud.
它
loúi
cæt.
其他的
sî
storeâ
席
ì
ex
由……材料

“人们仅限于用席子和其他此类的物品盖住它。”

我们以相同的方式运用含义相同的等 tèng和屬 choŭ。

269. 不 poŭ是最常用的否定词，用于形容词和动词，否定某个动作或状态。有时可以用弗 fĕ来代替。【见 154, 223, 231】

270. 無① woû是一个特别绝对的否定词，用来否定存在和所有，该字后须有动词，动词或被表达出来，或被省略。

jîn,
homo.
人（主格）
moù
matre
母亲
woû
sine
没有
woû
non
没
thîan
tchî
(p. e.)
（赘词）
foú
patre
父亲
yeòu
habetur
存在
hiá
imperio
在帝国内

“在这个世界上不存在没有父母的人。”【参看 166】

---

① 在一些古籍中，我们用毋 亡 无来代替这个字。

271. 莫 *moŭ* 否定存在，可以被译成 “nul, rien”（没有什么），作动词的主语，动词有时可以被省略。

（p. 103）

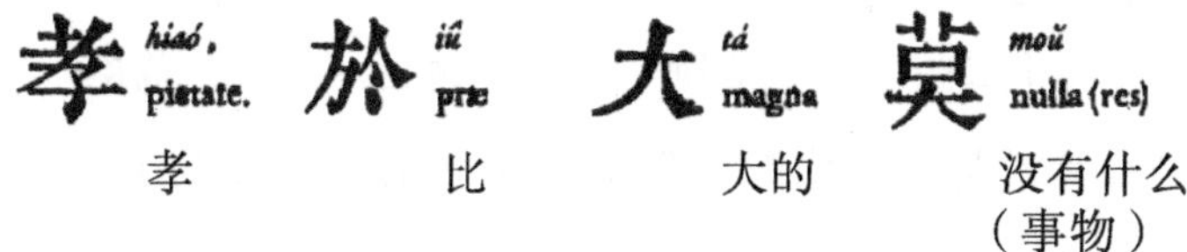

孝　比　大的　没有什么（事物）

“没有比孝更大的了。”《孝经》

比　没有什么　比　没有什么

微小的　凸显的　隐藏的　明显的

“没有比隐藏着的东西更清晰的了；没有比细微的东西更明显的了。”①《中庸》

272. 非 *fēï* 倾向于否定形容词性或副词性的修饰词。

① 这句话的意思是，对每个人来说，最明显的东西，正是在他身上所隐藏的东西，也就是他的意识，看起来最为清晰的东西，正是他自己的内心深处。在我的《中庸》的译文中，我错误地给出了另一个解释（第 33 页）。我借此机会纠正由于跟随了柏应理（Couplet）的《中国哲学家孔子》（*Confuc. sin. Philos.* 第 41 页）的翻译而错误的理解。卫方济（François Noël）给出了正确的解释，这也是满语《中庸》译本（《中庸》，第 116 页）中这句话的唯一的解释。

不 poŭ non 不　非 fēi sine 没有　不 poŭ non 不　非 fēi sine 没有

行 hîng, agere. 行动　道 táo regulâ 规则　言 yân, loqui; 说话　法 fă exemplo 范例

“不要说与（古代的）典范相反的话；不要做违反道理的事。”《孝经》

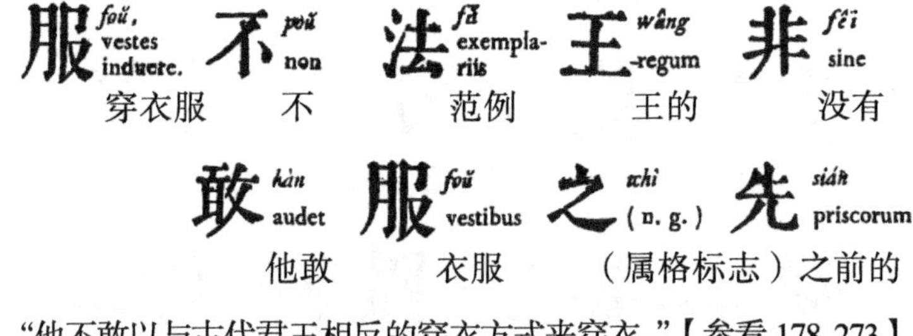

服 foŭ, vestes induere. 穿衣服　不 poŭ non 不　法 fă exempla-riis 范例　王 wâng -regum 王的　非 fēi sine 没有

敢 kàn audet 他敢　服 foŭ vestibus 衣服　之 tchī (n. g.) （属格标志）　先 siān priscorum 之前的

“他不敢以与古代君王相反的穿衣方式来穿衣。”【参看 178, 273】

273. 勿 wĕ 和 毋 woû 通常用来表示禁止：

（p. 104）

視 chí, aspicias. 你看　勿 wĕ ne 不要　禮 lì ritibus. 礼　非 fēi sine 没有

“不要以不符合礼的方式看。”《论语》

於 iū quàm 比　毋 woû ne 不要　於 iū quàm 比　毋 woû ne 不要

帶 taí, zona. 腰带　下 hiá inferiùs 更低地　面 mián vultus; 脸　上 chàng altiùs 更高地

“不要（将手）放得比脸高，也不能放得比腰带低。”《仪礼》

274. 未 *wéi* 用来表时间，意思是“还没有”（pas encore），有时表示“从未”（jamais）。【见 145, 154, 191】

275. 一般情况下，双重否定等于肯定：

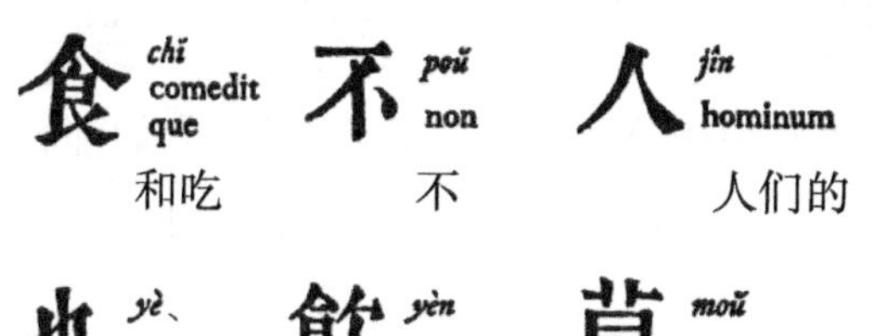
食 chĭ comedit que
不 poŭ non
人 jîn hominum
和吃
不
人们的
也 yè、(p. f.)
飲 yèn bibit
莫 moŭ nullus
（结尾虚词）
喝
没有人

“人都要喝水和吃饭。”《中庸》【参看 254, 272, 273】

276. 否定疑问句的表达方法是在句尾加上否 *feoù* 字，或者在句首加盍 *hŏ* 字，即“为什么不”（quidni），或者加上亦不 *poŭ-ỳ*，即“不是吗”（nonne）：

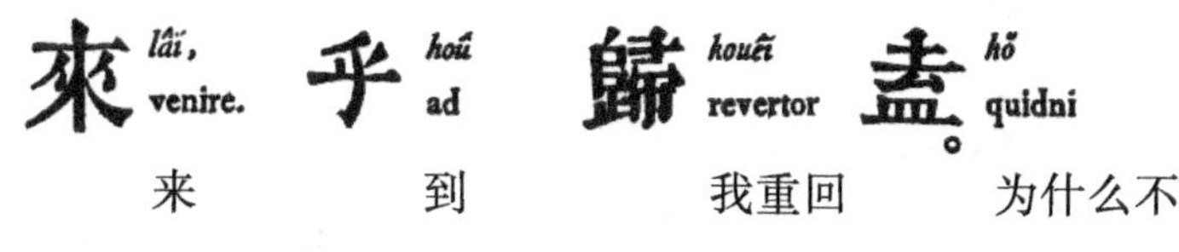
來 lâi, venire.
乎 hoû ad
歸 kouēi revertor
盍 hŏ quidni
来
到
我重回
为什么不

“我为什么不臣服于他？”《孟子》

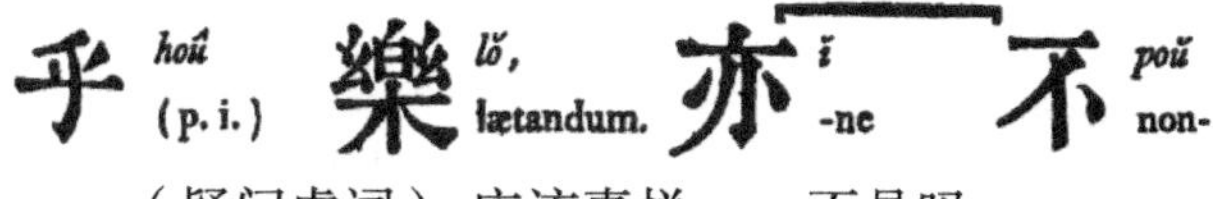
乎 hoû (p. i.)
樂 lŏ, lætandum.
亦 ì -ne
不 poŭ non-
（疑问虚词）
应该喜悦
不是吗

“这不是一件令人快乐的事情吗？”《论语》

（p. 105）277. 句尾疑问虚词的出现【210, 217, 223, 260】不影响这些句首疑问虚词的运用：

这些虚词的意思和用法都一样，可互相替换。它们都表示简单疑问，或者根据不同情况表示对方式、原因的疑问。

278. 矣 *i* 是一个无意义的句尾虚词，与我们之前看过的其他字一样【208, 223, 231, 234】。这个字不改变句子的意思，就像“也”字一样【198】。

279. 夫 *foû* 也用作赘词：

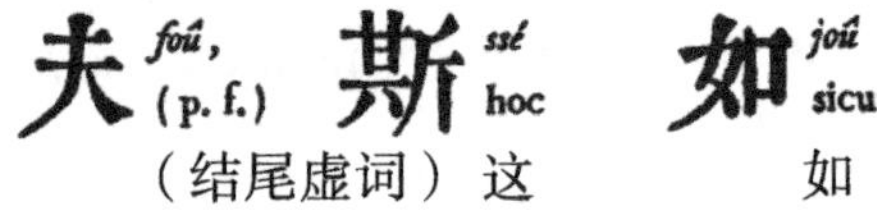

（结尾虚词）这 如

“用这种方式。”

280. 云 *yûn*［说］的用法也一样：

（结尾虚词）智者 等待 为了

“为了等待智者。”

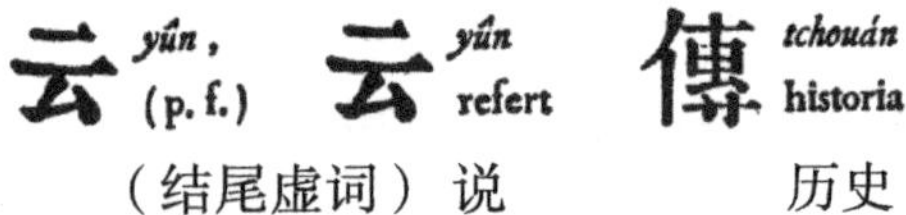

（结尾虚词）说 历史

“历史说。”

281. 兮 *hi* 作为句尾虚词特别被用于诗作中，用来表示强调和引起注意，就好像将之前的词变成一个疑问句的主语。

（p. 106）

兮 hi, !
之 tchi (n. g.)
西 si occidentis
人 jîn homo
彼 pi ille
（属格标志）西方的 人 他
人 jîn homo
方 fâng regionum
兮。 hi !
美 mèi pulcher
人 地区的 ！ 漂亮的

“这个漂亮的人……这个西方的人……”

兮 hi !
吉 ki felicitas
且 thsiei et
安 'ân quies
幸福 和 安宁

“安宁，真正的幸福！”

282. 我们经常在句末加两个赘词：或一个赘词加一个疑问词，或一个疑问词加一个感叹虚词【参看 210】。这些形式多样的组合不会改变句义。这种形式在诗歌或以有节律的散文体写成的书中尤为常见，这些组合可以为句子制造出对称美的效果，可以使音韵更加和谐，这是文学作品特别推崇的两种修辞手法【66】。

（p. 107）

第二部分 “官话”或现代文体，俗称“官吏的语言”

283. 古文规则中关于语法用语的使用和词语的顺序，如果在这一部分没有特别明确地指出区别，基本上也都可以适用于现代文体，因为这些规则都是汉语特有的，而且不同文风的混合使用本来就在多种作品中被许可。很多从古文书籍中摘录的或模仿的句子及短语也被用于通俗语中，反之亦然，很多通俗用语甚至被用于模仿古文的作品中。

一、名词

284. 在口语中，大量同音词【57】和既可以作动词又可以作名词的词【70, 151】会产生歧义，为了避免这种情况，我们常常使用由各种构词法构成的复合词。①

285. 最常见的方法是两个同义字的组合，其中，一个字并不增加另一个字的意思，只用来限定另一个字的意思，因为有可能两个字在单独使用时都会出现模棱两可的情况，（p. 108）而组合

① 即使是在古书中，我们也会见到很多这样的复合词，使用复合词也是出于同样的原因，但是只有在官话中这些词的使用才成体系，并且大量替代古文中的单音节字。

在一起的双音节词就限定出一个特定的意思。比如音节“táo”和“loú”，每个都可以表示很多汉字，代表很多不同的意思，例如：

táo 导 ***loú*** 路

táo 盗 ***loú*** 璐

táo 到 ***loú*** 露

táo 倒 ***loú*** 鸬

táo 帱（覆盖）***loú*** 赂

táo 纛（旗帜）***loú*** 辘

táo 蹈（用脚踩）***loú*** 泸（河的名字）

táo 稻

táo 道

复合词“***táo loú***”只能意味着这两个字共有的概念，那就是“道”“路”，因此只能用**路道**这两个字来表示。

286. 我们常将两个意思并不完全一样的字或者甚至意思相反的字组合在一起，这些复合词只取两个字的共同意义，例如：

兄 ***hioūng*** **frère aîné** 哥哥 加上 **弟** ***tí*,** **frère cadet** 弟弟

组合成“兄弟”，无所谓长幼。

鬼 ***kouèï*** **mauvais génie** 邪恶的灵 加 **神** ***chîn*,** **bon génie** 好的灵

组合成“鬼神”，表示笼统的“灵魂或鬼神”[①]。

---

① 叶尊孝神父编写的反义词表可以提供这种复合词的来源。然而可惜的是叶神父词典的编辑无故去掉了这个表，不过克拉普洛特先生又将它重新收录了（第70—84页）。

東 *toûng*, orient 东 和 西 *sî*, occident 西

组合成“東西”，这个词在一般情况下泛指“事物”。

287. 很多名词都是由（p. 109）两个名词或一个动词加一个名词组成，这种组合方式与其他语言里的复合词构成方式完全一样。例如：

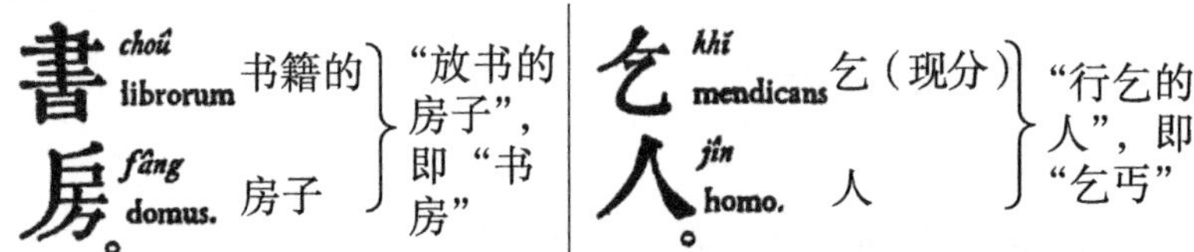
書 choû librorum 书籍的
房 fâng domus. 房子
“放书的房子”，即“书房”
乞 khî mendicans 乞（现分）
人 jîn homo. 人
“行乞的人”，即“乞丐”

288. 工作和职业名称也由两部分组成，其中一个词表示动作，另一个则表示施动者，后者一般由以下这些词来表示：

人 jîn homo. 人
夫 foû homo. 人
匠 tsiáng artifex. 工匠
手 cheòu manus. 手
家 kiâ domus. 家

或者其他类似的词。于是我们这样表达：

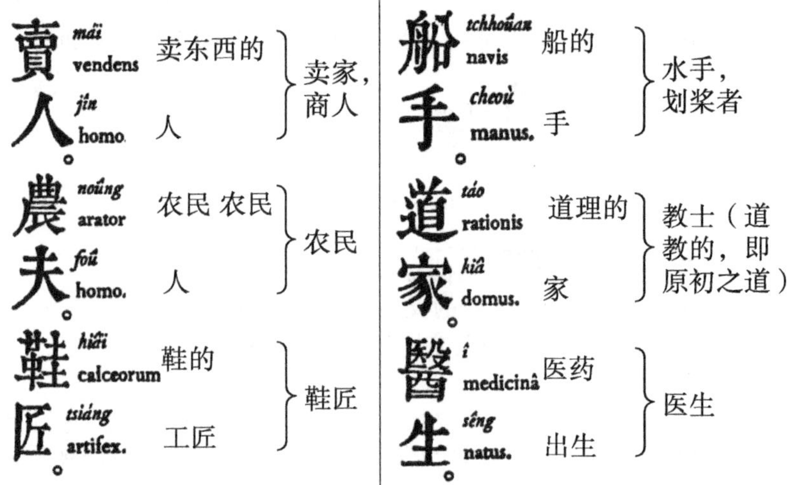
賣 maï vendens 卖东西的
人 jîn homo 人
卖家，商人
船 tchhoûan navis 船的
手 cheoù manus. 手
水手，划桨者
農 noûng arator 农民 农民
夫 foû homo. 人
农民
道 táo rationis 道理的
家 kiâ domus. 家
教士（道教的，即原初之道）
鞋 hiâï calceorum 鞋的
匠 tsiáng artifex. 工匠
鞋匠
醫 î medicinâ 医药
生 sêng natus. 出生
医生

289. 表示亲属或姻亲关系的词通常带有统称词親 *thsîn* cognatus，或者根据年龄和性别加上父 *foú* pater 母 *moù* mater 子 *tseù* filius 女 *niù* filia。例如：

（p. 110）

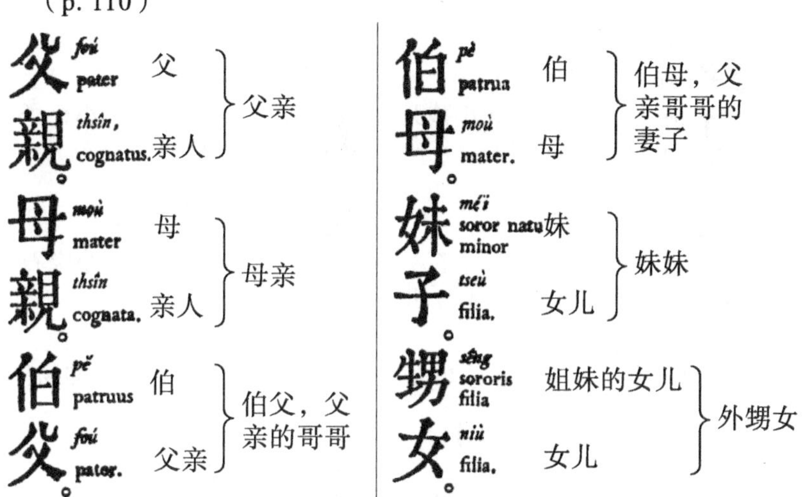

汉字	注音/拉丁文	释义	合义
父	*foú* pater	父	父亲
親。	*thsîn,* cognatus.	亲人	
母	*moù* mater	母	母亲
親。	*thsîn* cognata.	亲人	
伯	*pě* patruus	伯	伯父，父亲的哥哥
父。	*foú* pater.	父亲	
伯	*pě* patrua	伯	伯母，父亲哥哥的妻子
母。	*moù* mater.	母	
妹	*méi* soror natu minor	妹	妹妹
子。	*tseù* filia.	女儿	
甥	*sēng* sororis filia	姐妹的女儿	外甥女
女。	*niù* filia.	女儿	

290. 动物名称也经常加“父”“母”“子”来表示年龄和性别。也经常使用以下这些词：

汉字	注音/拉丁文	释义	合义
牝。	*pìn* fœmina	牝	用于兽类
牡。	*moù* masculus	牡	
雌。	*thseû* fœmina	雌性	用于鸟类
雄。	*hioûng* masculus	雄性	

291. 许多词由词根（radical）加上子 *tseù* ［儿子］字构成，这时“子”完全是赘词，仅充当词尾：

汉字	注音/拉丁文	释义	合义
房	*fâng* domus.	房子	房子，住所
子	*tseù* (p. e.)	（赘词）	
日	*jĕ* dies	日	日子
子	*tseù* (p. e.)	（赘词）	

292. 兒 *eûl* ［小孩］，有时由耳 *eùl* ［耳朵］代替，构成指小词（diminutif）：

（p. 111）

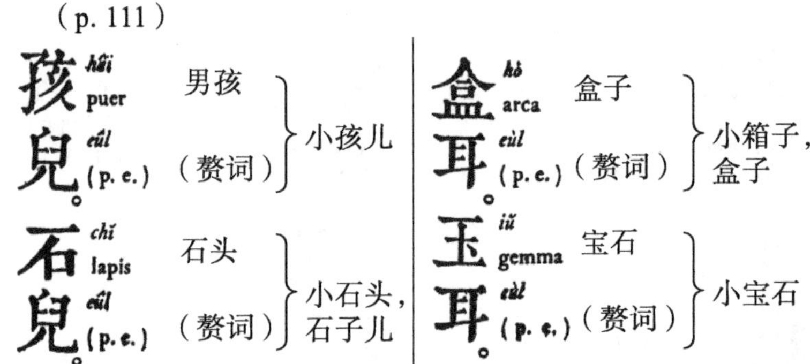

293. 頭 *theôu* ［头］也是一个赘词，通常用于圆形的物体，有时也用于其它种类的名词：

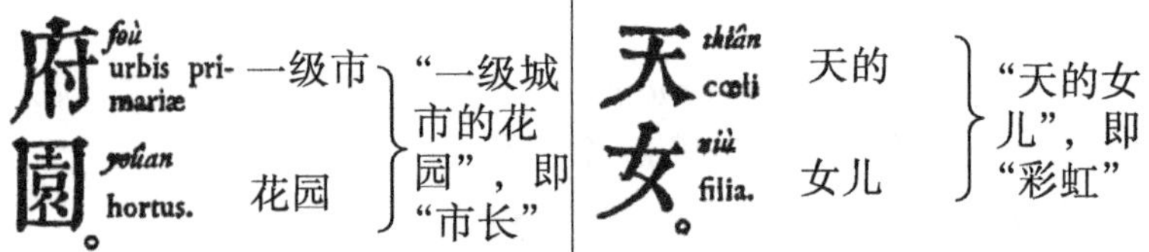

294. 许多复合词起初是出自诗歌，或者来自古文中有寓意的表达，它们的用法已经约定俗成，因此追溯它们的词源已经没有意义了。例如：

府	*foù* urbis primariæ	一级市	"一级城市的花园"，即"市长"	天	*thiân* cœli	天的	"天的女儿"，即"彩虹"
園。	*yoûan* hortus.	花园		女。	*niù* filia.	女儿	

① 注意，在这个例子中，"头"用于限定词根的意义。"石"单独出现时可表示"岩石""石板""被切割的石头"。"石头"则表示一块圆形的石头。"日"表示"太阳"或"日子"，"日头"只能表示"太阳"。要想表示"lejour"应该说"日子"【291】。

295. 在很多复合词中，其最初的隐喻意义已经完全消失，（p. 112）而是变成了由没有意义的元素组成的多音节词。例如：

和 hô concordiæ 和谐的
尚。 châng altum. 高的
修道的人
鼻 pí nasi 鼻子的
祖。 tsoù avus. 祖先
祖先

296. 最后需要归入多音节词的是多音节外来词，这些词有的是中国人从本国各地方言中借用的，有的是从邻国语言中引进的，这些词由任意的汉字来表示，而这些字只用来描述外来词的发音，例如：

琵 phî
琶。 phâ
六弦琴

喇 lă
嘛。 mâ
喇嘛，西藏的教士

297. 复数的表示方法有三种，或者加前置虚词衆 tchoúng 或諸 tchoû【74】，或是用不确定数量的词来表示【78】，还可以用后置虚词都 toû 和皆 kiâï【75】。

298. 名词之间的构成如古文一样【79, 80】，但是有一个区别：不用之 tchî【81】而用的 tĭ 来表示所属关系：

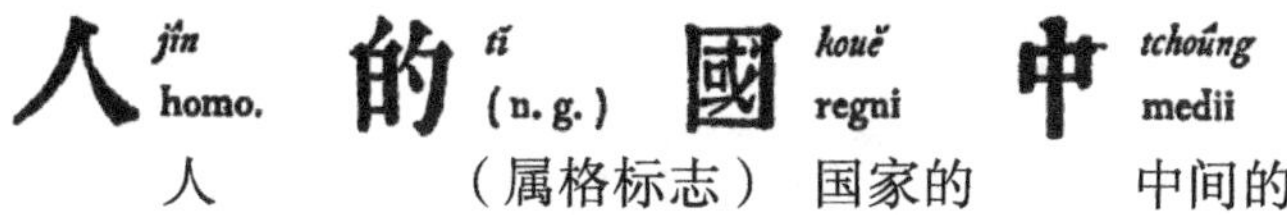
人 jîn homo.
的 tĭ (n. g.)
國 kouĕ regni
中 tchoûng medii

人 （属格标志） 国家的 中间的

“一个中国的人”，也就是说“一个中国人”。

299. 除了古文部分提到的表示关系的词【85—91】，我们还会用到一些特定的词：

（p. 113）

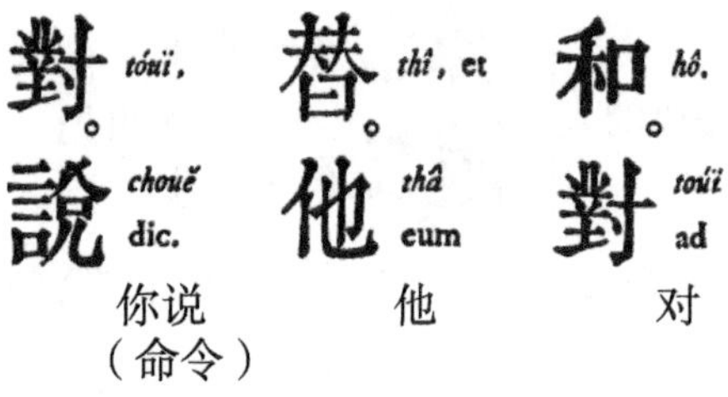
對 tóui，替 thí，et 和 hô.
說 choue dic. 他 thâ eum 對 toúi ad
你说（命令）
他
对

"对他说。"

了 liaò (n. præt.) 說 choue dixi 他 thâ eum 替 thí ad
（过去时标志）
我曾说
他
对

"我对他说了。"

300. 表材质的名词后加的 tǐ，这条规则与表品质的名词（nom attributifs）的规则一样【94】：

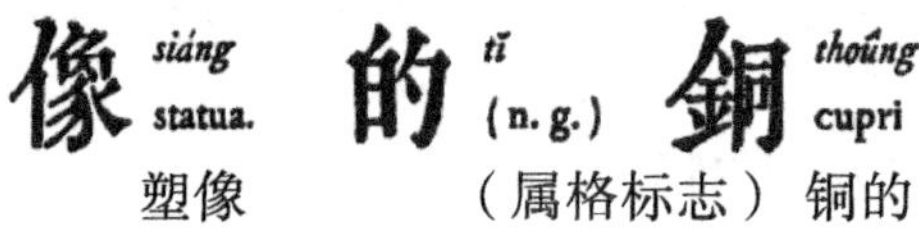
像 siáng statua. 的 tǐ (n. g.) 銅 thoûng cupri
塑像
（属格标志）
铜的

"一座铜像。"

301. 呼格有时由阿 ô来表示，它位于名词之后；有时可以用重复所呼唤的名词来表示：

阿 ô ô. 君 kiûn princeps 郎 lâng vir
哦
君主
男人

"哦我的丈夫！"

“淡仙！您和我真是不幸啊！”

二、形容词

302. 形容词常与**的** *tỳ*一起使用，特别是当它们位于表“存在”意义的动词之后，作为动词主语的表语。我们可以说：

（p. 114）

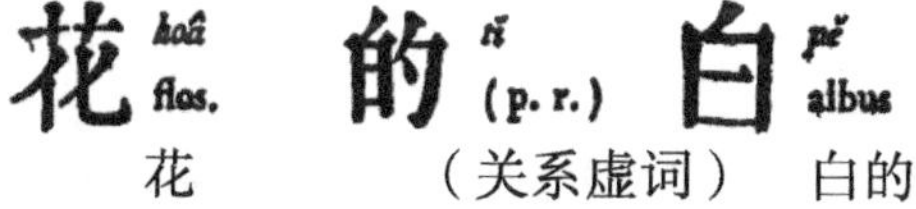

或简单地说“白花”［一朵白花］，两者并无区别。

的 *tý* 在这里和著 *tchè*【99】字的意思完全一样。

303. 动词性形容词也由的 *tý* 来构成：

的 *tý* (p. r.) 來 *lâi* venientes 往 *wàng* euntes

（关系虚词）来（现分） 去（现分）

"去的人和来的人"，或者"那些来往的人"

的 *tý* (p. r.) 賣 *mâi* vendens 買 *mài* emens

（关系虚词）卖（现分） 买（现分）

"买卖东西的人，商人。"

我们可以在这种词的后面加上人 *jîn* 字，也可以省略"人"字。

304. 比较级的表达方法或者像古文一样【100, 101】，或者在形容词前加更 *kéng* magis 或還 *hoân* adhuc。

好 *haò* bonus 更 *kéng* magis 你 *nì* tu

好的 更 你

"您更好。"

305. 最高级由一些在形容词之前或之后的虚词来表示。在形容词前的有：

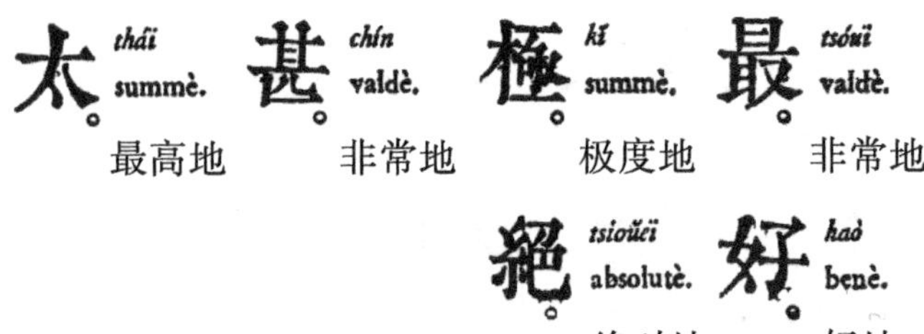

太 *thâi* summè. 甚 *chín* valdè. 極 *kĭ* summè. 最 *tsóuï* valdè.

最高地 非常地 极度地 非常地

絕 *tsioŭeï* absolutè. 好 *haò* benè.

绝对地 好地

（p. 115）306. 在形容词之后表示最高级的词有：

得緊。
tĕ attingens 握的
kìn arctum. 关节
得很。○
tĕ assequens 得到的
hèn
得極。
tĕ assequens 得到的
kĭ fastigium. 至高点
十分。
chĭ decem 十
fĕn partes. 部分
不過。
poŭ non 不
koú superandus. 被超越的

三、数词

307. 在生意或在家庭事务中，我们使用从书面写法【111】简化而来的数字符号。见下表[①]：

一	〡	ĭ.	1.	八	〨	pă.	8.
二	〢	eúl.	2.	九	〩	kieoù.	9.
三	〣	sān.	3.	十	十	chĭ.	10.
四	〤	ssé.	4.	百	百	pĕ.	100.
五	〥	où.	5.	千	千	thsiân.	1,000.
六	〦	loŭ.	6.	萬	万	wán.	10,000.
七	〧	thsĭ.	7.	零	〇	lîng.	0.

① 海德（Thomas Hyde）是第一个介绍这张表的人。见《文集》（*Syntagm. Dissert.*）第二卷，第 530 页。

308. 这些数字不像一般的数词一样一个在另一个之下纵向排列，而是像阿拉伯数字一样横向排列。数值大小从右到左递增，我们从左往右念。（p. 116）系数（coefficiens）在每个十倍数级之上构成一组，除非有分数。因此我们说：

100.　　124.　　465.

当中间的某个数位缺数字的时候，我们用零来填补空缺，而零从来不在末尾显示。例如：

102.　　120.　　10,204.

（没有零）

309. 除了特殊的量词外【113】，有一个常见的量词既可用于人又可用于物，它就是虚词“个”，它有三种写法：

個用于人 箇用于物 个既用于人又用于物

需要注意的是，在官话中，量词不只是跟在数词后，而且可以跟在表示复数或泛指数量的词以及指示形容词之后【310, 337】。

310. 一 i 后跟“个”构成不定冠词“quidam”（某），“un certain”（某个）：

人 jîn homo. 人　個 kó (p. n.) （量词）　一 i unus 一

“一个人。”

“一个东西。”

有时可以省略“一”，变成“个人”[一个人，某人]，“个件物”[一个东西，某个东西]。

（p. 117）四、代词

311. 第一人称代词由**我** *'ò* **吾** *'oû*【参看 119】**咱** *tsâ* **俺** *yán* 来表示。“俺”在北方省份更常用。

“直到现在我只重视我父亲的命令。”

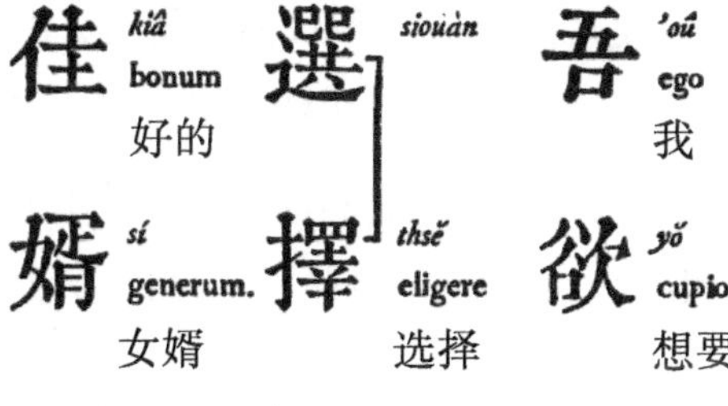

“我希望挑选一个好女婿。”

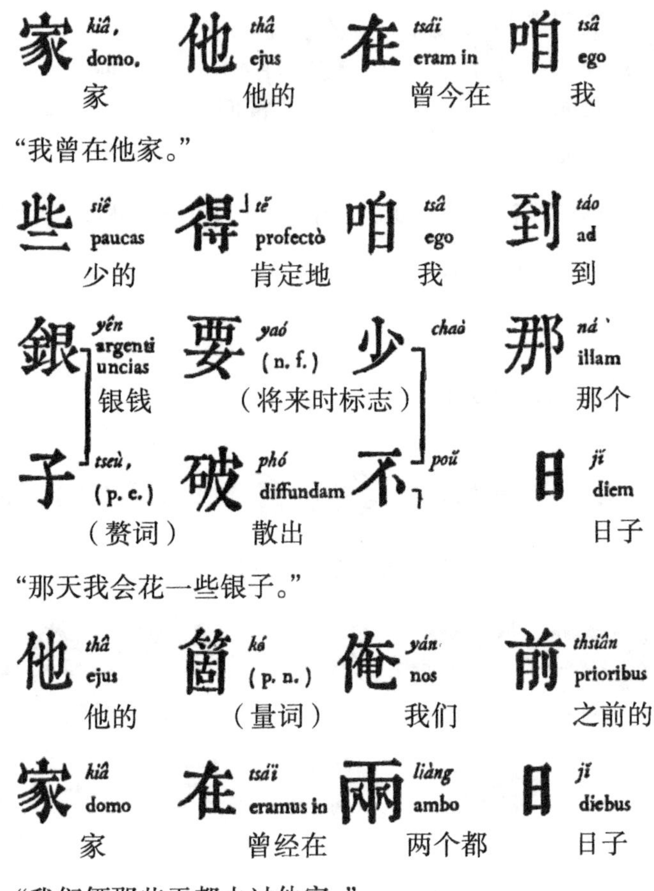

“我曾在他家。”

“那天我会花一些银子。”

“我们俩那些天都去过他家。”

（p. 118）312. 为了避免使用第一人称代词，我们会用到一些谦称，这些谦称一般根据我们和说话对象的关系而定。亲属和姻亲以自己在亲属关系中的位置自称，特别的是当自己年龄较小或地位较低时，例如“儿子”“侄子”“弟弟”，我们常加上修饰语**小** *siaò*。

313. 在和同辈或同级的人说话时，我们自称**弟** *tí*，**弟小** *siaò-tí*。与年长的人说话时自称**生晚** *wàn-sēng*［晚出生的］，与小辈说话时自称**夫老** *laò-foû*。

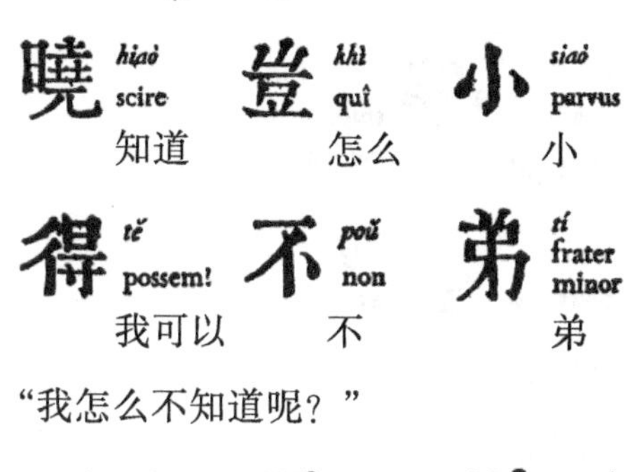
曉 hiaò scire 知道
豈 khì quî 怎么
小 siaò parvus 小
得 tĕ possem! 我可以
不 poŭ non 不
弟 tí frater minor 弟

“我怎么不知道呢？”

面 mián facie 脸
不 poŭ non 不
晚 wàn tardè 晚地
方 fāng tunc 那时
欺 khî decepto-rem. 骗子
是 chí esse 是
生 sēng natum 出生的
知 tchî scies 你将知道

“您将会知道我不是用脸骗人的骗子。”也就是说“我没有欺骗性的面孔。”

314. 地位较低的人还可以用**的小** *siaò-tĭ*：

拜 pāi visitare 拜访
出 tchhoŭ exiisse 出去
已 ì (n. pr.) （过去时标志）
小 siaò parvus 小的
客 khĕ hospites 客人们
門 mĕn portâ 门
曰 youĕ i dixeram 我曾说
的 tĭ (p. r.) （关系虚词）

"我告诉过他您出去拜访客人去了。"

315. 文人之间说话,为了表示尊重,称自己为(p. 119)

學生 *hió-sēng* [从学问诞生的],有是说 門生 *mén-sēng* [从门里诞生的]:

之 *tchī* (p. c.)　衰 *sāi* debilis,　學 *hió* studio
（连接虚词）　衰弱的　　学问

夫 *foù* homo.　朽 *hieoù* marcidus　生 *sēng* natus,
人　　　　腐朽的　　　生

"我只是一个衰弱无能的人。"

316. 一些官职允许在位的人用职务名称来自称:

一级市的市长:　府 *foù* civitas 1.ria　本 *pēn* propria　"我的城市",即"我"
　　　　　　　一级市　　我的

二级市的市长:　州 *tcheoū* urbs 2.ria　本 *pēn* propria　"我的城市",即"我"
　　　　　　　二级市　　我的

粮食、河流、盐库的总管或收取捐税的官员自称:

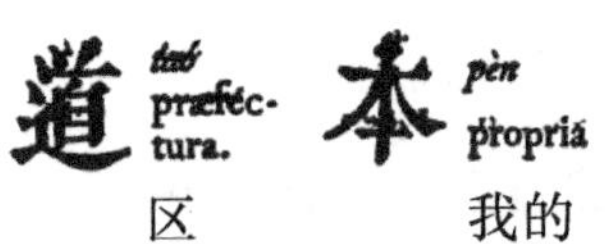

道 *tao* præfectura.　本 *pēn* propria
区　　　　　　我的

"我的管辖区"或"我的区",即"我,总管"

还有其他类似的称呼。

317. 第二人称单数代词是你 *nì*【参看 127】。通常用于称呼比自己级别或辈分低的人：

訪 fàng inquiro 是 chí est 我 'ò me; 你 nì tu 不 poŭ non
问 是 我 你 不
你 nì te. 我 'ò ego 便 pían potiùs 尋 thsîn quæris 是 chí est
你 我 更确切地 寻找 是

“不是你找我，就是我问你。”①

（p. 120）318. 中国的礼仪礼节要求避免使用第二人称代词，而是以表达敬意的词组来取代，这些词组来自从属关系、家庭、年龄或社会关系。因此我们通常说：

兄 hioûng frater major 兄 或 兄年 nîan-hioûng annis frater major 年兄
哥 kō 賢 hiân sapiens 贤 先 sîan anteà 先前 仁 jîn pius 仁
〻 kō frater major. 契 khí amice 生 sēng natus 兄 hioûng frater major
哥哥 友（呼格） 出生的 兄

这些短语不只是用于称呼比自己年长的人。②

① 这是一个谚语性的熟语，意思是“两人中必有一个人去找另一个（c'est à qui cherchera l'autre.)”。

② 第二个例子显然是来自一个年纪较大的人对两个年轻人说的话，这种与常理相反的用法在对话体中再常见不过。

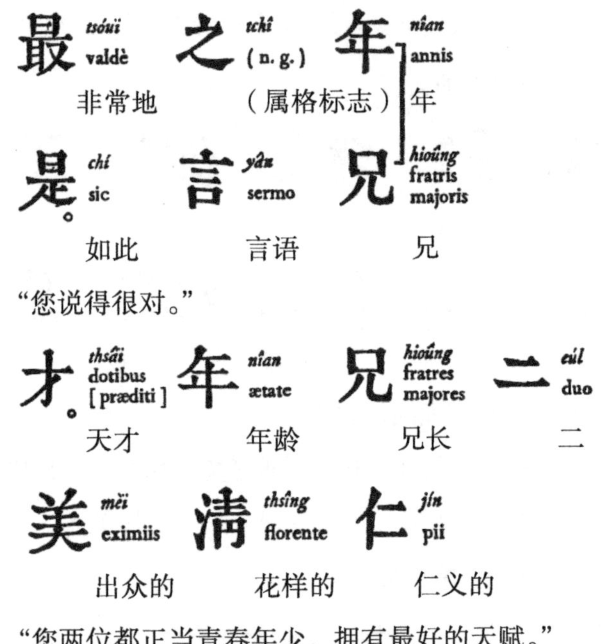
最 tsóui valdè
非常地
之 tchî (n. g.)
（属格标志）
年 nîan annis
年
是 chí sic
如此
言 yân sermo
言语
兄 hioûng fratris majoris
兄
“您说得很对。”
才 thsâi dotibus [prædìti]
天才
年 nîan ætate
年龄
兄 hioûng fratres majores
兄长
二 eúl duo
二
美 mèi eximiis
出众的
清 thsîng florente
花样的
仁 jîn pii
仁义的

“您两位都正当青春年少，拥有最好的天赋。”

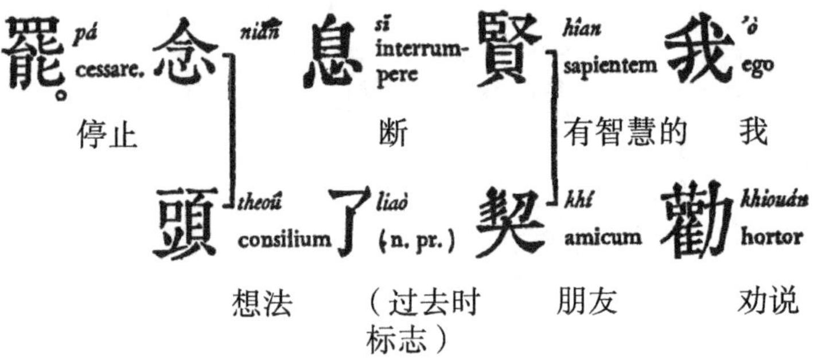
罷 pá cessare.
停止
念 niân
頭 theoû consilium
想法
息 sî interrumpere
断
了 liaò (n. pr.)
（过去时标志）
賢 hîan sapientem
有智慧的
契 khí amicum
朋友
我 'ò ego
我
勸 khioúan hortor
劝说

“我劝您放弃您的计划。”

（p. 121）319. 有时用第三人称来代替第二人称，以下词组用来称呼年长或有地位的人，须根据他们的身份地位来选择：

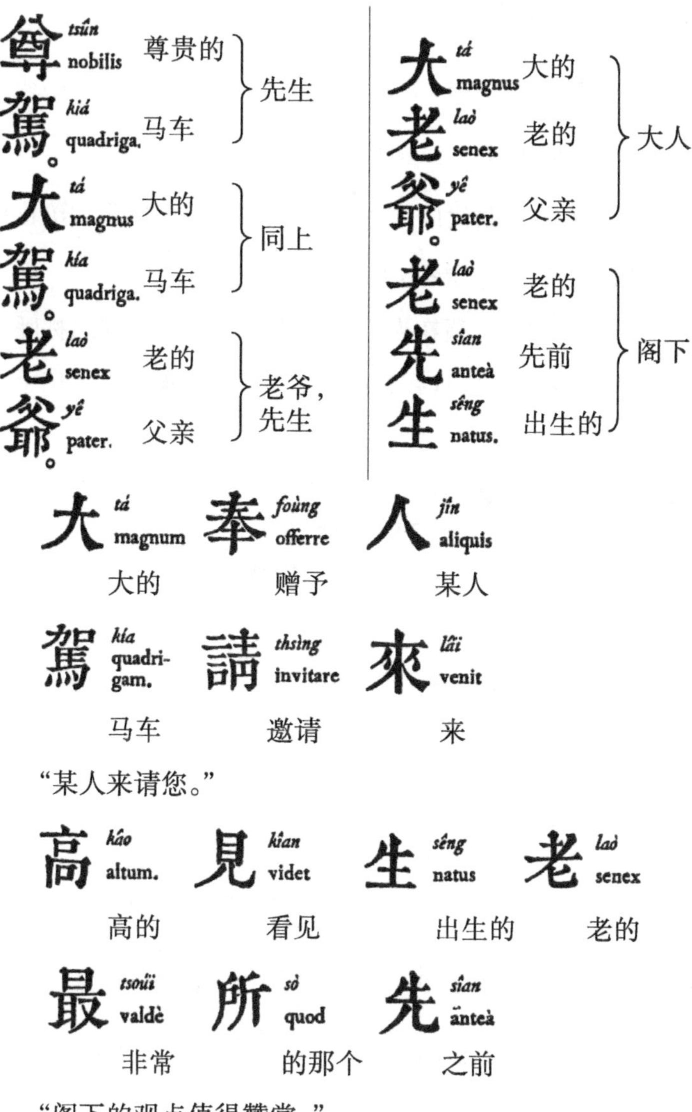
尊 tsūn nobilis 尊贵的
駕 kiá quadriga. 马车
先生
大 tá magnus 大的
駕 kía quadriga. 马车
同上
老 laò senex 老的
爺 yê pater. 父亲
老爷，先生
大 tá magnus 大的
老 laò senex 老的
爺 yê pater. 父亲
大人
老 laò senex 老的
先 sïan anteà 先前
生 sēng natus. 出生的
阁下
大 tá magnum 大的
奉 foùng offerre 赠予
人 jîn aliquis 某人
駕 kía quadrigam. 马车
請 thsìng invitare 邀请
來 lâi venit 来
高 kâo altum. 高的
見 kían videt 看见
生 sēng natus 出生的
老 laò senex 老的
最 tsoüi valdè 非常
所 sò quod 的那个
先 sïan anteà 之前

“某人来请您。”

“阁下的观点值得赞赏。”

320. 与亲属和姻亲说话时，我们使用表示他们地位的称谓，同时加上一个表示尊敬的称号，如果被称呼的人辈分较高，这个称号通常是**老** *laò* 字，（p. 122）如果被称呼的人年龄较小或辈分较低，则用表示慈爱、亲切的词。

321. 第三人称单数代词是**他** *thâ*，这个字可以作主语也可以作主动动词的宾语。【参看 134】

322. 表示复数时，须在人称代词或代替人称代词的称呼词（l'appellatif）【312, 313, 314, 314, 318, 319】后加上以下三个字之一：

們 *mên* ○　**每** *mèi* quilibet　**輩** *péi* ordo

每个　等级

于是我们说：

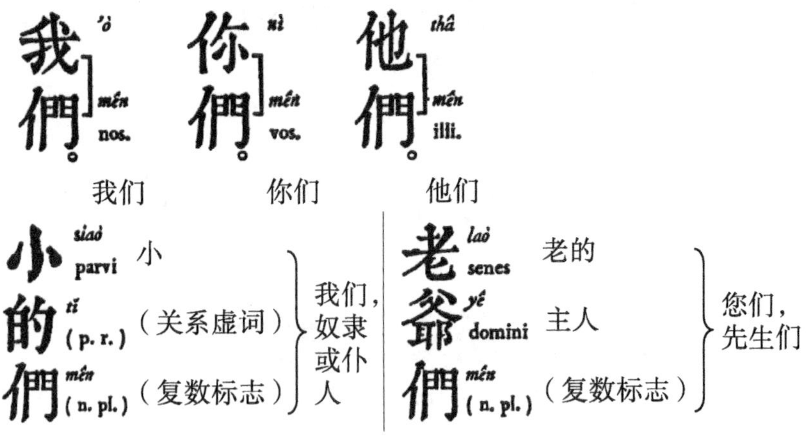
我 'ò 們 mên nos.
你 nì 們 mên vos.
他 thâ 們 mên illi.
我们
你们
他们
小 siaò parvi 小
的 tí (p. r.) （关系虚词）
們 mên (n. pl.) （复数标志）
我们，奴隶或仆人
老 laò senes 老的
爺 yê domini 主人
們 mên (n. pl.) （复数标志）
您们，先生们

323. 当“我们”“你们”“他们”表达一个等级或一类人而排除其他等级或类别的人时，可以用**等** *tèng* 来代替“们”：

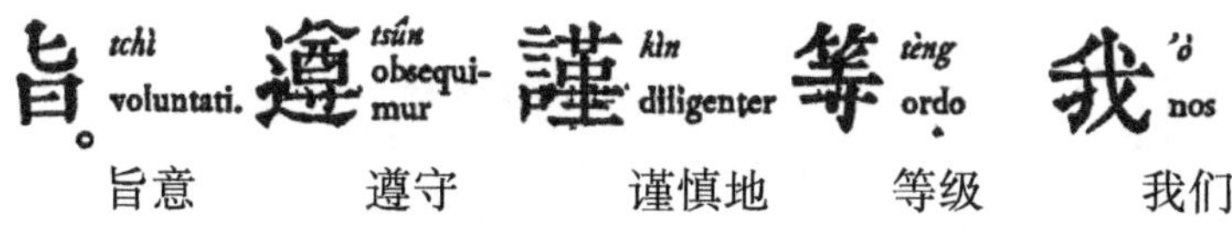
旨 tchi voluntati.
遵 tsún obsequimur
謹 kìn diligenter
等 tèng ordo
我 'ò nos

旨意 遵守 谨慎地 等级 我们

“我们（这些官员）严格遵循（皇帝的）旨意。”①

（p. 123）324. 主有词的构成根据表品质的名词的构成规则，可以加上或省略虚词的 *tĭ*【参看 139】。我们可以说：

親 thsīn
父 foú pater
我 'ò mei

父亲 我（属格）

意思是“我的父亲”，或者可以说：

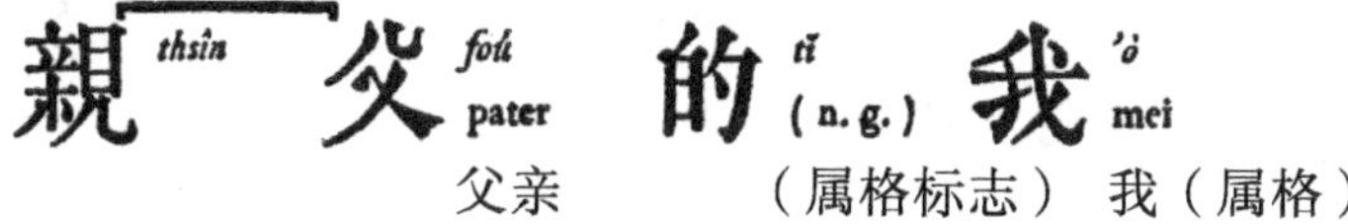
親 thsīn
父 foú pater
的 tĭ (n. g.)
我 'ò mei

父亲 （属格标志） 我（属格）

其他称谓也如此。

325. 比起使用第一人称物主代词，我们更常用一些表达谦虚的词组，其含义只赋予所有者，而非被所有者。我们这里只列举最常用的词。

326. 家 *kia*［房屋］用于在世的、地位较高的亲属，以及应该尊敬的人，例如父亲、母亲、叔（伯）、岳丈、兄长等。例如：

① 同样，在汉语版多明我会祈祷词中，我们总能看到“我等”“我们”也就是说“我们同一信仰的人”“我们这些基督徒”。中国人对外国人说话时也同样说“我等”“我们”“中国人”等等。

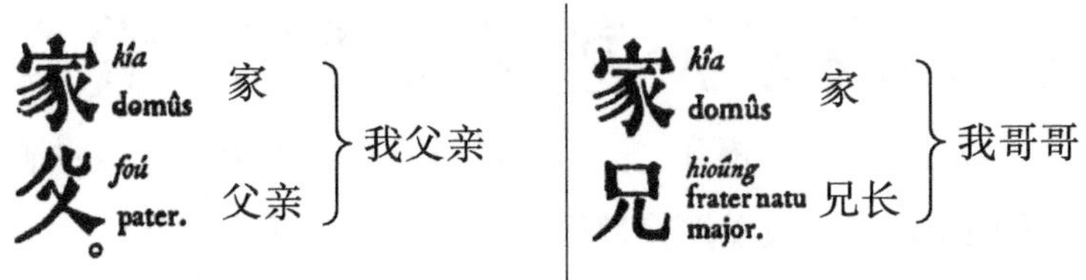
家 kïa domûs 家
父。 foú pater. 父亲
我父亲
家 kïa domûs 家
兄 hioûng frater natu major. 兄长
我哥哥

327. 舍 *ché*［房屋或居所］用于表示地位较低的旁系亲属，例如弟、妹、女婿、表亲和笼统的亲属：

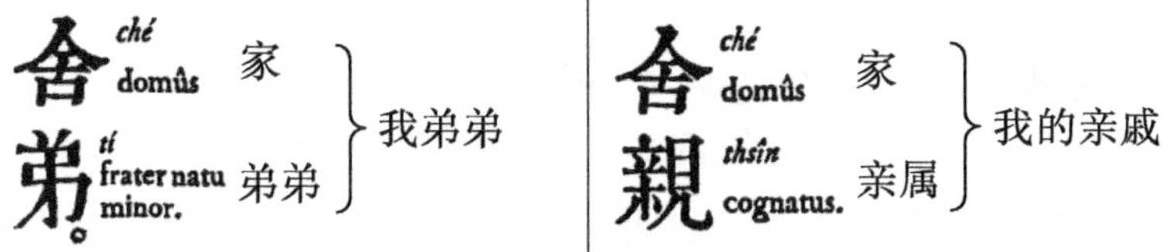
舍 ché domûs 家
弟。 tí frater natu minor. 弟弟
我弟弟
舍 ché domûs 家
親 thsîn cognatus. 亲属
我的亲戚

（p. 124）328. 提到自己的晚辈、仆人，有时提到妻子时，用小 *siaò*［小的］字，例如：

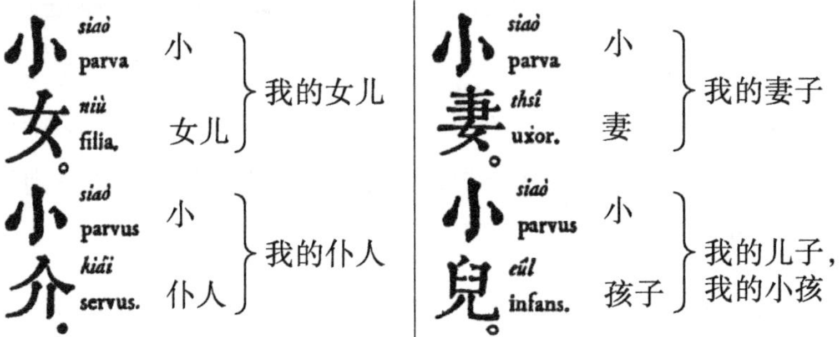
小 siaò parva 小
女。 niù filia. 女儿
我的女儿
小 siaò parva 小
妻。 thsî uxor. 妻
我的妻子
小 siaò parvus 小
介。 kiaï servus. 仆人
我的仆人
小 siaò parvus 小
兒。 eûl infans. 孩子
我的儿子，
我的小孩

329. 敝 *pi*［低］用来称呼自己拥有的或与自己有关的人和东西，可以是具体的，也可以是抽象的东西，如：

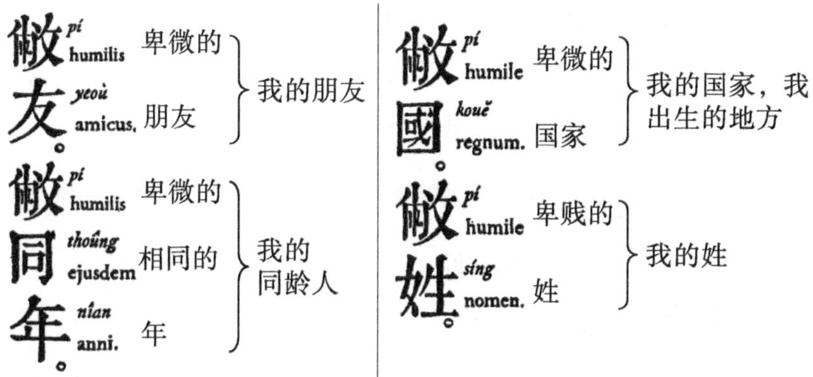
敝 pí humilis 卑微的
友 yeoù amicus. 朋友
我的朋友
敝 pí humilis 卑微的
同 thoûng ejusdem 相同的
年 nîan anni. 年
我的同龄人
敝 pí humile 卑微的
國 koueˇ regnum. 国家
我的国家，我出生的地方
敝 pí humile 卑贱的
姓 síng nomen. 姓
我的姓

330. 賤 tsían［卑贱的］只用来称呼与自己特别亲近的事物，例如身体的某部分，直接属于自己的财产，以及我们用物品名称来隐喻的人：

（p. 125）

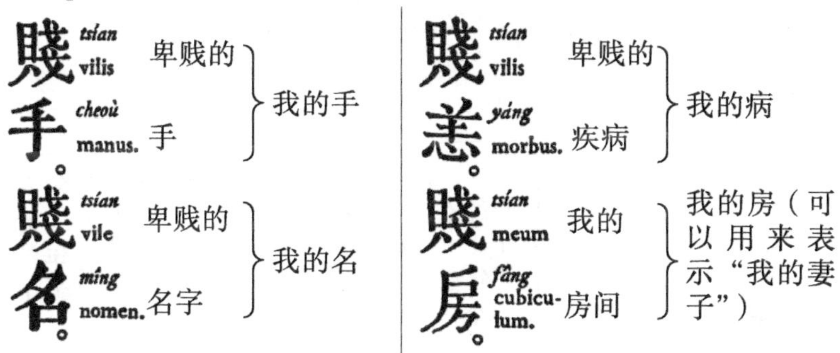
賤 tsían vilis 卑贱的
手 cheoù manus. 手
我的手
賤 tsían vile 卑贱的
名 míng nomen. 名字
我的名
賤 tsían vilis 卑贱的
恙 yáng morbus. 疾病
我的病
賤 tsían meum 我的
房 fâng cubiculum. 房间
我的房（可以用来表示“我的妻子”）

331. 寒 hân［冷的］仅用于我们自己居住的房屋：

里 lì li. 里
七 thsĭ septem 七
僅 kìn vix 差不多
去 khiú abest 距离
寒 hân frigida 寒冷的
八 pă octove 或八
十 chĭ decem 十
此 thseù hinc 从此
舍 ché domus 房屋

“我的家离这里只有十七八里。”

332. 为了避免使用第二人称单数的物主代词，我们几乎总是使用各种敬语，以下介绍其中最常用的敬语：

333. 令 *lìng* 加在对方亲属称谓之前，而这些称谓通常以一种隐喻的方式表达。我们说：

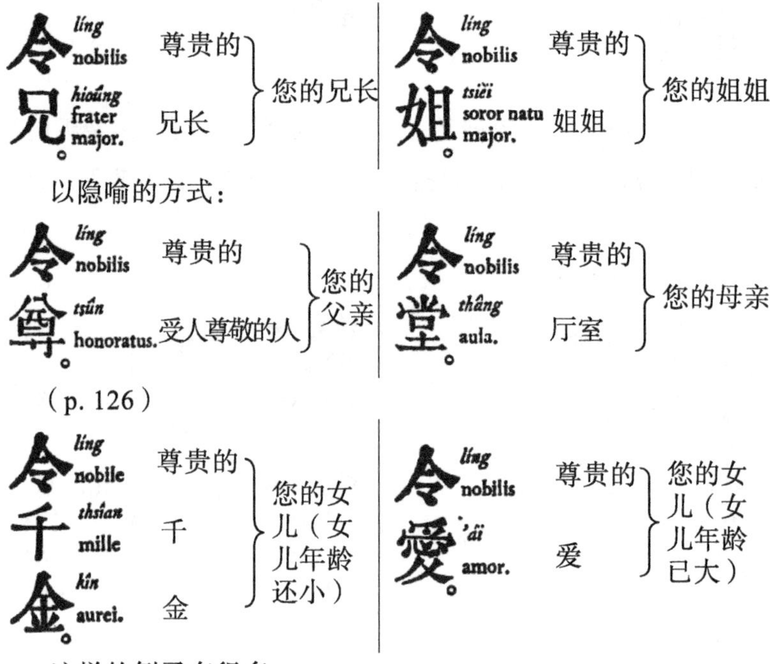
令 lîng nobilis 尊贵的
兄 hiōng frater major. 兄长
您的兄长
令 lîng nobilis 尊贵的
姐 tsiēi soror natu major. 姐姐
您的姐姐
以隐喻的方式：
令 lîng nobilis 尊贵的
尊 tsūn honoratus. 受人尊敬的人
您的父亲
令 lîng nobilis 尊贵的
堂 thâng aula. 厅室
您的母亲
（p. 126）
令 lîng nobile 尊贵的
千 thsīan mille 千
金 kīn aurei. 金
您的女儿（女儿年龄还小）
令 lîng nobilis 尊贵的
愛 'ái amor. 爱
您的女儿（女儿年龄已大）

这样的例子有很多。

334. 貴 *kouéi*［尊贵的，显赫的］用于第二人称，对应第一人称的谦称“敝”【329】和“贱”【330】，这个字用于人和物都可以。

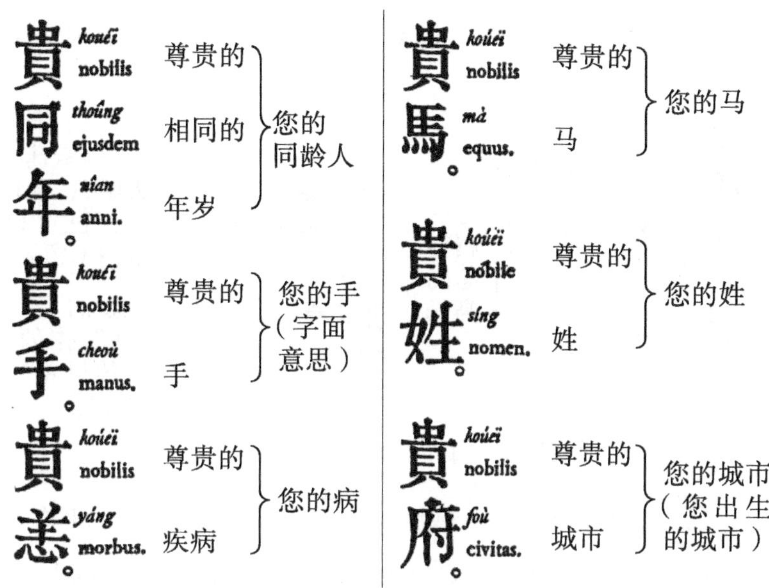

最后两个例子有时可以用于问句，用来询问对方的年龄、家乡、姓名等。

335. 尊 *tsûn*［值得尊敬的］和“贵”的意思相同，尊敬的敬意更强一些，但用得相对较少。例如：

（p. 127）

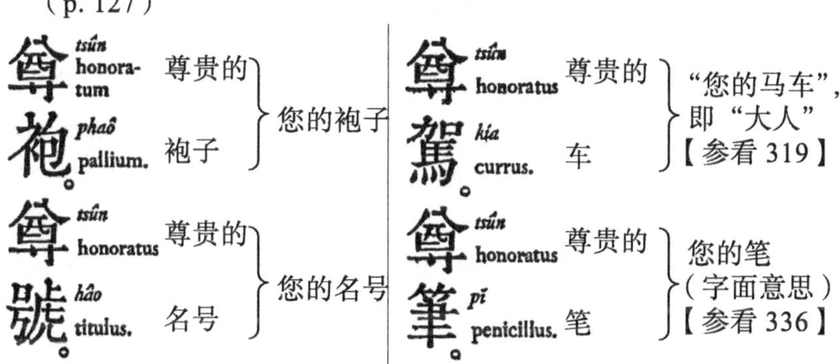

336. 高 *kaô*［高的］用来形容手的动作、精神活动及其结果：

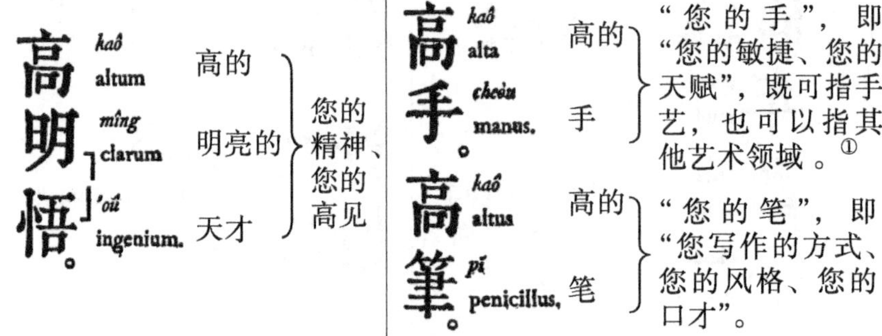
高 kaô altum 高的
明 mîng clarum 明亮的
悟。'oû ingenium. 天才
您的精神、您的高见
高 kaô alta 高的
手。cheòu manus. 手
"您的手"，即"您的敏捷、您的天赋"，既可指手艺，也可以指其他艺术领域。①
高 kaô altus 高的
筆。pǐ penicillus, 笔
"您的笔"，即"您写作的方式、您的风格、您的口才"。

337. 指示形容词有两个，它们是：

這 *tché* 用于邻近的人或事物　那 *ná* 用于较远的人或事物

我们在使用它们的时候可以加"个"，也可不加【309】，甚至当所指的是单个人或物时。在泛指时，我们也可以加数词"一"。例如可以说：

（p. 128）

人 *jîn* homo.	个 *kó* (p. n.)	一 *ĭ* unus	那 *ná* ille
人	（量词）	一	他

或者"那一人"，或者"那个人"，或者简单地说"那人"。

物 *wĕ* negotium.	件 *kián* res	个 *kó* (p. n.)	一 *ĭ* una	這 *tché* hæc
物品	东西	（量词）	一	这

或者"这个件物"，或者"这一件物"，或者简单地说"这件物"。

① 如果我们想说"您的手"，要用"贵"字【334】，对于下一个例子也是一样。

338. 在一段叙述的下文中，这两个指示形容词，尤其是“那”，可以被当做简单的限定词，在法语里可以翻译为冠词“le”“la”。

人 jîn mulier. 婦 foú
那 ná illa
女人
那

“这个女人”或“那女人”。

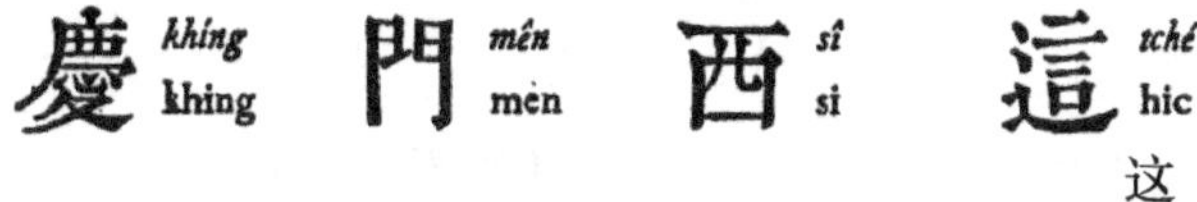
慶 khíng khing
門 mên mên
西 sî si
這 tché hic
这

“西门庆”，男人名，带冠词。

339. 泛指代词“on”或“quelqu’un”（有人，某人）由以下方式来表示：

或 hoĕ quidam
或
人 jîn homo
某个
人
曰 youĕi ait.
或 hoĕ quidam
说
某个

“我们说”“某人说”“人们会说”

曰 youĕi dicens. 謂 ’wéi
人 jîn homo
有 yeòu habetur
说（现分）
人
有（存在）

“有人说”或“有人会说”

340. 为了表达泛指代词“tel”（某）、“un tel”（某个）、“l’un”（一个）、“l’autre”（另一个），我们有时候用天干地支的

字【118, 222】:[①]

（p. 129）

乙 ì alteram 另一个
甲 kiă una 一个
而 eûl et 并且
對 tóuï adversis 相对的
兩 liàng duæ 两个
日 yoŭeï ait. 说
問 wén interrogans 问（现分）
居 kiū manebant; 居住
門 mên portis 门
婦 foú mulieres 女人

“两个女人住对门：甲问乙……”【参看 222】

341. 作为动词主语的连接代词，在通俗文体中经常由**的** *tĭ* 表示，代替**者** *tchè*【145】，它的构句方法是一样的：

的 tĭ quæ. 的人
與 iù ad 于
暗 'án
〈 'án clam 暗暗地
人 jîn domina 夫人
是 chí est 是
小 siaò parvam 的
叫 kiáo jussit 曾命令
小 siaò parva 小的
姐 tsiĕï sororem 姐妹
送 soúng offerre 送
我 'ò me 我
夫 foū

“是小夫人让我把它偷偷带给小姐的。”

342. 除了我们之前介绍过的两个疑问代词以外，我们还会用

① 我们也会在几何学中用到这些字，来描述某个图形的各个部分，好比我们用我们的大写字母 A、B 等一样。

到 那 *nà*【参看 337】、庅甚 *chîn-mò*、麼拾 *chî-mô*（通俗的写法是 庅什 *chî-mô*）。“那”通常用于问人，“什庅”则几乎总是用于问物。【参看 149, 403】

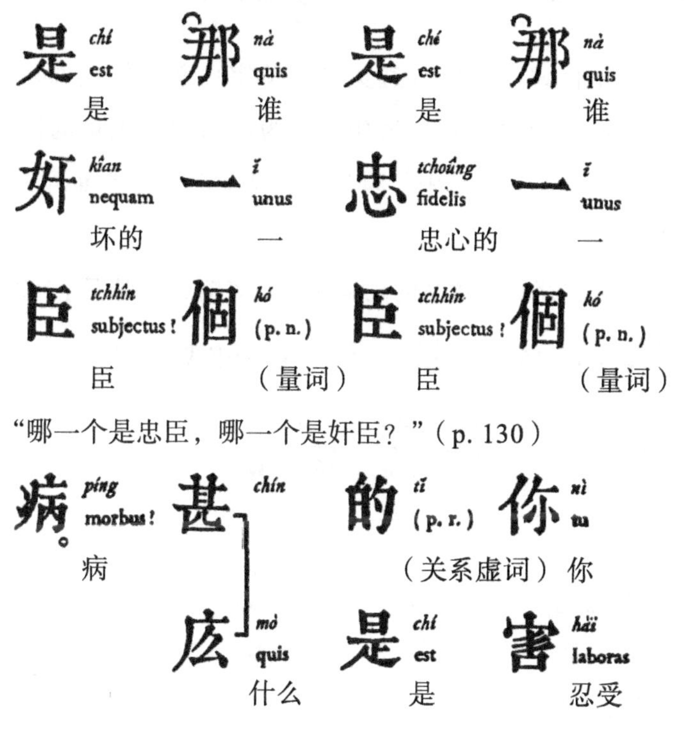

“哪一个是忠臣，哪一个是奸臣？”（p. 130）

“你害的是什么病？”

五、动词

343. 我们常把两个同义或近义动词组合在一起，如名词一样，其组合的原因也一样【285】。例如：

这种复合式动词可以避免单音节字引起的模棱两可，这种模棱两可既会出现在口语中，因为汉语中有大量的同音字【57】，也会出现在书写中，因为每个汉字都带有多重语法功能【151】。

344. 表“存在”意义的动词在不被省略的情况下【152】可以用爲 'wêï【153】、是 chi ① 或係 hi 来表示。例如：

“我是哥哥，他是弟弟。”

“这是个好人。”

① 这个字在古文里是指示形容词，见 143。

（p. 131）

心	sīn / sin	心
實	chĭ / reverà	其实
聘	phíng / ducere	娶
前	thsîan / prioribus	之前的
小	siaò / parva	小
係	hí / fuit	是
定	tíng / determinatum	决定
日	jĭ / diebus	日子
姐	tsiĕï, / soror.	姐
氷	pîng / Ping	冰
者	tchè / quæ,	的人
所	sò / quam	的那个

“前些天那个和我缔结婚姻的其实是冰心小姐。”[①]

同	thoûng / iisdem	相同的
又	yéou / item	同样
白	pĕ / Pe	白
生	sēng / natus	出生的
老	laò / senex	老的
年	nîan, / annis [coætanei].	年岁［同龄］
係	hí / estis	你们是
公	koûng / dominum	大人
與	iù / ad	与
先	sîan / anteà	先前

“另外，大人和白大人是同龄。”

345. 有一些动词和其他动词组合后，构成或多或少偏离了原意的词组。这些词叫作助动词，不是用于动词变位的助动词，而是用于改变意思。这里有必要举一些最常用的例子。【参看 385, 386, 388, 389, 391, 392, 393, 394】

346. 將 *tsîang*［拿、接受］放在一个或多个主动动词的宾语之前，动词被置于句末，这时“將”往往有不定（sens indéfini）

① Siào-tsiĕï 是我们加在女孩名字上的称号，意思为“小姐”。

意义，如：

出 tchhoŭ exire 出来
救 khieóu liberavit 曾拯救
女 niù
子 tseù mulierem 女人
將 tsiang accipiens 拿（现分）
來 laî ad 到
了 liaò (n. pr.) （过去时标志）
那 ná illam 那个
“他将这个女人救了出来。”
（p. 132）
說 choŭe enarravit 曾讲述
告 koŭ KOU 告
請 thsìng invitationem ad 请
之 tchî (n. g.) （属格标志）
白 pĕ Pe 白
了 liaò (n. pr.) （过去时标志）
軒 hîan cubiculi 房间的
酒 tsieoù prandium 午饭
言 yân sermonem 言语
公 koûng dominus 大人
之 tchî (n. g.) （属格标志）
及 kĭ et 和
與 iù et 和
遂 soúĭ statim 立刻
事 ssé negotium 事物
錯 thsoŭ erroneæ 错误的
吳 'oû Ou 吴
將 tsiang accipiens 拿（现分）
細 sí
細 sí minutim 细小地
讀 toŭ lecturæ 阅读的
弗 fĕ FE 弗
翰 hán Han 翰
林 lîn lin 林
相 siang
士 ssé harioli 算命的人的

“白大人给将占卜者（devin）的话、吴博士请他吃饭的邀请、以及“弗告”[①]轩之事的错误解读详细地告诉了他。”

347. 着 *tchŏ*[②]位于动词之后，可增强动词的意义，表示该动作确实发生了，或者达到了主语所期待的结果：

道 táo ait. 说
便 pían tunc 那时
白 pě Pe 白
望 wáng aspiciens 看（现分）
着 tchŏ
叫 kiáo clamans 叫（现分）
公 koûng dominum 大人

（p. 133）“望着白大人，他大声说……”

了 *liaò* (n. pr.)（过去时标志） 着 *tchŏ* (v. a.)（助动词） 訪 *fàng* (syn.)（同义词） 尋 *thsîn* quæsivi 我曾找

“我找到了。”——“尋訪了”只表示“我找了。”

---

① 这两个字是出自《诗经》(《国风 · 卫风 · 淇奥》)（译者按：原文括注为 Odes du pays'weï, khi-'ao，但是在这首诗中没有“弗告”二字）。“告”字的发音一般为 káo，但这里出于押韵的原因应该读作 koŭ。一个年轻的文人不知道这个特殊之处，按照通常的方式将翰林院一位先生题于书房牌匾之上的“弗告轩” fe koŭ hian 读为 fe káo hian，从而暴露了其无知。这几个字的意思是“内心喜悦之厅”（salon de la joie intérieure），或者“没有要告知的”（“弗告”）。——“翰林”这个称号是中国文人的最高头衔，比起我们的院士头衔，它并没有更尊贵，但它绝对比我们受到更多的尊敬。

② 著 *tchú* 的通俗变体字。叶尊孝神父不无道理地说这个字和西班牙语里的“acertar”（打中，命中）差不多。

罷 *pá* desine　着 *tchŏ* assequeris,　尋 *thsîn* quærens
停（命令）你得到　寻找（现分）

了。*liào* (n. pr.)　便 *pían* statim　不 *poŭ* non
（过去时标志）　立即　不

“您没找到的话，就算了。”【参看 360, 387, 399】

348. 得 *tĕ*［得到、可以］，既可以放在动词前，也可以放在动词后，构成意义可以改变的非强制动词（verbe facultatif）：

得。*tĕ* potuit.　來 *lâï* venire　“他来了。”
他曾可以　来

得。*tĕ* potest.　不 *poŭ* non　來 *lâï* venire　“他不能来。”
他可以　不　来

得。*tĕ* assequitur.　通 *thoûng* penetran-do　不 *poŭ* non　“他不明白。”
他得到　穿入（动名）　不

得。*tĕ* potest.　不 *poŭ* non　通 *thoûng* penetrarî　“这件事不可理解。”
它可以　不　被深入

此。*thseù* hoc.　到 *taó* attingere　得 *tĕ* posse　難 *nân* difficile
这　到　可以　难地

“很难到这里。”【参看 375, 387, 403】

的 *tĭ* 有时取代“得”，因为发音相同。例如：

的 *tǐ* 曉 *hiào* 即 得 *tě* assequor 曉 *hiaò* sciens

我得到 知道（现分）

“我知道”，“我知道这件事”，“这就够了”。

（p. 134）349. 去 *khiú*［去］表示“去除、脱离（ablation）”“向远处移动”“发出”。在这个意义上，它的反义词是來 *lâi*，表示“到来”“接近某物的运动”“吸收”。这两个词和动词组合，起到拉丁语中“ab”（从）和“ad”（到）的作用，或者如德语里的可分离的虚词“an”（向着……）和“auf”（到）。如这些德语虚词一样，“来”和“去”经常从它所修饰的动词中分离出来，并且被放到句末：

“你们拿茶来。”

來 *lâi* venit. 不 *poǔ* non 學 *hiǒ* studere

它来 不 学习

“我不学。”（Je n’étudie pas）

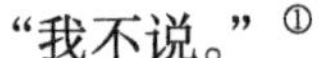
“我不说。”[①]

不 poŭ non 來 lâi venit, 買 màï emere
不 它来 买
去 khiŭ it. 賣 mâï vendere 不 poŭ non
它去 卖 不

“我不卖也不买。”[②]

（p. 135）

不 poŭ non 是 chí est 來 lâi venire; 入 jĭ ingredi 容 yoûng
不 是 来 进入
去 khiŭ it. 出 tchhoŭ exire 只 tchì at 得 tĕ assequitur 易 ì facile
去 出 但 得到 容易地

“进去容易，但出不来。”【参看 394】

350. 罷 *pá*［停止］，紧跟动词或放在句末，表示该动作的停止或中止：

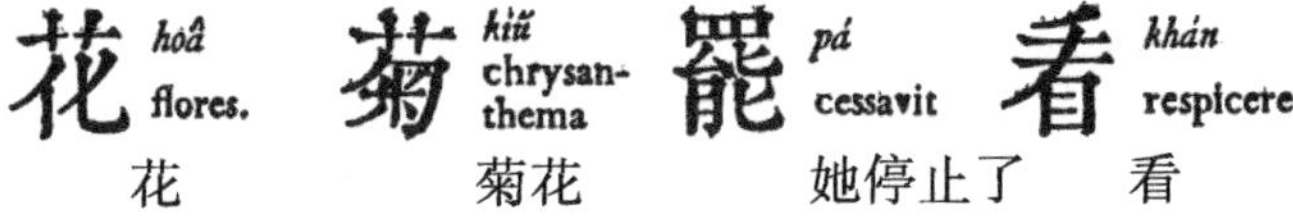
花 hoâ flores. 菊 khiŭ chrysan-thema 罷 pá cessavit 看 khán respicere
花 菊花 她停止了 看

“她停止看菊花。”

① 在这个和上一个例子中，“来”和“去”的用法由主要动词表示的动作性质来决定：在“学习”这个动作中有“吸收”的意义，而在“说话”这个动作中有“发出”的意义。下一个例子也如此。

② 译者按：以上这几个例句的法语译文没有体现“来”或“去”的意义，而译者进行了直译。

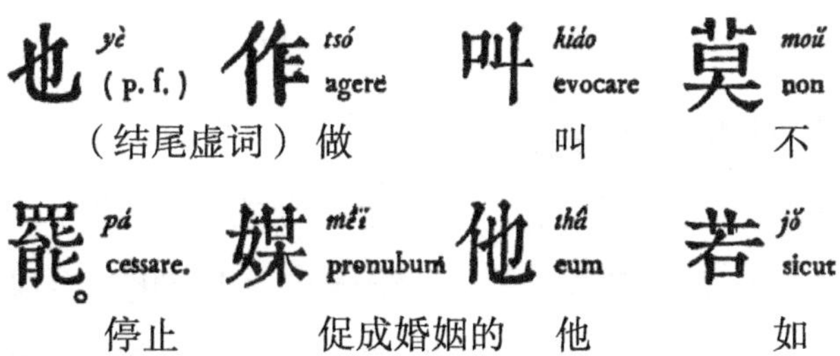

“最好让他做这件婚事的媒人。”

“罷”在这句话中表示需要中止所有其他事情而完成这件事。

【参看 347, 382, 385】

351. 最常用的表示过去时态的词是了 *liaò*，位于动词后，如果有宾语，通常位于宾语之前。

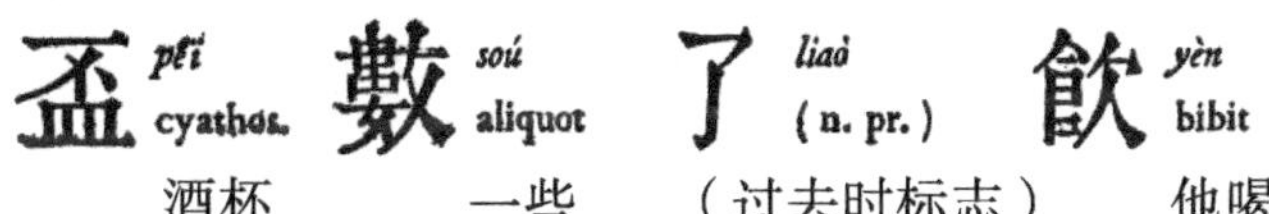

“她行着屈膝礼接受了。”

盃 *peî* cyathos. 酒杯　數 *soú* aliquot 一些　了 *liaò* (n. pr.)（过去时标志）　飲 *yèn* bibit 他喝

“他喝了好几杯。”

352. 有时，当一个动作正在进行或即将完成，有“了”的动词应该理解为现在甚至将来的动作，“了”这个表示过去的标志此时表示动作的迅速性。

(p. 136)

“这件事将很容易完成。”【参看 347, 359, 360, 381, 394】

353. 我们还使用過 *kouó*［穿过］字来标记过去时态，“過”的使用并不意味着我们不能同时在动词后加“了”或者其他表示过去的标志。但是，意思可能会有一些变化，而如果有好几个动词同时出现，动作的先后关系的描述会较为明确。[①] 例如：

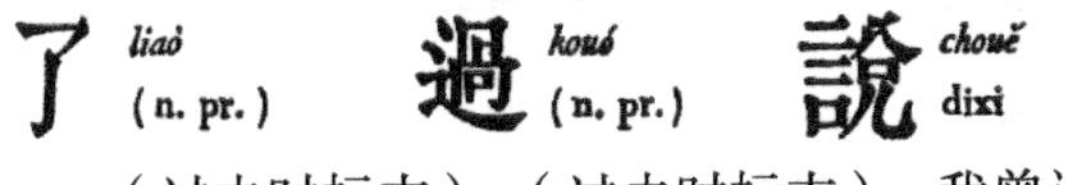

了 liaò (n. pr.)
過 kouó (n. pr.)
說 choue dixi

（过去时标志）（过去时标志） 我曾说

“我说过了”“我已经说了（jam dixi）”。

姬 kî pulchras
漂亮的
幾 kì plures
很多的
蓄 hioŭ aluerat
他曾娶
也 yè et
也
妾 thsiĕ'i concubinas.
妾
個 kó (p. n.)
（量词）
過 kouó (n. pr.)
（过去时标志）
曾 tsêng (n. pr.)
（过去时标志）

“他曾经娶过好几个妾。”

354. 表示过去时态的副词放在动词前，这些词是：

曾 tsêng [162] 已 ì [163] 經 kīng

或者两个字组合成一个副词：

---

① 然而，我们不能如一些语法家一样，试图在这些不同的时态标志的使用中，寻找与我们的未完成时、愈过去时等完全对应的表达。这种细微的差别在汉语中很少用到，我们在汉语书中几乎找不到例子。

經。kîng 曾 tsêng 經 kîng 已 i

355. 有 yeoù［有］位于动词前也表示过去时态，尤其具有否定意义：

（p. 137）

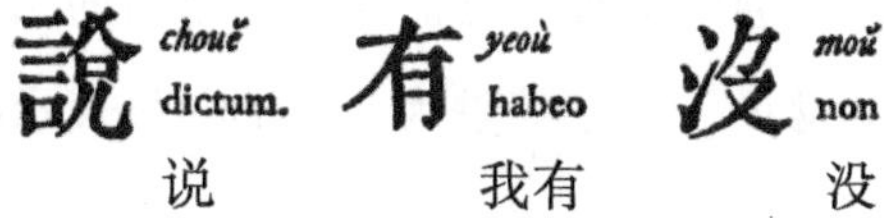

说　　我有　　没

“我没有说”和法语一模一样。

356. 表示将来时通常需要加上以下三个词之一：

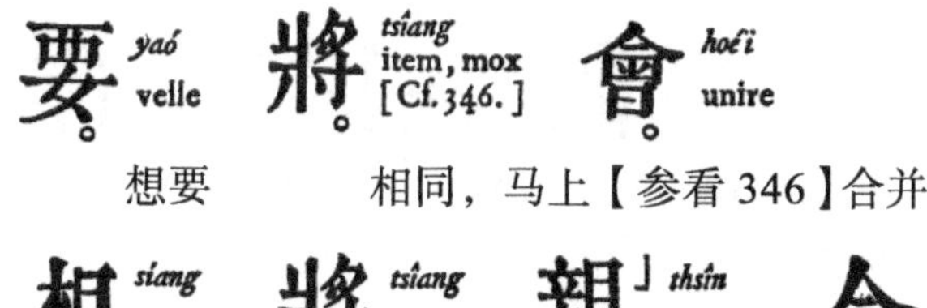

想要　　相同，马上【参看 346】合并

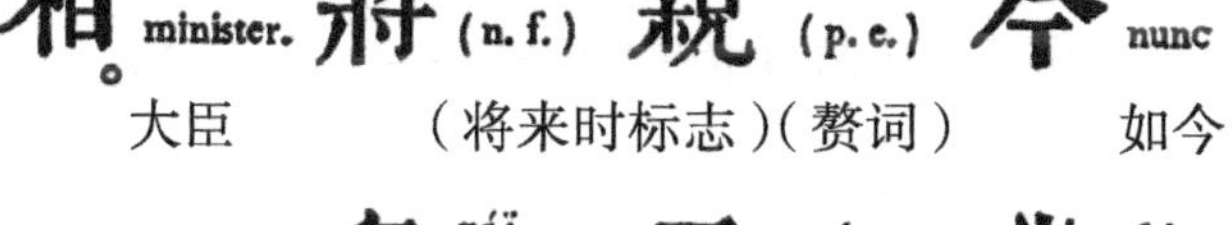

大臣　　（将来时标志）（赘词）　　如今

被拜　　更甚，此外　　父亲

“另外，他的父亲将要荣升宰相。”

结　　千[1]　　我将解开　　（将来时标志）

“我要摆脱这困局。”

---

① 译者按：作者这里或把“千”和“干”搞混了，“要脱干系”更为合理。

說 chouĕ dices. 會 hoéi (n. f.) 講 kiang eloqueris 會 hoéi (n. f.)

你说　（将来时标志）　你说出　（将来时标志）

"您将会说，您将会解释。"

357. 当时间副词或动词之间的关系已经足够清晰地表明句子的时间时，表示时间的标志通常会被省略。靠动词之间的相对关系来理解时态的情况最为常见，这也就是为什么那些只表示时间的虚词很少被用到的原因。

358. 当我们对下级发出命令时，需要在动词前面加上第二人称代词：

來 lâi veni. 你 nì tu 罷 pá ab. 去 khiú abi 你 nì tu

来（命令）你　从　离开（命令）　你

"你来。""你走。"

359. 出于礼貌，我们通常在命令式前加"請"字，表示"请求""邀请"：

（p.138）

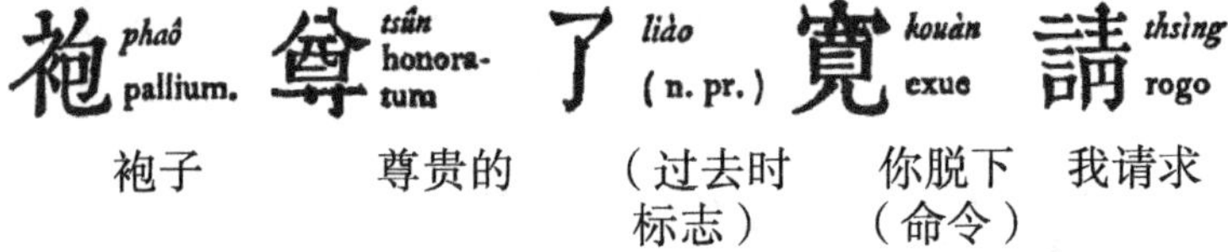
袍 phaô pallium.
尊 tsûn honora-tum
了 liào (n. pr.)
寬 kouàn exue
請 thsìng rogo

袍子　尊贵的　（过去时标志）　你脱下（命令）　我请求

"请您脱下您的大衣。"

360. 禁止既可以由禁止虚词【273】来表示，也可以由以下这些词来表示：

你要 不 或 避免 或 你要 另外

我 骗 要 不 你

“您不要欺骗我。”

话语 这些 说 请你不要（命令）

“您不要说这样的话。”

忘记 请不（命令） 我（属格）

（过去时标志）要 言语 （属格标志）哥哥

“先生，您不要忘了我的话。”

着 tchŏ (v. a.) 信 sín credere 要 yaó velis 別 piĕ i aliter

（助动词） 相信 你要 另外地

“不要相信这个。”【参看 350, 382】

361. 祈愿式由以下这些词表示：

巴 pâ 恨 hén oderim 我恨（虚拟）

不 poŭ 或 不 poŭ non 不

得 tĕ 得 tĕ assequi 得到

对应“utinam”（但愿），“plût à Dieu”（但愿），“que ne puis-je”（但愿）。①

这两个表达法意思相同。

（p. 139）

狗 heòu canibus 狗
肝 kân jecur 肝
他 thâ ejus 他的
得 tĕ utinam 但愿
我 'ò ego 我
吃 khĭ vorare. 吞
把 pà dare 给
的 tĭ (n. g.) （属格标志）
剜 khoŭ avellam 拔
恨 hén
與 iù (n. d.) （与格标志）
心 sîn cor 心
出 tchhoŭ foras 出来
不 poŭ

“我恨不得挖出他的心和肝给狗吃！”

362. 和古文一样【173】，被动意义由动词見 kian［看见］来表示：

① 我们也常常可以用肯定用语来翻译：“de tout coeur”（由衷地），“volontiers”（乐意地）。

殺 *chă* occidere 見 *kían* videre 被杀（看见自己被杀）

杀 看见

363. 被动态更常见的表达法是在动词前加上被 *pêi* 字，如果有施动者的话，施动者需要放在“被”之后，动词之前：

讁 tsĕ castigatus est.
廷 thîng impera- tore
被 pêi ab
父 fóu
譴 khìan
朝 tchhâo
親 thsîn pater
被惩罚
皇帝
被
父亲

“我的父亲被陛下惩罚了。”

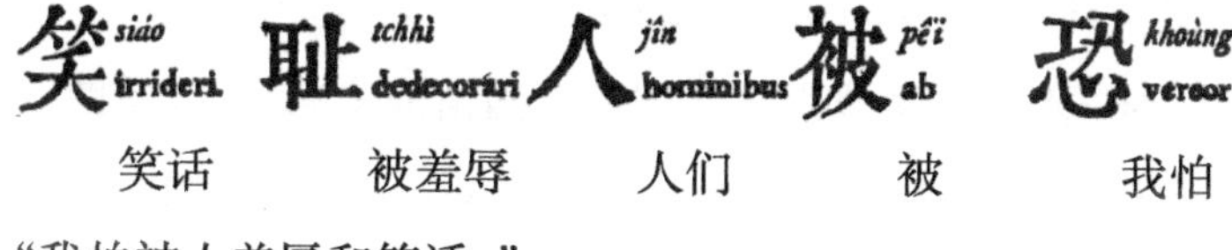
笑 siáo irrideri
耻 tchhì dedecorári
人 jîn hominibus
被 pêi ab
恐 khoùng vereor
笑话
被羞辱
人们
被
我怕

“我怕被人羞辱和笑话。”

364. 吃 *khĭ*［吃，吞］也可以构成表达被动意义的词组，但是这种结构似乎包含有一种通俗的隐喻：

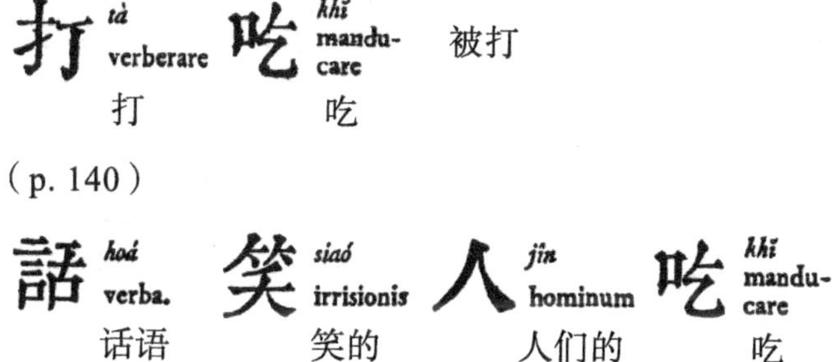
打 tà verberare
吃 khĭ mandu- care
被打
打
吃
（p. 140）
話 hoá verba.
笑 siaó irrisionis
人 jîn hominum
吃 khĭ mandu- care
话语
笑的
人们的
吃

"被别人笑话。"

365. 分词的构成需加上的 *tĭ*【341, 参看 145】

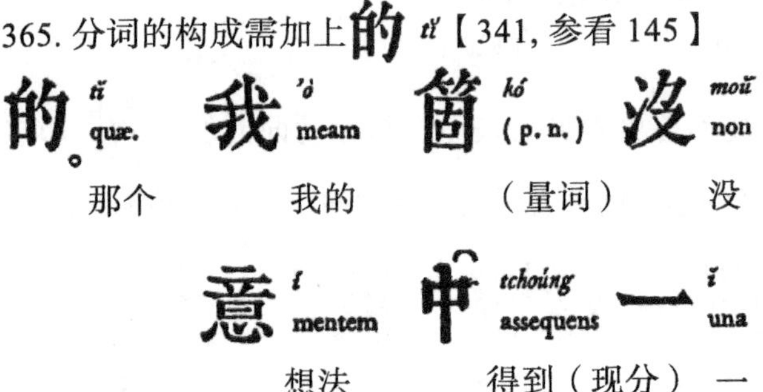

的 tĭ quæ. 那个
我 'ò meam 我的
箇 kó (p. n.) （量词）
沒 moŭ non 没
意 í mentem 想法
中 tchoúng assequens 得到（现分）
一 ĭ una 一

"没有一个让我喜欢的"，直译就是"让我喜欢（me plaisant）"。①

的 *tĭ* qui. 的人　來 *lâî* venientes 来（现分）　凡 *fân* omnes 所有的

"所有来的"或"所有来的人"。

366. 除了同义或近义动词组合的情况【343】以及助动词相组合的情况【345, 参看 389】之外，两个或多个动词在一起而没有任何连词的情况也很常见。这些动词属于不同的主语，第一个或前几个应该被理解为及物动词，它们的宾语则为后一个或几个动词的主语，这些宾语往往可以被省略。

知 tchî
門 mên men 门
報 paó nuntiare 报告
來 lâî venit 他来
道 táo scire 知道
慶 khíng khing 庆
西 sî Si 西
回 hoêï reversus est 回来

① 译者按："me plaisant"是"me plaire"的分词形式。

“他回来为了告诉西门庆”，直译：“为了以让他知道。”

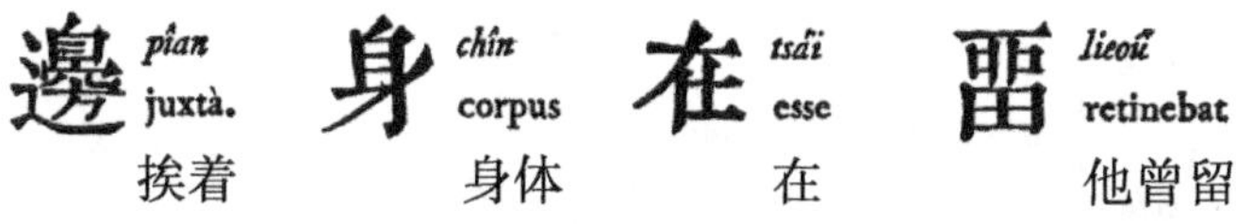
邊 pian juxtà. 身 chîn corpus 在 tsái esse 留 lieoû retinebat

挨着 身体 在 他曾留

“他把他们留在身边”，直译：“他把他们留下来在他身边[①]。”（p. 141）

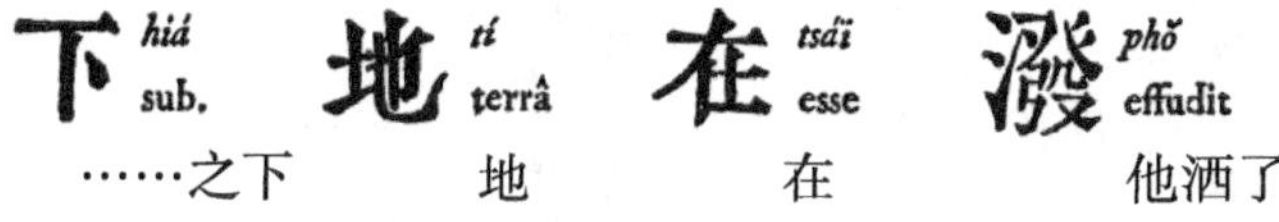
下 hiá sub. 地 tí terrâ 在 tsái esse 潑 phŏ effudit

……之下 地 在 他洒了

“他把它洒在地上”直译：“他洒在地上”。

我们还说“给拿”（offrir prendre），“给吃”（présenter manger），“送在”（envoyer être），“追在”（chasser être），“带在”（porter être），“放在”（placer être），即“送进”（envoyer dans），“追至”（chasser en tel endroit），“带上，放上”或“带进，放进”（porter ou placer dessus ou dedans）等等。就像我们法语说的：“让知道”（faire savoir），“让跑”（laisser courir），“派去说”（envoyer dire）等。【参看 346, 361, 392】

六、副词

367. 我们常用到复合副词，既可以是同一个字的重复【175】，也可以是由两个同义副词构成的副词组，还可以是一个介词，一个后置词或表示关系的词，加上表示时间、地点或方式的名词。

① “身边”指娶来的妻子或留在家里的女人：“身边人”，一个女伴，一个妾。

例如：

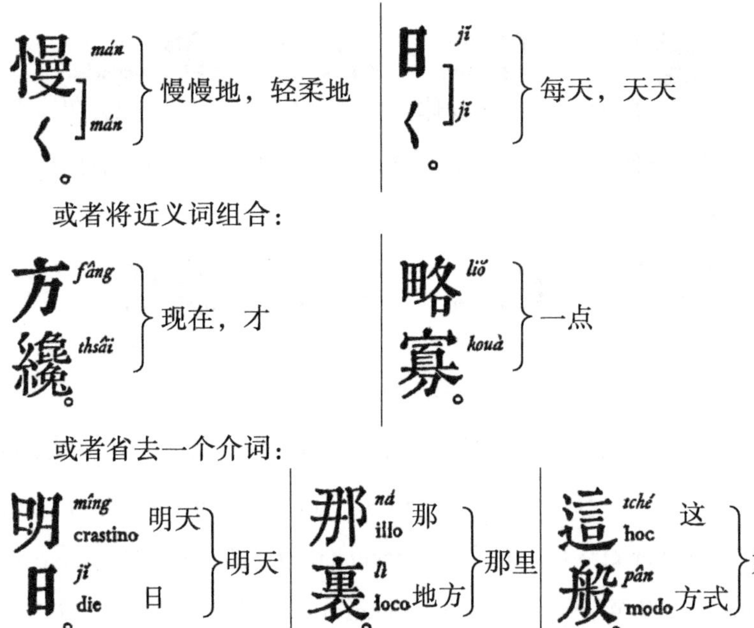
慢 mán 慢 mán ⟩ 慢慢地，轻柔地 | 日 jĭ 日 jĭ ⟩ 每天，天天

或者将近义词组合：

方 fāng 纔 thsâi ⟩ 现在，才 | 略 liŏ 寡 kouà ⟩ 一点

或者省去一个介词：

明 mîng crastino 明天 日 jĭ die 日 ⟩ 明天 | 那 nà illo 那 裏 lì loco 地方 ⟩ 那里 | 這 tché hoc 这 般 pân modo 方式 ⟩ 如此

或表达后置词：

（p. 142）

端 touân rectè 直接地 的 tĭ (p. g.)（属格虚词）⟩ 的确 | 怎 tsèng quomodo 如何 的 tĭ (p. g.)（属格虚词）⟩ 怎样

七、介词与连词

368. 许多介词都是在古汉语中更常被当作名词或动词的词【参看 180, 181】，如下：

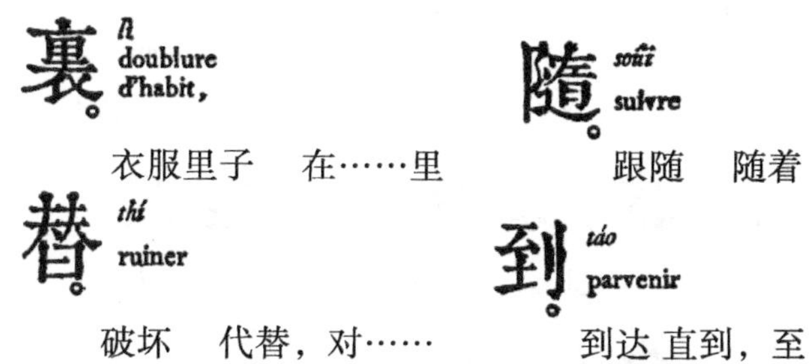
裏 lì doublure d'habit,
衣服里子 在……里
隨 soûi suivre
跟随 随着
替 thí ruiner
破坏 代替，对……
到 táo parvenir
到达 直到，至

369. 虽然这些词被当做介词使用，但它们在构词时就好像保留着它们的本义一般，也就是说，本来是名词的词放在其补语之后【参看 298】，本来是动词的则放在其宾语前面：

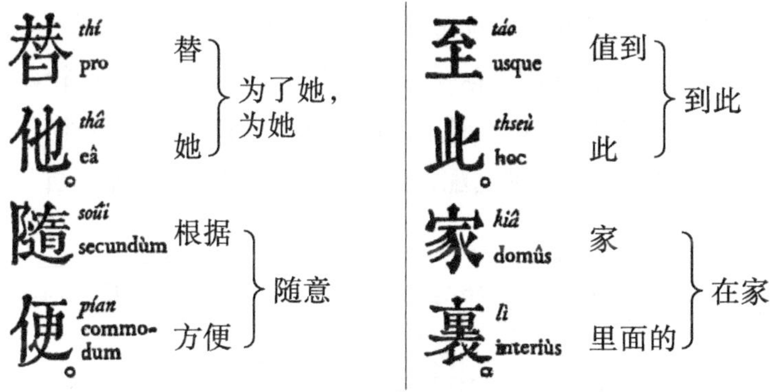
替 thí pro 替
他 thâ eâ 她
为了她，为她
隨 soûi secundùm 根据
便 piān commodum 方便
随意
至 táo usque 值到
此 thseù hoc 此
到此
家 kiā domûs 家
裏 lì interiùs 里面的
在家

370. 这个构词法构成的词还可以起到连词的作用，并且我们应该将它们看作是另一个介词的宾语，这个介词可以是明确表达出来的也可以是被省略的。在这种情况下，它们所支配的动词应被当作动名词，（p. 143）且它的位置遵守名词位置规则【79, 298】：

“夫人，当您完成所有准备时，我会再感谢您”，“乾娘”[①]（“坚定的女人”）是一种通用的称呼，用于地位较低的妇女。四个动词“成”“作”“完”“备”由“时”（时间）这个词来支配，这个词又由一个省略了的“于”的支配，意思就是“在某时”，即“当”。[②]

① 译者按：“乾”字此处的发音应该同“干”，而不是作者标注的“*khîan*”。

②“时”字如此被置于分句句末，好像德语中的“wenn”一样，有时被用作“quand”，“lorsque”有时被用作“si”。当作“si”用时，该表假设的词通常置于句子开头：

（p. 144）

八、叹词

371. 最常用的位于句首的叹词有：

呀 *yá* oh! 兀 *wǒ* 或 的 *tí* 兀 *wǒ* hola! hô!

位于句尾的有：

哩 *lì* 呢 *ní* 那 *nà* 呵 *hǒ* 等

所有这些词都有“哦”的意思，表示赞叹、惊讶等。

九、虚词和习惯用语，即不规则表达法

372. 在很多文章中，不同的文体是可以混用的。尤其是在我们叫作俗半文半 *pán wên pán soǔ*［一半文学的一半通俗的］的文章中，绝不会有古文中的虚词不能在今文中使用的情况【283】。我们这里只讲只在今文中使用的虚词，并且我们将介绍一些最常用的不规则短语，它们通常由虚词或其他由原义引申来的词汇构成。

373. 也 *yè* 不只是一个无实义的结尾虚词【参看 198】，它也可被用于句首或句中，表示“同样”（item），“也”（etiam），“又”（de plus），“同样”（même）：

(p. 145)“一个小树林在河畔；另一个小树林在山的背面。”①

人 jîn homo. 人 個 kó unus 一 是 chí est 是 不 poŭ non 不 也 yè et 也

“并且，这不是人。”(“也是”：这同样是［c'est même］……，“也不是”：这同样不是［ce n'est pas même……］，或不是［vel non］)。

“他不敢动手，也不敢张口。”【参看 379, 381, 382, 385】

① 词组“也有”(item erant)在描写中特别常用，人们喜欢将它接连重复地使用。

在这些句子以及其他类似的句子中，我们可以用同义词**亦** *ỳ* 来代替“也”。

374.“也”字可被置于一个疑问句的两个部分之间【401】：

还是 不 提议 这 你

不 出色的 出色的 （量词） 说（命令）

妙 *miaó* excellens **妙** *miaó* excellens **也** *yè* vel **主** *tchù* **我** *'ò* meum

杰出的 杰出的 还是 我的

“请您告诉我，我的想法是好是坏。”——“也”在此类句中表示“还是”的意思。

375. **只** *tchì*，相当于法语中的“ne que”，可单独使用，也可加其他词构成不同的词组。

（p. 146）

可怜的 他曾能够 叫 只

“他只能说自己不幸。”

想要 不 是 只 我

“但这是我不想要的。”——当表达反对时，“只是”几乎总是可以被译为“但是”【参看 349】：

信 sín credes. 你 nì tu 只 tchì solùm 說 choue dicere
将相信 你 只 说
不 poŭ non 怕 phà timeo 來 lâi venit
不 我怕 它来

“即使我说了，您也不会信。”——在这个十分常用的短语中，“恐怕”（crainte）常常有讽刺的意味。【参看 407】

他 thâ illum. 跟 kên sequi 得 tĕ potuerunt 只 tchì solùm

他　跟　他们曾能够　只

“他们只得跟着他。”——（“只得”：只能，应该，只能做某事）

等 tèng modo. 這 tché hoc 好 haò benè 只 tchì solùm
方式 这 好地 只

“大概像这样就好。”（“只好”：可以，只能）

心 sīn animum. 放 fáng relaxare 管 kouàn cura 只 tchì solùm

心灵　放松　你让（命令）　只

“让精神休息。”——（“只管”：只考虑）

376. 止 tchì［停止］常用于替换“只”字：

如 joû sicut 好像
不 poŭ non 不
如 joû sicut 好像
愛 'ái diligit 他爱
子 tseù filium. 儿子
止 tchì solùm 只
身 chîn corpus, 身体
之 tchî eum 他

（p. 147）“他爱他不像爱一个儿子，而似爱他自己。”

377. 又 yeóu［再一次］，可被当做“même”（同样）一词来使用，和“也”【373】一样，“又”具有像拉丁语中的“vel”（或）在表达最坏情况的句中的作用，与拉丁语句子比区别在于，“又”字应当置于第二个分句的开头。

煩 fân
惱 naò irascar. 我将生气
又 yeóu etiam 也
無 woû non 不
怠 taï
慢 mán malè tractes, 怠慢
由 yeóu quamvis 即使
你 nì tu 你

“无论您对我多么糟糕，我都不生气”。“即使你对我不好，我也不生气。”

378. 该字重复多次时相当于在多个分句中运用相同的肯定或否定形式的表达方式。

又 yeóu item 又
高 kaô altum; 高的
官 kouân munus 职位
富 foú dives. 富有的
家 kia domus 家
又 yeóu item 又

“他的官位又高，他的家又富有。”

379. 就 *tsieoú* ［立刻，马上］不仅表达一件事与另一件事的迅速、即刻的承接，还用于突出某种论断，指出某结果的确定性和某动作的短促、迅速。

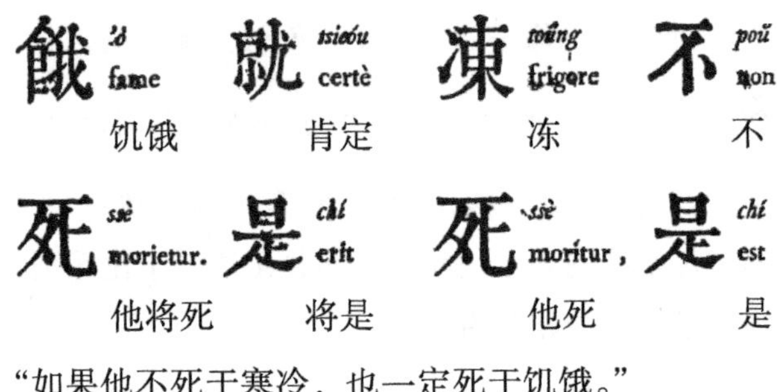

“如果他不死于寒冷，也一定死于饥饿。”

他 *thâ* ille. 他　是 *chí* est 是　就 *tsieóu* quidem 当然　必 *pi* certè 肯定地　想 *siàng* puto- 我想

（p.148）“如果我没弄错，这就是他本人。”

“不仅是别人，就是我自己也知道。”——请注意“莫说”［“不要说”（ne dicas）］，意思是“不仅”（non-seulement）。

不 poŭ non 不
我 'ò ego 我
一 ĭ unum 一
你 nì tu 你
吃 khĕ biberem 喝
也 yè et 也
百 pĕ centum 百
就 tsieóu quidem 当然
是 chí est 是
年 nîan annos 年
跪 khoùëi genua flecteres 跪

“您就是跪一百年，我也不会喝。”——在这句和上句话中，“也”与“就”对应，表示句中两部分的意思相互对立【373】。

380. 還 hoân 常表示一种笼统的、不确定的意思：

當 tāng conforme 相当于
還 hoân adhuc 仍然
當 tāng conforme 相当于
還 hoân adhuc 仍然
要 choùa joco! 游戏
是 chí est 是
真 tchīn vero, 真相
是 chí est 是

“这是认真的，还是开玩笑的？”

醫 ī remedium. 药
心 sīn cordis 心的
還 hoân adhuc 仍然
心 sīn cordis 心的
藥 yŏ
將 tsiang instat 在于
病 píng morbo 疾病

“心病还需心药医。”

381. 連 *liàn* [邻近的，继续]，表示“一起”，表示同时发生的两件事的连接和连续：

（p.149）

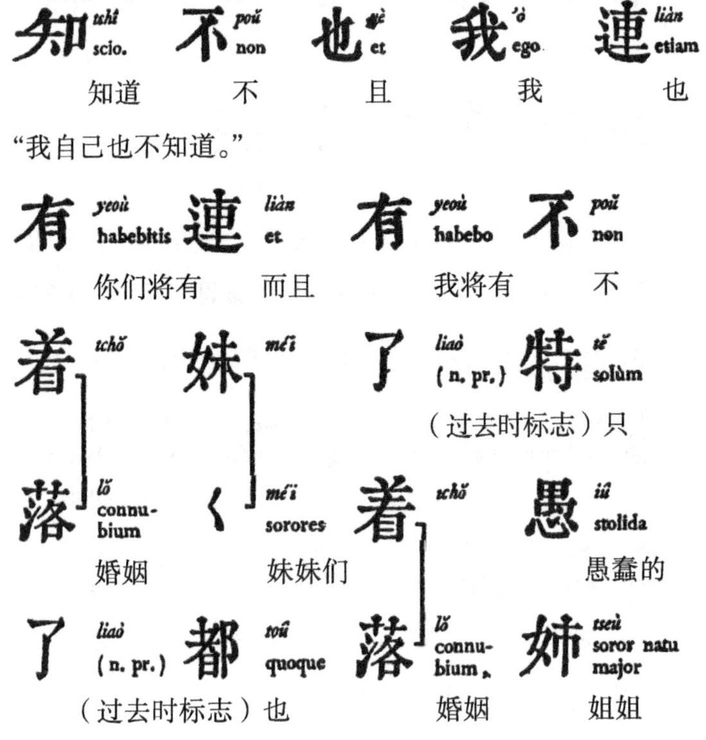

知 tchī scio. 知道　不 poŭ non 不　也 yè et 且　我 'ò ego 我　連 liàn etiam 也

“我自己也不知道。”

有 yeoù habebitis 你们将有　連 liàn et 而且　有 yeoù habebo 我将有　不 poŭ non 不

着 tchŏ 落 lŏ connubium 婚姻　妹 méi 〈 méi sorores 妹妹们　了 liaò (n. pr.)（过去时标志）　特 tě solùm 只

着 tchŏ 落 lŏ connubium 婚姻　愚 iû stolida 愚蠢的

了 liaò (n. pr.)（过去时标志）　都 toū quoque 也　姊 tseù soror natu major 姐姐

“不仅我将稳定下来，而且你们，我的妹妹，你们也将如此。”

382. 便 *pian* [便利，场合，机会] 可译为“même”（就是），“bien”（表示让步），表示一种有条件的让步。

活 hŏ libentissimè.
也 yè et
夢 méng somnio
便 pían vel
快 khouái
見 kían videre
是 chí sit

非常高兴地 也 梦中 或

看见 是

“但愿我看到他，即便在梦中。”

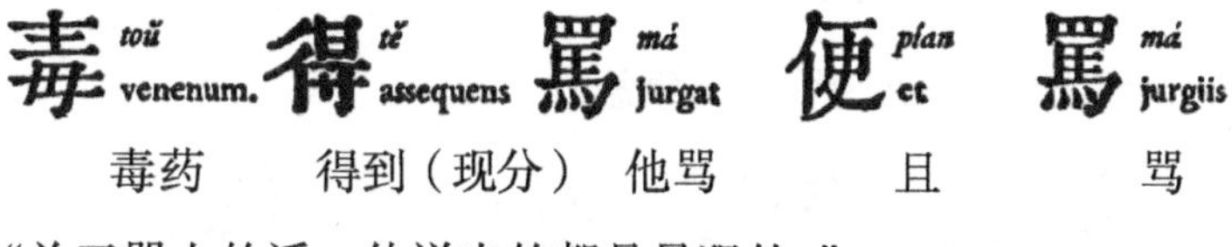
毒 toŭ venenum.
得 tĕ assequens
罵 má jurgat
便 pían et
罵 má jurgiis

毒药 得到（现分） 他骂 且 骂

“关于骂人的话，他说出的都是最狠的。”

罷 pá desine.
買 mài emere,
買 mài eme;
買 mài emere,
便 pian et
不 poŭ non
便 pian et

你停（命令） 买 你买（命令） 买

那么 不 那么

“您想买就买吧，不然就算了。”

383. 且 thsièi 表示我们嘱咐的或将要做的动作的必要性：

（p.150）

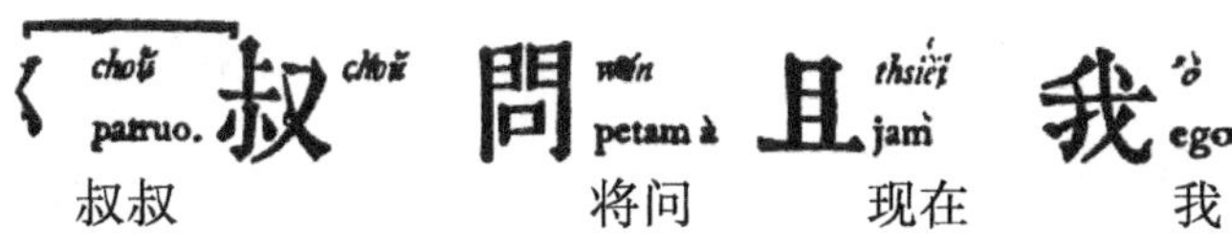
叔 choŭ patruo.
叔 choŭ
問 wén petam à
且 thsièi jam
我 ò ego

叔叔 将问 现在 我

“叔叔，我将问您……”

“是真是假，讲完这个故事吧。”

384. 却［真地，其实］，用于表示反对某件事，以及二者相比对其中之一更为赞同的意思：

“您肯定在做梦，因为我很确定。”

“好吧，这位年轻人是谁？”——“相公”［先生］，是对有身份的年轻男士的称呼。

385. 到 *taó* 或倒 *taó*［到达，跌倒］，常用作介词“jusque”

（直到）【368】，有时也具有副词性的绝对的意味，就像法文中的“jusque là”（直到那），“encore”（仍然），“à toute force”（尽全力），“au contraire”（反而）：

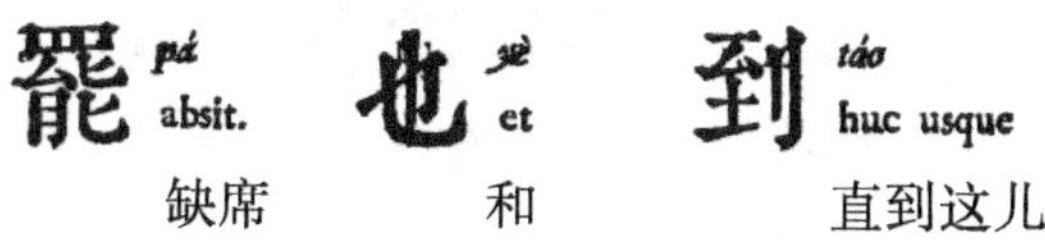
罷 pá absit.
也 yè et
到 táo huc usque
缺席
和
直到这儿

“直到那，也行。”或“还凑合。”

（p. 151）

疑 î dubitari.
分 fēn partes
有 yeoù habet
到 táo adhuc
這 tchè hic
被怀疑
部分
有
至此
这
可 khò possunt
三 sān tres
也 yè et
話 hóa sermo
可以
三
也
话语

“对此还真有些要说的。”或“还有些值得怀疑的地方”。“三分”：三个部分。一个整体由十部分组成；“十分”。由此，“十分”表示“绝对地”“完全地”【306】。所谓“一分”“三分”等等，表示“一点”“一少半”，而“六分”“八分”则表示“很多”“几乎全部”的意思：

好 haò benè. 倒 táo adhuc 的 tĭ (p. r.) 吃 khĭ comedens

好 至此 （过去时标志） 吃（现分）

“如果他吃了，那么就还好。”

倒 táo è contrà 口 kheoù oris 雖 soûï etsi 文 wên litterariæ
相反 口的 虽然 文学的
有 yeoù habebantur. 才 thsâi dotes 無 woû non habebantur, 才 thsâï dotes
存在 才华 不存在 才华

“他没有文化，但是很能说。”

386. 叫教交这三个汉字都发“kiáo”音。因为发音相同的关系，它们常互相替换①【20】。它们常被翻译为“faire”（做）、“obliger à”（强迫做某事），所以它赋予动词及物意义：

做 tsó agere 叫 kiáo jussit 那 nà quis
做 曾命令 谁
官 kouân magistratum! 他 thâ illum 箇 kó (p. n.)
官 他 （量词）

“谁让他接受职位？”

（p. 152）

好 hào benè 肚 toú ventre 教 kiáo cogis
好 肚子 你让

悶 mén angi. 裏 lì in 我 'ò me

憋闷 在…… 我

① 第一个字意思为“叫”，第二个为“教授”，第三个为“相交”。

“您让我痛苦地煎熬着。”【参看 341, 350】

387. 这几个字经常需翻译成“apprenez-moi”（教我），构成疑问短语：

着 tchŏ efficere! 实现
猜 thsâï divinare 猜想
如 joû
叫 kiáo doce 你教（命令）
得 tĕ possim 可以
何 hô quomodo 如何
我 'ò me 我

“您要我怎么猜得到？”

的 tĭ (p. r.) （过去时标志）
兒 eûl (p. e.) （赘词）
箇 kó (p. n.) （量词）
有 yeoù habere 有
教 kiáo doce 你教（命令）
上 chàng sursùm. 上
看 khán respicere 看
眼 yàn oculum 眼睛
半 pán dimidium 一半
我 'ò me 我

“我怎么敢抬眼？”

同样的说法有道你 nì-táo，或說你 nì choueĕ：

笑 siaó risu. 笑
不 poŭ non 不
好 haò bonum 好
你 nì tu 你
好 haò bonum 好
笑 siáo risu 笑
道 táo dic 说（命令）

“难道不可笑吗？”【参看 374】

388. **可** *khò* ［合适做某事，方便做某事］，构成具有被动意义的非强制动词性形容词【170, 254】。但“可”字还能表示断言或语气缓和的劝说，就像法语中的“il se peut”（可能），“vous pouvez”（您可以）。

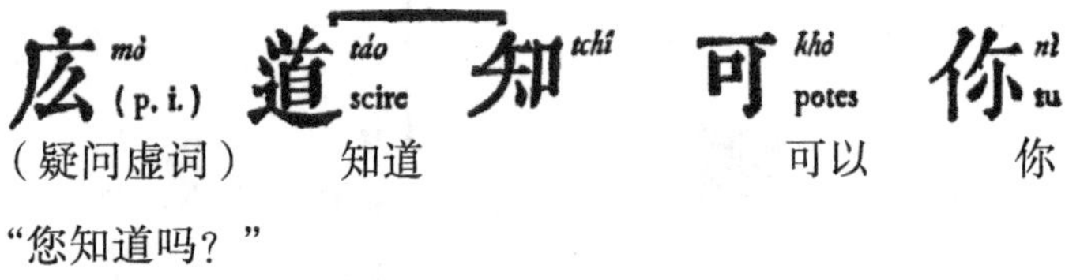
麽 mò (p. i.)
道 táo scire
知 tchī
可 khò potes
你 nì tu

（疑问虚词）　知道　可以　你

“您知道吗？”

（p. 153）

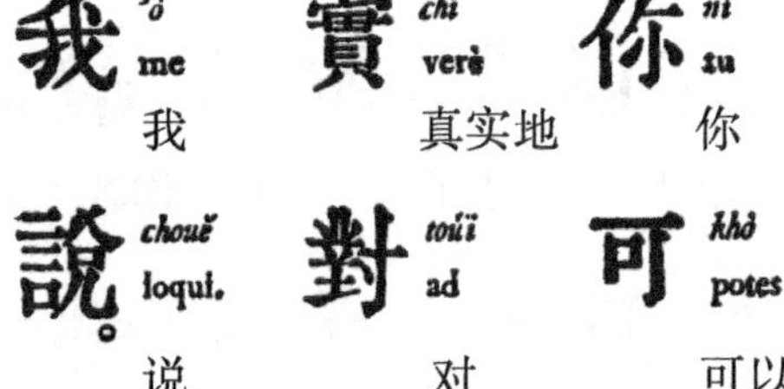
我 'ò me
實 chĭ verè
你 nì tu
說 choueˇ loqui.
對 toúi ad
可 khò potes

我　真实地　你

说　对　可以

“您可以坦白地对我说。”【参看 393, 394】

389. **來** *lâi* 和 **去** *khiú* 常放在一起用来表示相反或不同方向的运动【参看 349】：

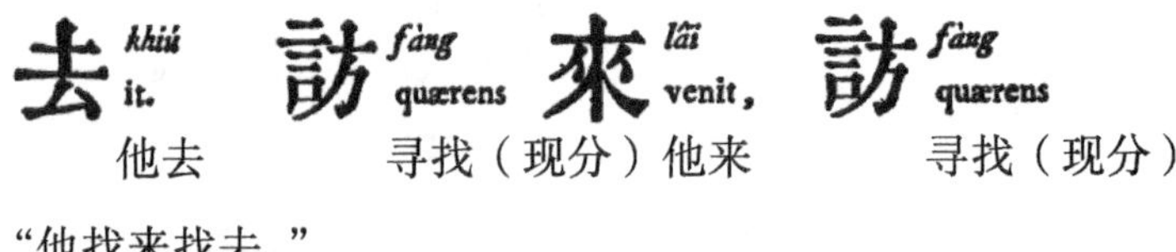
去 khiú it.
訪 fàng quærens
來 lâi venit,
訪 fàng quærens

他去　寻找（现分）他来　寻找（现分）

“他找来找去。”

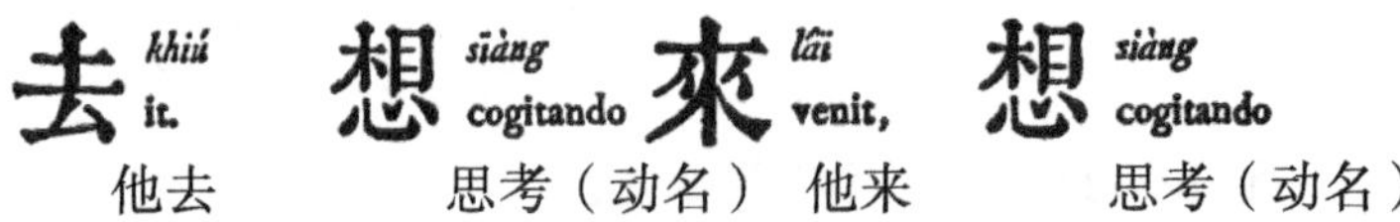
去 khiú it.
想 siàng cogitando
來 lâi venit,
想 siàng cogitando

他去　思考（动名）　他来　思考（动名）

“他想来想去。”

390. 來起 *khì-lâi* ［以起的方式来（surgendo venire）］两个字放在另一个动词后，或连在一起，或由一个作为该动词宾语的词分开，意思是“开始做某事”。

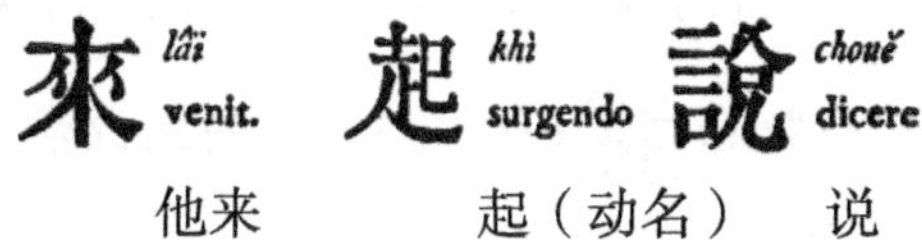
來 lâi venit.
起 khì surgendo
說 chouĕ dicere

他来 起（动名） 说

“他开始说。”

來 *lâi* venit. 筆 *pï* penicillum 起 *khì* surgens 提 *thî* sumens

他来 毛笔 起（现分） 提（现分）

“他拿起毛笔，开始写字。”

391. 打 *tà* ［击打］与其他动词、名词结合构成动词性短语，大多数此类短语与我们使用法语动词“faire”（做）构成的短语有相似之处[①]。

（p. 154）

心。*sin* animum. 的 *tï* (u. g.) 他 *thā* ejus 動 *toúng* movit 打 *tà* percussit

心灵 （属格标志） 他的 他曾动 他曾打

“他在他的心中留下深刻的印象。”

---

① 叶尊孝神父曾编过一个 119 种由动词“打”构成的词汇表（见已出版的《汉字西译》，第 939 页）。克拉普洛特先生在张表上的基础上又加了 60 多个（《汉字西译补》，第 31 页）。

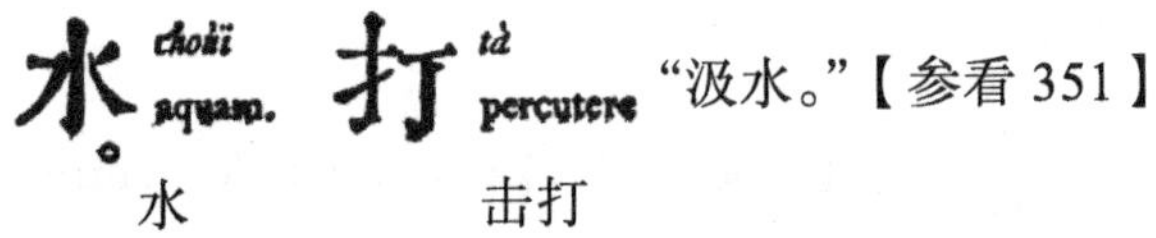

水　击打　“汲水。”【参看 351】

392. 把 *pà*［抓，拿］，与其他动词组合时，可构成的词组与法文的“prendre”（拿）的词组一样丰富，而且通常很难将“把”字准确地翻译。“把”和將 *tsiang*【346】的构词法差不多，且大多数情况下可当做同义词来理解：

看　偷偷地　眼睛　抓

“偷偷地看了一眼。”

（过去时标志）他　一切　心的　抓住（现分）

他曾说　对　话语　真的

“他对他说了所有心底的话。”

偷偷地　（复数标志）　眼睛　不

他曾看　人们　抓着（现分）　转（现分）

“她偷偷地、目不转睛地看着他们。”

背 peï tergum 后背
丟 tieoū abjecit 他丢弃
老 laò senem 老的
把 pà capiens 抓（现分）
後 heóu post 后面
在 tsáï esse 在
人 jîn
我 'ò me 我
了 liaò (n. pr.) （过去时标志）
腦 naò cerebri 脑子
家 kiā hominem 人
這 tchĕ hanc 这

“因为我老了，所以他不再想我了。”

（p. 155）

土 thoŭ terram 土
爲 'wêï æstimat 他看做
銀 yên argentum 银子
把 pà capiens 抓（现分）
糞 fén stercus 粪
視 chí respicit 他看
金 kin aurum 金子

“他视金银如粪土。”

393. 見 kían ［看见］也以“比喻”[1] 的方式用于其他感觉，既可以是身体的感官，也可以是智力上的感知：

見 kían video. 我见
不 poŭ non 不
看 khán videndo 看（动名）

① 译者按：原文的“catachrèse”是修辞学术语，指词的误用，或词比喻意义超出词的严格意义。

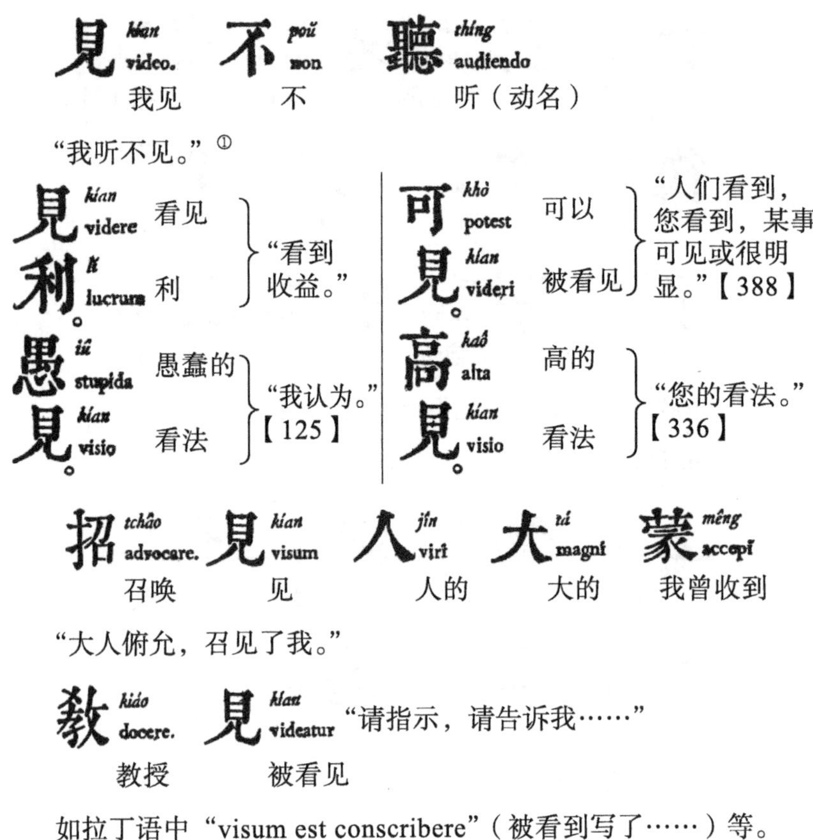

“我看不见。”
見 kían video. 不 poŭ non 聽 thíng audiendo
我见 不 听（动名）
“我听不见。”①
見 kían videre 看见 利 lí lucrum 利 “看到收益。”
愚 iû stupida 愚蠢的 見 kían visio 看法 “我认为。”【125】
可 khò potest 可以 見 kían videri 被看见 “人们看到，您看到，某事可见或很明显。”【388】
高 kaô alta 高的 見 kían visio 看法 “您的看法。”【336】
招 tchâo advocare. 見 kían visum 人 jîn viri 大 tá magni 蒙 mêng accepi
召唤 见 人的 大的 我曾收到
“大人俯允，召见了我。”
教 kiáo docere. 見 kían videatur “请指示，请告诉我……”
教授 被看见

如拉丁语中“visum est conscribere”（被看到写了……）等。

394. 待 tāi［等待］经常表示泛指的“对待”“表现”，也常用作连词，表示“才”（à peine），“正当……的时候”（au moment où），“当……时”（quand），“请看”（voici，ecce）：

① 在这个意义上，“见”总在主要动词之后，如果放在之前会构成被动意思。【173，362】

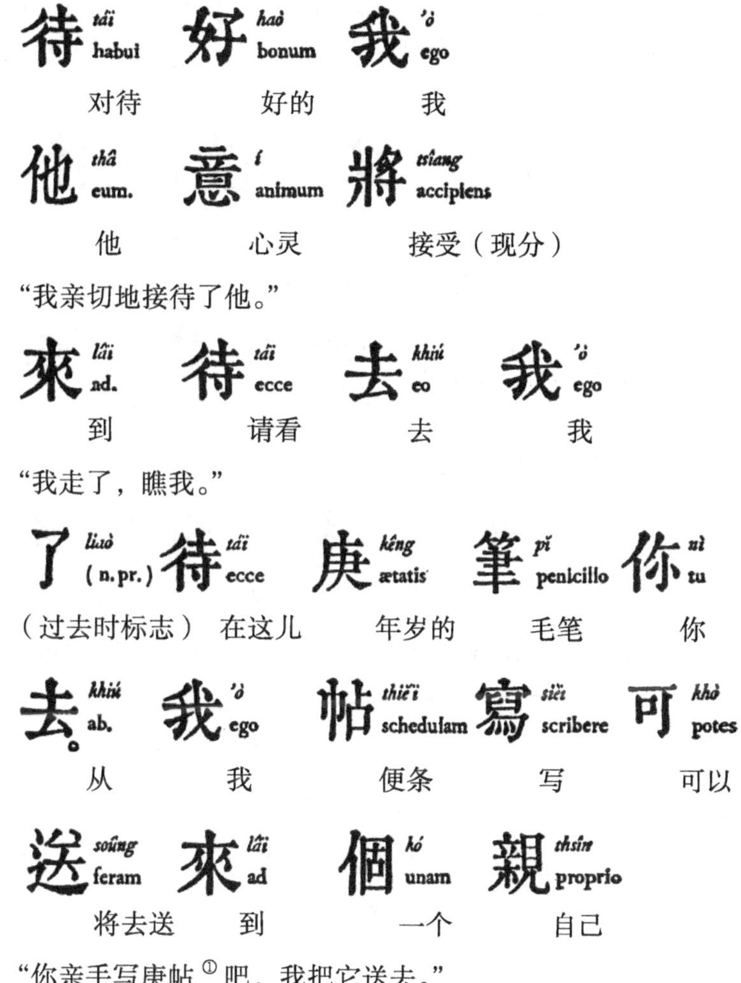
待 tái habui 好 haò bonum 我 'ò ego
对待 好的 我
他 thā eum. 意 í animum 將 tsiāng accipiens
他 心灵 接受（现分）
"我亲切地接待了他。"
來 lâi ad. 待 tái ecce 去 khiú eo 我 'ò ego
到 请看 去 我
"我走了，瞧我。"
了 liaò (n.pr.) 待 tái ecce 庚 kēng ætatis 筆 pĭ penicillo 你 nì tu
（过去时标志） 在这儿 年岁的 毛笔 你
去。 khiú ab. 我 'ò ego 帖 thiĕ schedulam 寫 siè scribere 可 khò potes
从 我 便条 写 可以
送 soúng feram 來 lâi ad 個 kó unam 親 thsīn proprio
将去送 到 一个 自己

"你亲手写庚帖[①]吧，我把它送去。"

---

① "庚帖"，即"年龄贴"，是一张写有女孩出生年、月、日、时共8个字的红色纸。人们将这张纸送到未婚夫那里，他来请人根据这些星象信息来决定合适的结婚日期。见杜赫德，第三卷，第40页，以及《好逑传》法文译本，第一卷，第88页。

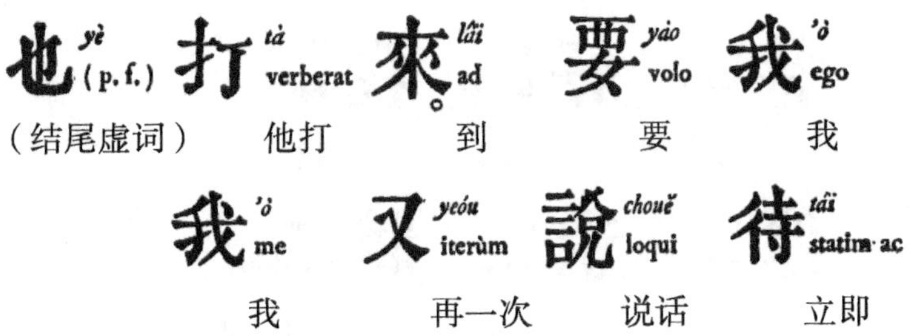
也 yè (p. f.)
打 tà verberat
來 lâi ad
要 yào volo
我 'ò ego
（结尾虚词） 他打 到 要 我
我 'ò me
又 yeóu iterùm
說 choue loqui
待 tâi statim ac
我 再一次 说话 立即

"正当我要说话的时候，他又打我。"

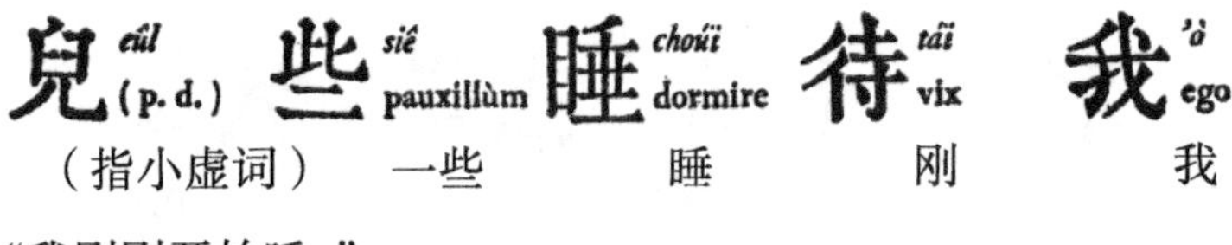
兒 eûl (p. d.)
些 siê pauxillùm
睡 choúi dormire
待 tâi vix
我 'ò ego
（指小虚词） 一些 睡 刚 我

"我刚刚开始睡。"

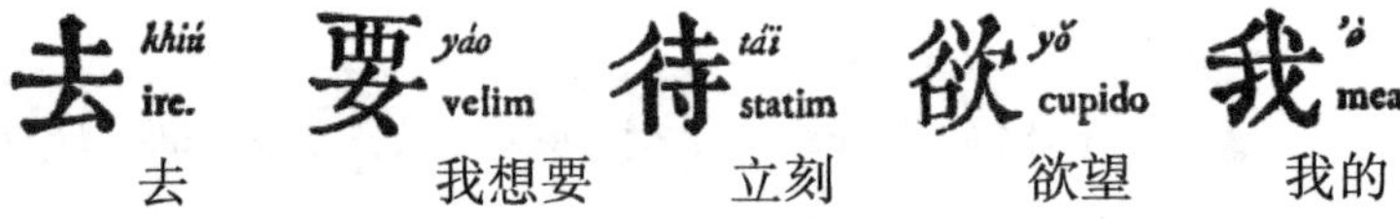
去 khiú ire.
要 yáo velim
待 tâi statim
欲 yǒ cupido
我 'ò mea
去 我想要 立刻 欲望 我的

（p. 157）"如果我想去那里……"——在这个例句和此段第四个例句中，"待要"，即"等我要时"（expecta velim）或"当我想时"（dum velim）与法语的"si"（如果）相当，通俗地说就是"dès que..."（一……就……）。

395. 一 *ĭ* 通常被用作带有泛指意义的"某个""某"【310】，这个字可以构成一些极其常用的短语：

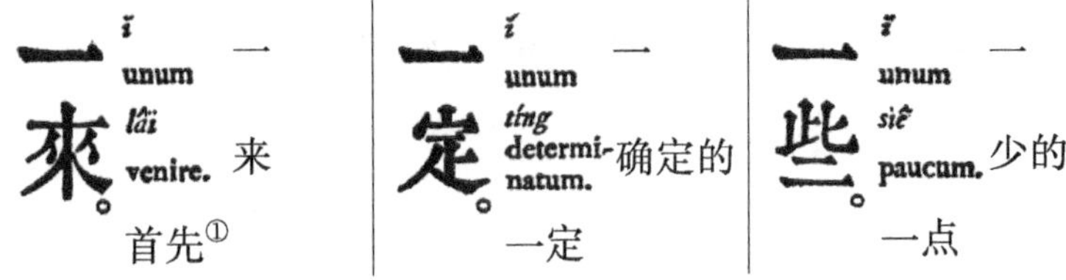
一 ĭ unum 一
來 lâi venire. 来
首先[1]
一 ĭ unum 一
定 tíng determinatum. 确定的
一定
一 ĭ unum 一
些 siê paucum. 少的
一点

① 我们说"二来"，也就是其次；"三来"，再次等等。

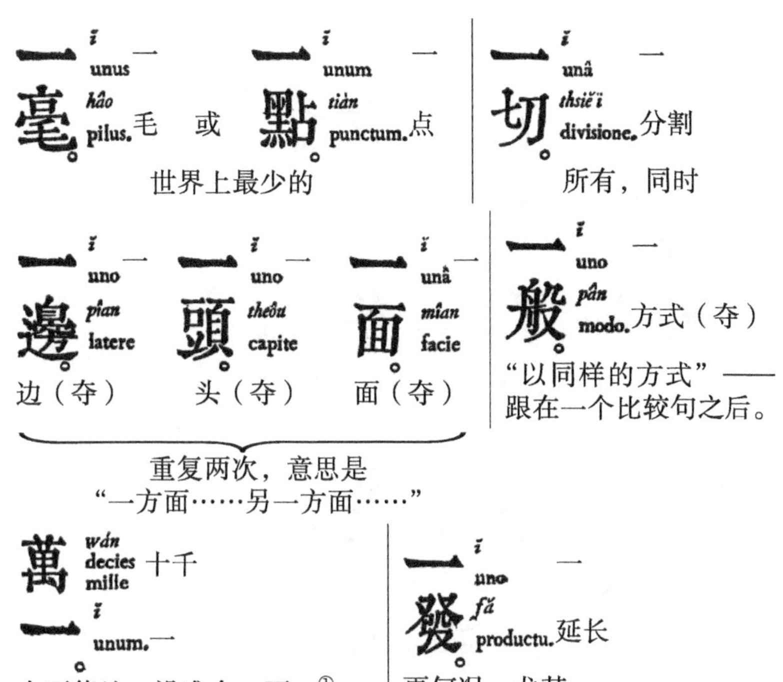

一 ĭ unus 一
毫 hâo pilus. 毛 或
一 ĭ unum 一
點 tiàn punctum. 点
世界上最少的
一 ĭ unâ 一
切 thsiĕ'i divisione. 分割
所有，同时
一 ĭ uno 一
邊 pian latere
边（夺）
一 ĭ uno 一
頭 theôu capite
头（夺）
一 ĭ unâ 一
面 mían facie
面（夺）
重复两次，意思是
“一方面……另一方面……”
一 ĭ uno 一
般 pân modo. 方式（夺）
“以同样的方式”——跟在一个比较句之后。

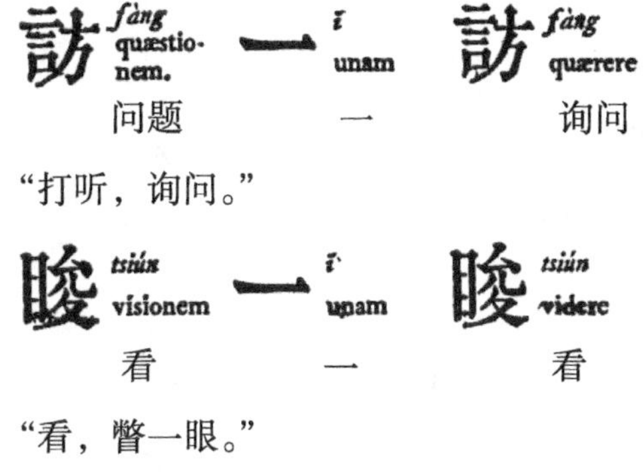

萬 wán decies mille 十千
一 ĭ unum. 一
有可能地，没准会，万一[①]
一 ĭ uno 一
發 fă productu. 延长
更何况，尤其

（p. 158） 396. “一”经常位于某个重复两遍的词中间，而这两个词中的第一个是动词，第二个是动名词。

訪 fàng quæstionem. 一 ĭ unam 訪 fàng quærere
问题 一 询问

“打听，询问。”

晙 tsiún visionem 一 ĭ unam 晙 tsiún videre
看 一 看

“看，瞥一眼。”

---

① “万万”的意思是“绝对”“毫无例外”“无论如何”。

有时会去掉"一"字：

笑 siáo risum. 了 liaò (n. pr.) 笑 siáo risit

笑　（过去时标志）　他曾笑

"他笑了一下。"

想 siàng cogitationem. 了 liaò (n. pr.) 想 siàng cogitavit

思考　（过去时标志）　他曾思考

"他想了一会儿。"

的 tĭ (p. r.) 坐。tsó sedent, 坐 tsó sedentes

（关系虚词）　他们坐　坐（现分）

走 tseoù ambulant. 走 tseoù ambulantes 的 tĭ (p. r.)

他们走　走（现分）　（关系虚词）

"一些人坐着，另一些走着。"

397."一"与一对反义词一起重复两次表示"一会儿……一会儿……"（tantôt）：

下 hià infrà. 一 ĭ modò 上 chàng suprà, 一 ĭ modò

下　时而　上　时而

"一会儿上，一会儿下。"

往 wàng eundo. 一 ĭ modò 來 lâi veniendo, 一 ĭ modò

去（动名）　时而　来（动名）　时而

"一来一去。"

398. 來原 *youân-lâi* 和 來從 *thsoûng-lâi*（p. 159）用来把一个分句与之前的分句连接在一起，就好像我们的“ainsi donc”（那么），或“eh bien”（那么），但是通常很难将它们的意思准确地翻出来：

是 chí erat 曾是
來 lâi atqui 然而
誰 choûi quis 谁
道 táo dicebam 曾说
我 'ò ego 我
你 nì tu. 你
正 tching rectò 正
原 youân
是 chí est 是
只 tchì solùm 只

“我说：这是谁？原来正是您。”

399. 道難 *nân-táo*［很难说］这个词放在句子开头表示疑问。句子可以由 成不 *poŭ-tchhîng*［没有完成］结尾，有时“不成”也单独使用，但这种情况并不常见：

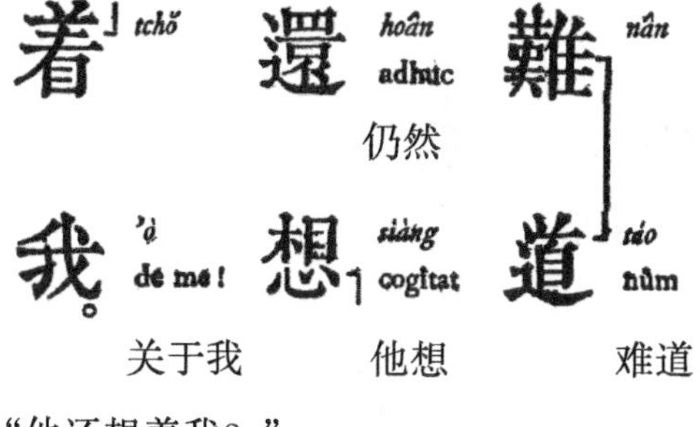
着 tchŏ
還 hoân adhuc 仍然
難 nân
我 'ò de me! 关于我
想 siàng cogitat 他想
道 táo nûm 难道

“他还想着我？”

成。 tchhing (n. int.)
（疑问标志）
了 liaò (n. pr.)
（过去时标志）
聽 thing audiendo
听（动名）
是 chi est
是
難 nân
道 táo nùm
难道
我 'ò ego
我
錯 thsŏ erravi
曾犯错
不 poŭ

“难道我听错了吗？”

400. 最常见的疑问方式是重复动词，第一次出现是肯定形式，第二次重复是否定形式：

肯。 khèng vis!　不 poŭ non　肯 khèng vis

你想　　不　　你想

“您愿意吗？”【参看 374, 383, 387】

401. 在句子第二部分中可以省略动词，（p.160）句子由“也”字和一个否定词结尾【参看 374】：

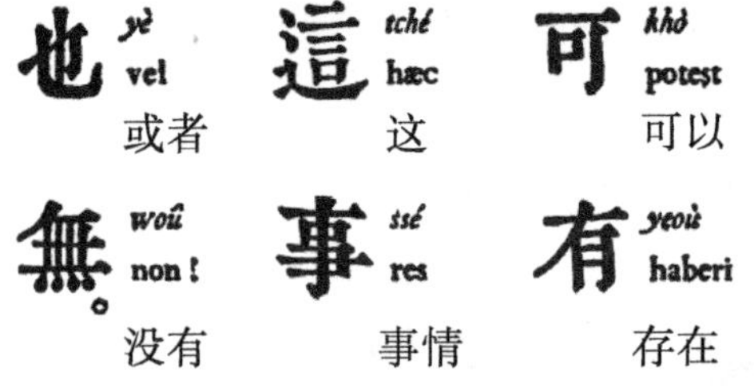
也 yè vel
或者
這 tché hæc
这
可 khò potest
可以
無。 woû non!
没有
事 ssé res
事情
有 yeoù haberi
存在

“这可能吗？”

未 wéi nondùm!
还未
了 liaò (n. pr.)
（过去时标志）
飯 fán cœnam
晚饭
晚 wàn vesperi
晚上
吃 khĭ comedisti
你曾吃

“您吃晚饭了吗？”

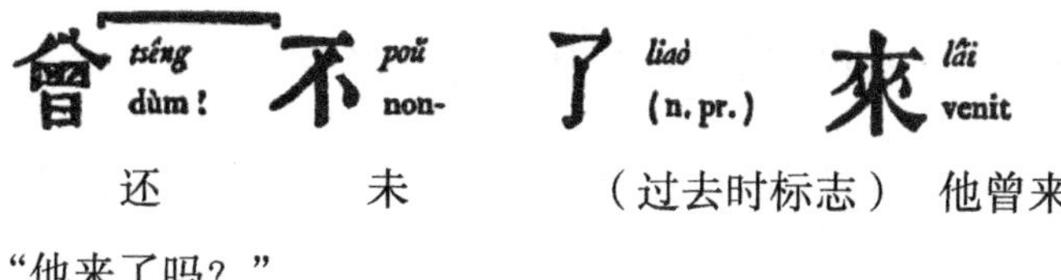

“他来了吗？”

402. 在通俗的风格中，我们常在句尾加上 庅 mò[①] 字：

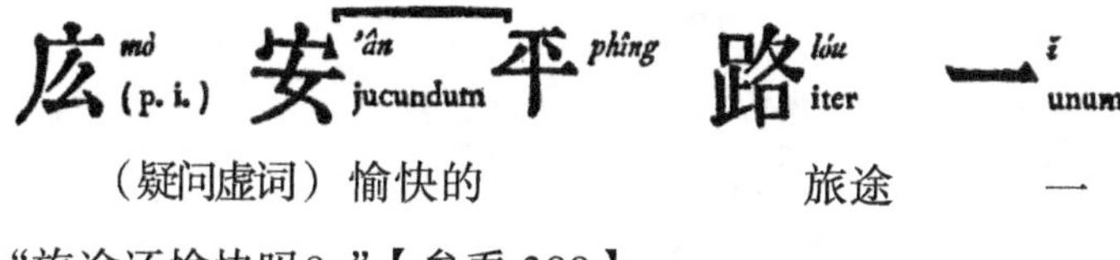

“旅途还愉快吗？”【参看 388】

有时用 那 nà 和 波 pô 来替换“庅”。

403. 庅 mò 可置于以下三个字之后：

然而组合起来的词不能位于句尾，而应位于句首，或位于提问对象之前【342】:（p. 161）

“怎么能看到内心的东西？”

---

① 麼字的简写，第 200 部首，3 画。

也可简单地说怎 *tsèng* 或的怎 *tsèng-tĭ*。

404. 非莫 *moŭ-fēi* 或不莫在句首表疑问，就像拉丁语词"nonne"（不是吗？）。也可以在句末加上"広"字。

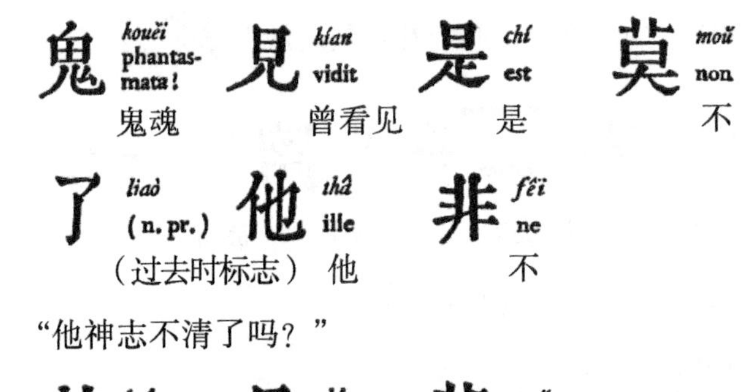

"他神志不清了吗？"

"难道他不是偷花的人？"

405. 少多 *tô-chaò*［或多或少，400］引导针对数字和数量的问句：

"有多少人？"

敢 *kàn*［敢］在中国文化背景下用于表达抱歉或回应赞扬。

它构成的词组：

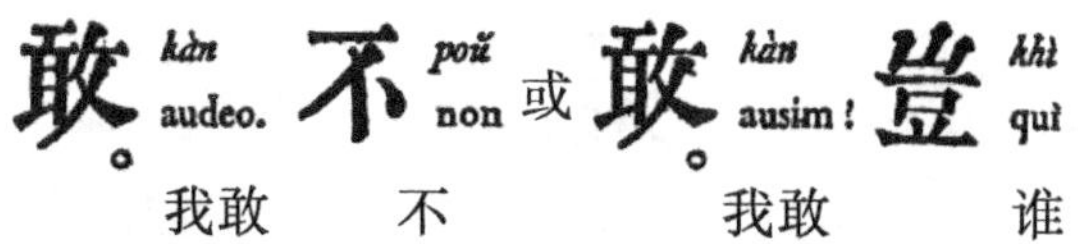
kàn
audeo.
poŭ
non
或
kàn
ausim!
khì
quì
我敢
不
我敢
谁

可以连着重复三遍。（p. 162）407. 还可使用它来表达略大胆的论断，需要省略动词“认为”或“说”：

'ò
me.
hoùng
decipis
nì
tu
chí.
est
kàn
audeo
我
欺骗
你
是
我敢

“我认为您在骗我。”

以同样的方式表达同样的意思，还可以使用以下词语：

multùm
kouân
curo
和
phá
timere.
非常
我关心
害怕【参看 375】
kouàn
curo.
thsîng
affectum
我关心
情感

408. 两件事物相比偏好其中之一有不同的表达法【参看 221, 251, 304】：

pé'i
tergum
vertere
poŭ
non
nîng
præstat
背对
不
他宁愿
lì
rationi;
khò
debet
ssè
mori,
道理
他应该
死

或者：

理 lì rationi. 道理　敢 kàn audere 敢　死 ssè mori, 死　寧 níng præstat 他宁愿

背 péï tergum vertere 背对　不 poŭ non 不　可 khò posse 可以

"宁可死也不能背对着道理。"

更 kéng magis 更　金 kīn aureæ 金的　座 tsó (p. n.)（量词）　塔 thă turris 塔的　有 yeòu habetur 有

高 kaô alta. 高　塔 thă turri 塔　比 pì comparata 相比较的　一 ĭ una 一　銅 thoûng ænea 铜的

"有一座铜塔比金塔更高。"

这种说话方式有很多变化，比如我们在使用它时可用到 還 *hoân*［直到现在仍然］，或者 又 *yeóu*［同样］：

（p. 163）"铜塔比金塔还高"或"又高"，代替"更高"。

还可以用過 *koúo*［超过］："铜塔过金塔高"，即"铜塔超过金塔的高度"（turris aenea superat aureae turris altitudinem）。或"铜塔更高过金塔"，即"铜塔更高，胜过金塔"（turris aenea altior vincit turrim auream）。或"铜塔比金塔高过"，即"铜塔比金塔在高度上超过。"（turris aenea comparata turri aureae altitudine superat.）

我们还可以将句子颠倒，用 如不 *poŭ-joû*【251】来表达，

“金塔不如铜塔高”，即“金塔不像铜塔那么高”（turris aurea non sicut aenea turris alta）。或者用**得不比** *pì poŭ tě*，“金塔比不得铜塔高”，即“金塔相比之下达不到铜塔的高度”（turris aurea comparata non attingit turris aeneae altitudinem）。似乎再加例子并更详细地讲解这种或其他的固定表达法就太多余了，因为只需逐字翻译，句意就自然明了。【参看 101, 102, 212, 221, 264, 265, 304】

409. 一件事物比另一件事物多出的量置于形容词后来表达：

tchhĭ
pede.
ĭ
uno
kaô
altum

尺　　一　　高

“比一尺更高。”

如果我们说“一尺高”，意思则变为“高度是一尺。”

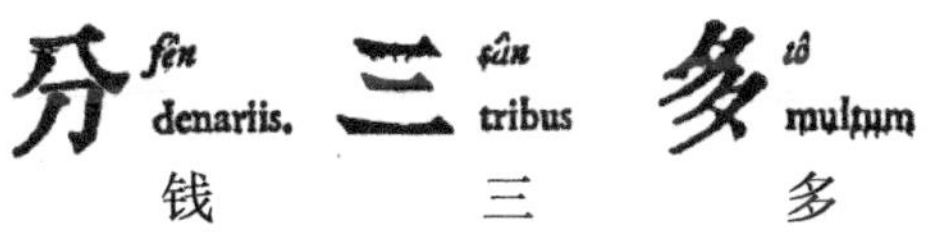
fēn
denariis.
sān
tribus
tō
multum

钱　　三　　多

“多三分。”

410. 表示比某个量多一些的词位于数词后，名词前：

nîan
anni.
tō
multum
chĭ
decem

年　　多　　十

“十年，多一些。”【参看 116】

（p. 164）

411. 重复同一个名词表示连续性，有时表示复数【参看 175】：

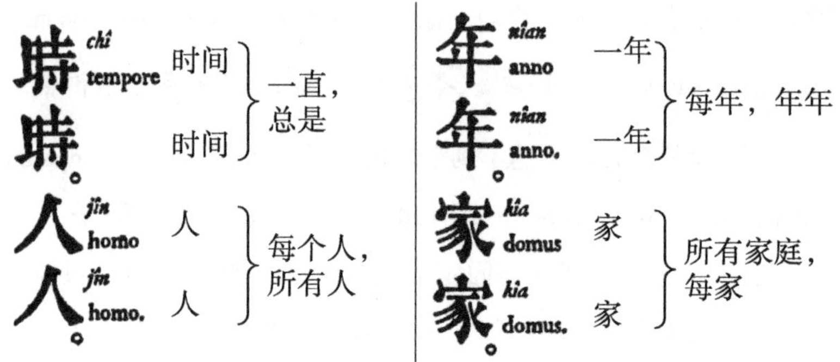

時 chî tempore 时间
時。 时间
一直，总是
人 jîn homo 人
人。 jîn homo. 人
每个人，所有人
年 nian anno 一年
年。 nian anno. 一年
每年，年年
家 kiâ domus 家
家。 kia domus. 家
所有家庭，每家

412. 重复一个形容词或另一个被当做副词用的词【367】，这样的表达特别常用并且用法多样。有时我们连续重复两遍同一个词，例如：

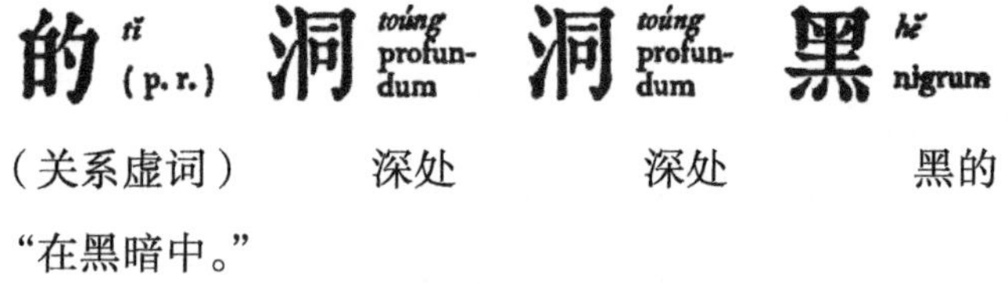

的 tĭ (p. r.)
洞 toúng profun-dum
洞 toúng profun-dum
黑 hĕ nigrum

（关系虚词） 深处 深处 黑的

“在黑暗中。”

有时我们把两个同义词或近义词放在一起，每个词重复两遍：

泡 paô saturita-tem
醉 tsóuï ebrieta-tem
吃 khĭ comeden-do
饱腹 醉酒 吃（动名）
paô
tsóui
得 tĕ assecutus ①
得到（完分）

“吃好、喝好之后。”

---

① 译者按：此处“泡”指“饱”。

有时我们重复两遍一个短句以增强语气：

了 *liaò* (n. pr.) 是 *chí* est 了 *liaò* (n. pr.) 是 *chí* est

（过去时标志）是 （过去时标志）是

“这就是，这就是。”

是 *chí* est. 正 *tchíng* rectè 是 *chí* est 正 *tchíng* rectè

是 正确地 是 正确地

“是，完全正确。”——“正是”是特别常用的用于表示“是”的词组。

（p. 165）

笑 *siáo* risu 可 *khò* dignum 笑 *siáo* risu 可 *khò* dignum

笑 值得 笑 值得

“这太可笑了。”

413. 有时会重复某个概念，而不再重复某个具体的词，但意思不会发生明显的变化，例如：

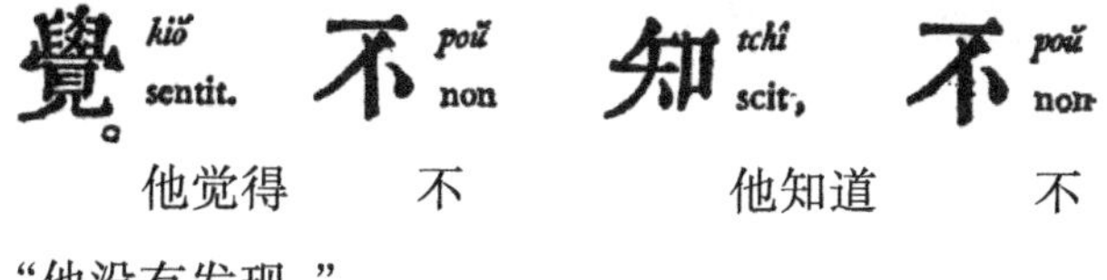
覺 kiŏ sentit.
不 poŭ non
知 tchî scit,
不 poŭ non
他觉得
不
他知道
不

“他没有发现。”

語 *iù* alloquitur. 自 *tseú* se ipsum 言 *yân* dicit, 自 *tseú* sibi ipsi

他对话 和自己 他说 对自己

“他自己对自己说话”或“他心想。”

足 tsoŭ sufficiens. 意 í animus 滿 màn plenum, 心 sîn cor

足够的　灵魂　满的　心

“十分满意，别无他求。”

我们还可以用数词表达模糊的意思：

友 yeoù socii. 四 ssé quatuor 朋 phêng amici, 三 sân tres
活 hŏ vivus. 八 pă octo 死 ssè mortuus, 七 thsĭ septem

同伴　四个　朋友　三个

“一些朋友。”

活着的　八个　死了的　七个

“死了一半，勉强活着。”

这些短语通过近义词或反义词的组合可以产生无数种不同的变化，这是“文昌”或文学风格和诗歌最常用的修辞方法之一，对叠韵法的偏好以及表达渐进、分割、罗列的用语，赋予了这种文风对偶的和有规律的、对称的形式，使文章更优美，在上古经典中已能见到这些形式的痕迹。

（p. 166）小结

通常来说，在一个没有省略成分的汉语句子中，句子的各部分如此排列：主语【156】，动词，直接宾语，间接宾语【158】。

修饰语在所修饰的词之前：由此，形容词在名词、主语或宾语前【95】；被支配的名词在支配该名词的词之前【79】；副词在动词之前【177】；插入句、状语从句、假设从句在主句前，与主句用一个连接性形容词，或者用一个可有可无的连词相连接【166, 167】。

以上这一方式所决定的词之间和句子之间的相对位置，常常用来代替其他一些标记，这些标记的作用是表明各词、各句之间相互的隶属关系，还有表明词和句子的性质：是形容词性的还是副词性的，肯定的抑或条件式的，等等。【79, 80, 139, 177】

如果主语被省略，说明主语是人称代词，或者已经在前文中被提到过，而且被省略的这同一名词在前一句中已出现并且也做主语，而不是做句子的其他成分。

如果缺少动词，说明它是表“存在”意义的动词【152】或其他可随意代替该词的成分，或者是已经在上文中提到的动词，只不过其主语或宾语与这句不同。

如果好几个名词接连使用，它们既有可能是两个词构成一个组合【79】，也可能构成罗列结构，还可能是这些都是同义词，而它们相互说明或相互限定意义【285】。

如果遇到好几个动词接连使用，而这几个动词既不是同义词【353】，又不是助动词【345】，那么是前几个应被当做副词【177】或动词性名词，充当下面几个动词的主语【165】，或者后几个词是动词性名词，充当前几个词的宾语【364】。

这几条便是所有汉语构词法最简洁的总结。

（p. 167）

附　录

一、标点符号

通常来说，中国的哲学或科学著作很少有标点。句末用于表示句子不同部分界线的虚词，以及句子各部分的对称形式，能使我们能轻松地理解含义，而且绝不会让读完整个句子的人将句子断错。

传统版的“经”及其评论、史书、小说通常会加标点。一个“o”在最后一个字的右下侧，表示整个句子或分句的结束。

这个圆圈也会位于一串汉字旁，以引起读者对一段话的注意。如果要在这一段被标记的话中加标点，我们会用“●”来代替空心圆。圆圈常会被一种类似眼泪形状的符号“丶”来代替，这是模仿教师在上课的讲义上用毛笔做的记号，这种记号在某个汉字旁表示老师会对此做特别的解释。这两种符号相当于我们的引号，好像我们使用斜体的情况。

我们见过另一种使用圆圈的方式【55】，那就是放在某个字的一角，来表示该汉字变换了原来的声调。这也是模仿了学校教学时使用的方法：老师们会用蘸有红色墨水的毛笔在那些需要异读的且因此字义发生变化的汉字旁做标记。

（p. 168）当一个汉字在同一句子中被连着重复两、三次，或者甚至在一个句子末尾和下一句开头重复，重复的字在通常的印刷本中用一个两画的符号“〱”来表示，或者用毛笔画的一点来表示。在印刷我们这部语法时，我们使用的正是这种符号。（第74, 141页和其他地方）

文章的开头通常用占一个汉字位置的“○”来表示。文章结尾用一个空心点“o”来表示，或者在最后一个汉字的左下方添加一小横来表示。

从梵文、阿拉伯文或一些欧洲文字翻译而来的书中，外国名的汉字，有时由一条竖线在字右边划出，起到下划线的效果。在比较考究的版本中，作者姓名或书名的引用被平行四边形框标出，有时用白底黑字来突出，引用的作者名和书名总在所引段落之前。

如果我们想标出文中的缺文，那么我们用一个或多个空格来表示，空格的大小对应空缺汉字的数量。有时会看到一个或两个词作为注释出现在此位置，提醒读者这里缺字。

很多书中没有换行，还有一些书中，一段结束，下一段另起一列。在行政、外交或其他需要正式宣布的文书中，无论是提到当朝皇帝，还是谈到我们必须特别尊重的人或事，需要中止这一列，将要表示敬意的名词挪到下一列开头最高处，而句子的意思却不因此而中断。这种方式在印刷某些书的时候被保留。每一页的边框可开一个口并放大，以容纳一列中超越了其他列的一个或几个字，这种方式只在宗教和政治主题的文书中不可使用，对于其他类型没有限制。

（p. 169）二、书的注释、评注、形式及划分

注释通常用正文字体一半大小的字来印刷，需要解释的地方用两竖行来排列，注释甚至常常会打断句子。标记读音的注释通常置于页上缘。

评注的字体也通常比正文字体小，按段来分，位于每句话之后。文章中的词组几乎总是一个接一个地被评注，并通过同义词或下定义来解释。在有多种评注的情况下，不同评注以评注者的特定称号来区别，书页常被一道横线分为两部分，下半部分包含正文和其中的一种评注，上半部分记载另一种评注。

中国书鲜有书名页。当出现书名页时，页中会有大字体的书名，右上方有一条线，用来指明作者或编者的名字，左下方的一条线旁是存放印刷用的刻板的地方，在页面上方有一道横线，在此标明出版日期和出版的背景。参见本语法的书名页。

中国书籍几乎总是有好几个序，作者的序通常在最后，其他的序由出版者或编者撰写。第一个序是出版或负责再版的作家的序。每个序之后都有日期，并由作者签名，通常会加上作者的印章【12】，在这里你可以找到书印刷的时间以及作者或出版者的

姓名。

所有大部头著作都有详细程度不一的索引或目录，以及撰写时所遵循的提纲的简介。如果某部书由皇家权威机构出版，（p. 170）会有製御 *iú-tchí*［由皇帝制定］二字在书名前面，与之相关的谕旨和其他一些放在卷首的文件，以及一份协作出版者的名单放在一起。我们常能在这些内容中找到有关参考书目和文学史的有趣的信息。

书的标题总是位于每一部分的第一行，并与章节和页数一起作为通用标题在书折叠处重现。在每个大的章节的开头会重新开始编页码。页数以正、反两面为一页。

书中大的部分的划分叫卷 *kiouán*，通常包括 50 到 60 张正反页，有时会更多。引用时，须指出卷数，还有页码和该版的标题：因为卷在每版都是一样的，所以很容易找到所引用的段落。通常两到三卷装订在一起叫本 *pèn*。若干“本”被装在一个硬纸封皮中成为一“套”，但是这一划分是由书商来决定的，同一本书的不同印刷批次也可能有不一样的划分。

“卷”通常被分为章 *tchâng*［文章］，“章”被分成節 *tsiĕ* 或段。这些不同的划分由每段第一行或特定的标题标出。最后一卷通常由表示结束的終 *tchoûng* 字结尾。

小说或其他虚构类文学作品中的划分被称为回 *hoêi*。每一

“回”的标题通常伴有一个“梗概”。

在大多数历史或哲学作品中，文字占满格，也就是说，文字由上到下铺满纸张。（p. 171）评注、序言或附加片段则从较为靠下的位置开始。最常用的字体大小与我们在本语法书中汉字的大小相当。有些作品印刷的字体较大，而小说则几乎都用特别小的字，与“草体”类似。

用来印刷书的雕版是完整的一块，而用来印刷皇家报纸、[①]省报和日历的某些部分的版除外，因为这些都是采用活字印刷。这些雕版都是木质的，漂亮的版有时如铜版一般精美。最早的版是石版，刻成浅浮雕，这种方式今天仍然被用于印刷谕旨和其他朝廷的文件。

三、诗学

最早的中国诗是不规律的，每行有相同或几乎相同的字数，但通常遵守诗行末尾的押韵规则和叠韵规则，即某些发音和词尾的周期性和节奏性重复。正是在这种有节律的散文体下创作的若干短诗构成了《诗经》和其他同类的古书。长诗体如《盛京赋》也与之十分相似。中国诗歌是逐步发展成我们今天见到的样子的。近体诗通常被称为詩言五 *où yân chî* 或詩言七 *thsî yân chî*。

---

① 见《学者报》，1821 年 10 月刊，第 605 页。

从这两个名称可以得知这种诗通常的长度。其实，虽然也有三言、四言、六言和九言诗的存在，（p. 172）但是最常见的还是五言和七言诗，也就是五音节和七音节诗。

就作诗法而言，我们只区分两个声调【参看49】，即：

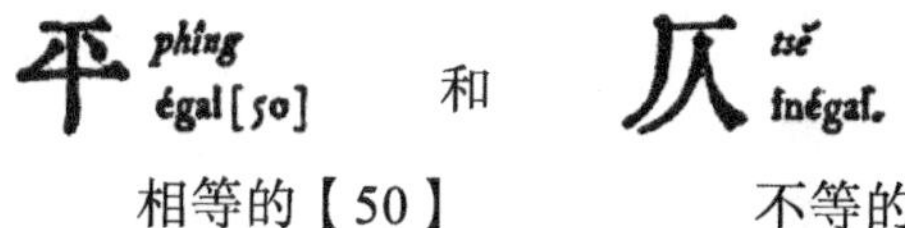
phing
égal[50]
tsé
inégal.

相等的【50】　　和　　不等的

后一种又分三个声调：上声【51】，去声【52】和入声【53】。在五言诗中，我们不用考虑第一和第三个字的声调。第二和第四个字的平仄则须交错，也就是说，如果第二个字是平声，第四个字就应该是仄声，反之亦然。第二和第三句应与第一句的平仄相反，第四句应与第一句相同。

在七言诗中，一、三、五字的声调可随意，第二和第四个字应交错，第六个字应与第二个字平仄相同。无论是五言诗还是七言诗的四个尾音，其中三个应该在韵和平仄上一致，通常第三行诗末尾不押韵，有时其他行也可不押韵。

为了标记应为平声或仄声的音节，以及那些不拘平仄的音节，中国人用以下诗律符号来表示：

○	●	◑
平	仄 （即上、去、入声）	不拘平仄

七言诗中的两段四行诗的声调用这种方式标记如下，而七言诗也包含了五言诗：（p. 173）

第一段四行诗：

由平声音节（第一句的第二个音节）开头

◑ ◐ ◑ ◐
○ ● ● ○
◐ ◑ ◐ ◑
● ○ ○ ●
● ○ ● ●
○ ● ● ○
○ ● ○ ○

第二段四行诗：

由仄声音节（第一句的第二个音节）开头

◐ ◑ ◐ ◑
● ○ ○ ●
◑ ◐ ◑ ◐
○ ● ● ○
● ○ ● ●
● ○ ○ ●
○ ● ○ ○

该例中，第一句诗的第二个音节是平声，第四音节是仄声，第六个是平，第二句诗的第二个音节，仄，第四个音节，平，如此类推。平声音节或仄声音节的接续在第二段四行诗中相反：第一句诗的第二个音节是仄声，第四个音节是平声等等。第一个音节是平是仄，选择是随意的，只是需要遵守与所选声调相应的规则。

在某些诗句中，我们称五言诗的第三个字和七言诗的第五个字为“眼”。这只“眼”需要引起特别的注意：它必须是一个实词【62】，而非虚词；根据定好的规则，它的韵应该与下行诗的“眼”一致或相交替。

（p. 174）不同类型诗句的组合是非常多样的，有将近40种类型的诗，而其中其中大多数类型影响有限。在古代有6种主要的诗体。诗篇的风格通常是高雅、简练的，充满寓意和隐喻的表达、古词或罕用词，以及对历史事件、习俗、不寻常观点和事件的隐射等等。这就是中国诗特别难懂的原因，我们也不可能在一本基础性书籍中对此给出详细介绍。这里只能举两首诗的例子，一首来自《诗经》，另一首则摘自一部现代小说，来说明以上规则的应用：

旣 kí	其 khî	攜 hî	惠 hoeï	雨 iú	北 pĕ
亟 kĭ	虛 hiû	手 chèvu	而 eûl	雪 sioŭeï	風 foûng
只 tchì	其 khî	同 thoûng	好 háo	其 khî	其 khî
且 TSIÛ	邪 SIÛ	行 HÂNG	我 'ò	雱 PHÂNG	涼 LIÂNG

“北风到来，冻住了我们的天气。”

“雪花大片地飘落。”

“但愿爱我的人有好意，放他的手在我手上，让我们一同前行。”

“时间怎么这么长？”

“他已经该急着赶来。”[①]

（p. 175）

“六经的内容在人们的心中有它的基础和源泉。”

“玩笑，辱骂，多亏（诗歌的）修饰，都变得讲究。”

“宇宙是一座剧场，在那里上演一部长喜剧。”

“人们争斗不断是一场奇妙的演出。”

在最后我们要提醒的是在中国书中诗歌的排版。有时诗句的数目就等于行数，有时两句诗为一组来表示，一句诗在另一句下，由一空格来分隔，有时连着写，由标点来表示诗句的分隔。我们同样在小说、戏剧和其他类通俗文学作品中穿插诗歌。

---

① 诗的阐释者在这首诗中看到的是对一个国家所受威胁的隐射。几乎所有《诗经》里的诗歌都可以用这样一种意味来解释。中国诗评者们将一切都归于政治，就像波斯艳情诗的评论者总将一切归于神的爱一样。我们常需要费很大功夫来揭开这些诗歌隐喻的面纱。

四、皇家图书馆可供查阅的主要作品概况

在我在《皇家图书馆藏汉籍目录》（*Catalogue des livres chinois de la Bibliothèque du Roi*）中（编辑工作占用了我多年时间）介绍一副中国文学全景图之前，[①]（p. 176）我认为有必要在这里简单地向学生们介绍他们能够读到的主要中国文学作品的概况。对这座宝藏的一个大概的了解，根据不同人的视角，能够启发不同种类的研究和作品。我仅局限于快速描述主要作品，鉴于文献数量庞大，可以说是取之不竭，我无法试着去进入即使是粗浅的细节的讨论。

古代经典。对于"五经""四书"和其他被列为经典之列的作品以及大焚书之前的作品，最好的版本都藏于皇家图书馆。同样，那里也藏有最负盛名的经典评注，特别是朱熹的释经和通俗版"日讲"，即"每日阅读"系列的解经段落。我们可以查阅傅尔蒙目录[②]的编号 CII、CVII、CXIV、CXIX、CXXI 和 CXXVII

① 参见收录于《论皇家图书馆的汉籍》（*Mémoire sur les livres chinois de la Bibliothèque du Roi,* 1818, in-8°）中我为这部书稿所做的提纲的简介，以及一些关于自傅尔蒙目录后新购买的藏书的情况。在这篇论文中，我指出了傅尔蒙目录中的一些错误。我们应该在评注中试着解释傅尔蒙与以下内容中互相矛盾之处。

② 我们知道这些书中很多都已经被翻译了：宋君荣译的《书经》（*Paris,* 1770, in-4°），孙璋译的《诗经》（手稿藏于皇家图书馆），雷孝思译的《易经》，卫方济译的《四书》和《孝经》（*Pragae,* 1711, in-4.°）。我们还有《易经》概述（在宋君荣所译《书经》之后，第 399 页），一篇《春秋》选集（*Comment. Acad. Petropolit.* t. VII, p. 335 及插页）。还有《中国哲学家孔子》（*Lutet.* 1687, in-f.°），马士曼的《论语》（*Serampore*, 1810, in-4o）和在《中国言法》（*Serampore*, 1814, in-4 o）之后的《大学》，分篇载于《手稿概述及摘录》（*Notices et extraits des Manuscrits,* tom. X, p. 269）的《中庸》。这最后三部作品配有译文。

的内容。[①]

哲学。中国古代哲学著作藏书（傅尔蒙 CCXCI），庄子和老子的著作（CCLXXXIV 及以下），是我们收藏的此类著作中最好的。（p. 177）法学的主要著作是法典集（傅尔蒙 CLX）和《大明律》（CXI）。

神学。皇家图书馆内藏有几乎所有传教士用汉语撰写的著作。这些书非常适合喜爱用已经知道内容的文本做练习的初学者。

神话。《山海经》（傅尔蒙 XXVII），因马若瑟翻译了选段的罗泌的《路史》（《〈书经〉以前时代与中国神话之寻究》[②]），神灵史 60 册（这六十册是一套有近六千册文集的一部分），一部梵—藏—蒙—满—汉神学词典[③]是这一部分的主要作品。

词典。除了相当数量、内容基本完整的传教士所作的汉、拉、法、西文词典抄本以外[④]，我们收藏有最好的原版词典。《字彙》（傅尔蒙 II），一部非常有用的小词典；《正字通》（傅尔蒙 V），一部富有知识的字典；《康熙字典》（XI），所有条目都有最优秀作者作品的引用。在这三部字典中，汉字是按照部首的顺序

---

① 译者按：所谓"傅尔蒙目录"应为傅尔蒙在《中国官话》（*Grammatica Duplex*）344 页起的《皇家图书馆藏汉籍目录》（*Catalogus librorum Bibliothecae Regiae Sinicorum*）。

② 译者按：这是马若瑟的一篇文章，于 1770 年出版，收录于德经编、宋君荣译的《书经》中。作品原文标题：*Discours préliminaire ou recherches sur les terms antérieurs à ce dont parle le Chou-king et sur la mythologie chinoise, par le P. de Prémare, in Le Chou-King, un des Livres Sacrés des Chinois*, Paris, 1770.

③ 参见我在《东方宝库》（*Mines de l'Orient*, t. IV, p. 183）中的相关简介。

④ 参见朗格莱（Langlès）的相关描述。

排列的；Thoung-wen-to[①]则按音调顺序来排列（傅尔蒙 X）。关于古代汉字，我们有两版《说文》（傅尔蒙 VII），中国古代文学及古文书学的规则和基础，篆字字典（傅尔蒙 XIV），一套篆字版的《经》，一部极好的古迹和古董花瓶汇编，其中包括很多铭文，不少铭文都可以上溯到商朝（公元前 1766—1122 年），32 种不同字体写成的 32 卷《盛京赋》[②]。（p. 178）

文学与诗歌。这类作品中我们可以首先浏览的是《古文渊鉴》（傅 XLV），这是一部浩大、卓越的文集，杜赫德曾经摘录过一些片段，[③]就印刷式样来讲，这部书或许是皇家图书馆最漂亮的一部；24 卷的文学史，是上文所提到的六千卷文集中的一部分；《杜甫诗集》（傅 CLII），康熙诗集，《盛京赋》等等。

小说和戏曲。皇家图书馆中藏有中国最好的小说，[④]《水浒传》（傅 CCCV）、《三国志》（LXXXVIII）、《好逑传》（XXVIII）[⑤]、《玉娇梨》（XXIX）[⑥]；一些对话体小说（XXXI, XXXV），以及元朝即蒙古人统治时期（1279—1368）不同作者创作的百种戏曲集（傅 XXXIV）[⑦]。

---

① 译者按："傅尔蒙目录" 第 10 条为《品字鉴》，未能找到 Thoung-wen-to 所对应的汉字。

② 参见钱德明对这首诗的翻译（Paris, 1770, in-8,°），以及哈格的《禹王碑》（*Monument de Yu,* 1802, in-f°）之后的 32 种字体样本。

③Tom. II, p. 387.

④ 先生在阿斯纳（l'Arsenal）的图书馆也藏有好几部小说，它们曾经是德·鲍尔弥侯爵（Marquis de Paulmy）藏书的一部分。

⑤ 这部小说已被译为法语，法语版书名为《好逑传》，中国的故事；Lyon, 1766, 4vol. in-12。

⑥ 这部小说已译为法文，即将出版。

⑦ 其中的两部已经被翻译，一部由马若瑟译为法语（杜赫德的《中华帝国全志》第三卷，第 339 页），另一部由戴维斯（Davis）先生译为英语（Lond. 1817, in-8.°），由德·索尔松（de Sorsum）先生译为法语（Paris, 1818, in-8.°）。

地理。这类作品中最值得关注的是一部小的地理书《广舆记》(傅尔蒙 XXXVI)，大明地理概况(XXXVIII)，以及一部浩大的各省地理数据汇编，这部汇编共有 260 大卷，附有很多地图和平面图。

年表和历史。皇家图书馆的这类藏书是最丰富的，我在此只能指出一部：历代的年表和中国及邻国历史上的主要事件编年史，共 100 卷；按年代编排的概要，(p. 179) 题为《通鉴纲目》(LXII)，[①] 著名的司马迁的《史记》(LXVI) 以及所有的大编年史，即每个朝代特定的历史，其中包括名人传记和外族人概述 (LXVII-LXXXII)；人物传记辞典 (XCII)；蒂进 (Titsingh) 先生的日本史手稿，以及中国人所知的外族人历史，共 70 卷。

科学和艺术。我们可以查阅到不同版本附有插图的标题为《本草》的自然医学史 (CCCXXV)，若干医学和外科学著作 (CCCXIV 及以下)，若干天文学论著，星图学论著 (CCCXXXV 及以下)，几何基础论著 (CCCL)，很多关于农耕、兵法、音乐的著作，尤其是 70 卷的音乐论著，这些构成规模庞大的书集《古今图书》的一部分。

百科全书与杂纂。最后，最珍奇的作品当属绘图本百科全书，也就是有条理地分类的所有主题的事物的图集，注有解释，共 116 册；该百科全书有日本版，其中有丰富的与日本地区、物

---

① 这部作品已由冯秉正神父译为法语 (Paris, 1777—1783, 12 vol. in-4.°)，但他的译本有很多删节和添加。

产、特殊思想和行为有关的增补内容；[①] 按主题分类的满语—汉语百科辞典；一部关于古代经典、钱币、古董和文学的论文集，共160 卷，傅尔蒙（CCCIV）将它当作是巫术书；尤其要注意的是马端临的卓越的著作《文献通考》（LVII），它当属中国文学中的不朽之作，这是一部范围广泛的，涉及所有主题、知识宝库和评论的论文集，这部著作中有所有（p. 180）古代中国留给我们的关于宗教、律法、农村政治经济、商业、农业、行政、博物学、自然地理学、人种志的资料，这些信息被汇总、分类、讨论，其条理和明晰程度都令人赞叹；最后这部著作，正如我在别处所提到的，[②] 相当于一部独立的图书馆，当中国文学不能再提供其他类似的著作时，这部著作就值得我们为了阅读它而学习汉语。

① 参见以上引用过的我的论文中（第 12 页）我为这两部著作所做的简介。更多日本百科全书的摘录，见《写本概述及摘录》（*Notices et extraits des Manuscrits*）第 11 卷。

② 参见《马端临生平》，载 *Biographie universelle*, t. XXVII, p. 461。

(p. 181)

本书以及《中庸》中出现的汉字表(按214部首顺序排列)

说明：这张表里的汉字是按照214部首顺序排列的【25, 32】。在每个部首下，汉字根据笔画的复杂程度来排列【33】。每个汉字下的数字是该字在本书中被讲解之处的页码。字母“T”后的数字是我在1817年出版的《中庸》的页码，这些索引与以单行本出版的供学生使用的《中庸》版本中的页码相同。若想得知这些字在《写本概述及摘录》(*Notices et Extraits des Manuscrits*)第十卷中所收录的《中庸》的页码，需要在这个数字上加上“264”，也就是《“四书”简评》(*Notice des Quatre Livres moraux*)第一页之前的总页数。极少数在其他作品中使用过的字在本表中没有给出索引，只标有该字的主要意思。我们尽量纠正极小的、容易被忽略的、关于词的声调的错误。这样做是为了对汉字表与相应的语法部分的内容之间可能存在的差异做出解释。此外我们不能忘记的是，与汉字发音相关的知识即使在中国也不那么重要。

在这张表所遵循的排列顺序所允许的范围内，我们特意尽量将那些字形比较相似而易混淆的汉字排在一起。如此一来，它们的不同之处就更容易被注意到，并且每个字下的发音和页码索引将有助于我们找到它真正的意思。

我们在使用此表时会遇到的困难【39, 41】将会在后表 2 中解决，这是十分必要的补充。

关于双音节词，见后文表 3“双音节词和复合词表”。

表 1 本书以及《中庸》中出现的汉字表①

1.re Clef.
一 *ĭ* p. 11.
丁 *tîng* 51.
七 *thsĭ* 49.
万 *wán* 49.
三 *sân* 49.
上 *chàng* 51.
下 *hiá* 51.
不 *poŭ* 102.
丑 *tchheoù* 52.
且 *thsiĕi* 94.
世 *chí* 49, 69.
丘 *khieoù* 48.
丙 *pìng* 51.
丟 *tieôu* 154.
並 *píng* T. 104.

2.e
丨 *kouèn* 11.
个 *kó* 116.
中 *tchoŭng* 2.

3.e
丶 *tchù* p. 11.
主 *tchù* 86

4.e
丿 *phiĕi* p. 11.
乃 *naï* 99.
久 *kieòu* 49, T. 88.
之 *tchî* 78.
乍 *tchá* 25.
乎 *hoû* 83.
乏 *fă* 3.
乘 *tchhîng* T. 16.

5.e
乙 *ĭ* p. 11.
九 *kieòu* 49.
乞 *khĭ* 109.
也 *yè* 82, 144.
乾 *khîan* 143.
亂 *louán* T. 76.

6.e
亅 *khioŭeï* p. 11.
了 *liaò* 135.
予 *iû* 52.
事 *ssé* 2.

7.e
二 *eúl* p. 11.
于 *iû* 83.
云 *yûn* 105.
五 *où* 49.
井 *tsíng* (puits.)
况 *hoáng* 100.
些 *siê* 117.
亟 *kĭ* T. 21.

8.e
亠 *theoû* p. 11.
亡 *wâng* 102.
交 *kiaô* 151.
亦 *ĭ* 104.
亨 *hêng* 51.
京 *kîng* (capitale)
亥 *hàï* 52.

9.e
人 *jîn* p. 11.
仁 *jîn* 81.
仄 *tsĕ* 172.
介 *kiáï* 124.
什 *chĭ* 129.
从 *thsoûng* 7.
今 *kîn* 56.
令 *líng* 125.
他 *thâ* 122.
仙 *sîan* 2.
以 *ì* 97.
代 *taï* T. 104.
伐 *fă* T. 48.
仲 *tchoúng* 51.
任 *jin* T. 75.
伊 *î* 56.
伍 *où* 49.

① 译者按：原书无表题，为方便阅读，特增加表题。

续表

伏 foŭ T. 21.	佞 níng T. 16.	俅 khieoû 74.	個 kó 116.	偕 kiâï 42.	儒 joû 39.	兒 eûl 110.	六 loŭ 49.
休 hieoû 99, 138.	佳 kiā 117.	俗 soŭ 8.	倍 péï T. 96.	做 tsó 150.	儕 tchhâï 58.	兕 ssé 60.	兮 hî 105.
件 kián 116.	併 píng (avec)	保 paò 76.	們 mên 122.	偷 theoû 154.	優 yeoû T. 95.	11.e	兵 pīng 69.
伯 pĕ 101, 110.	使 ssè 96.	俞 iû (consentir)	倒 táo 151.	備 pí 46.	10.e	入 jĭ p. 11.	其 khî 56.
佑 yeóu T. 59.	來 lâï 134.	俟 ssé 105.	倚 ì T. 43.	傳 tchhoûan 105.	儿 jîn p. 11.	內 néï 76.	典 tiàn (doctrine)
你 nì 119.	侍 chí 75.	信 sín 55.	借 tsiéï 3.	傾 khīng T. 59.	兀 wŏ 144.	全 thsioûan T. 143.	13.e
似 ssé T. 52.	依 ī 144.	修 sieoū 96.	倫 lûn T. 99.	僅 kìn 125.	元 youân 51.	兩 liàng 117.	冂 khioûng p. 11.
位 'wéi 53.	侯 héou 101.	俱 kiū 39.	倭 wō (japonois)	像 siáng 44.	兄 hioūng 95.	12.e	冕 miàn T. 16.
何 hô 10.	便 pián 149.	俺 'àn 197.	假 kià 3.	儀 î T. 15.	先 sīan 43.	八 pă p. 11.	
作 tsŏ 71.	係 hí 130.	倂 píng (avec)	偏 phīan T. 8.	儉 kián 87.	克 khĕ 43.	公 koūng 101.	

续表

14.e 冖 *mĭ* p. 11. 冥 *mîng* T. 155. 15.e 冫 *pîng* p. 11. 冰 *pîng* 131. 况 *hoáng* 100. 凉 *liâng* 174. 凍 *toúng* 147. 凝 *îng* T. 96.	16.e 几 *khì* p. 13. 凡 *fân* 73. 17.e 凵 *khàn* p. 12. 凶 *hioûng* 71. 出 *tchhoŭ* 101. 18.e 刀 *taô* p. 12. 刃 *jĭn* 69.	分 *fēn* 115. 切 *thsiĕï* 33. 刑 *hîng* T. 113. 列 *liĕ* T. 143. 初 *thsoû* 53. 别 *piĕï* 138. 利 *lì* 88. 到 *táo* 117. 刳 *khoû* 139. 制 *tchí* T. 99.	刻 *khĕ* T. 12. 則 *tsĕ* 93. 前 *thsîan* 74. 剛 *kâng* T. 107. 19.e 力 *lĭ* p. 12. 功 *koûng* 48. 加 *kiâ* 52. 助 *tsoú* 35. 勇 *yoùng* T. 71.	勉 *miàn* T. 51. 動 *toúng* 76. 勞 *laô* 73. 勸 *khioúan* 120. 20.e 勹 *paô* p. 12. 勺 *chŏ* T. 92. 勿 *wĕ* 103.	21.e 匕 *pí* p. 12. 化 *hoá* T. 84. 北 *pĕ* T. 43. 22.e 匚 *fâng* p. 12. 匠 *tsiáng* 109. 23.e 匸 *hì* p. 12. 匹 *phĭ* 51.	24.e 十 *chĭ* p. 12. 千 *thsîan* 49. 午 *'où* 52. 半 *pán* 144. 卋 *chí* (v. *chí*, cl. 1) 卑 *pēï* T. 55. 卓 *tchŏ* 92. 南 *nân* T. 43. 博 *pŏ* T. 80.	25.e 卜 *poŭ* p. 12. 26.e 卩 *tsiĕï* p. 12. 卯 *maò* 52. 危 *'wêi* T. 76. 却 *khiŏ* 150. 卷 *kiouan* 170. 卽 *tsĭ* 95.

续表

27.e	厺 khiú 7.	30.e	合 hŏ T. 8.	告 káo 132.	咱 tsă 117.	唯 'wêï T. 84.	嗚 'oû 84.
厂 hán p. 12.	參 thsân 7.	口 kheoù p. 12.	吉 kǐ 106.	呀 yâ 144.	咸 hân 39.	問 wén 42.	嘛 mâ 112.
厚 héou T. 76.	29.e	古 koù 7.	后 héou 89.	呂 liù (vertèbres)	哉 tsâi 99.	善 chén 41.	嘉 kiâ T. 59.
原 yoûan 158.	叉 yéou p. 12.	右 yéou 3.	向 hiang 117.	呢 nî 144.	哀 'âi 59.	喜 hì 94.	器 khí T. 64.
厥 kioüeï 59.	及 kǐ 54.	只 tchì 145.	同 thoûng 7.	周 tcheoû T. 16.	哄 hoùng 138.	喟 khouéï 75.	嚭 phì T. 143.
厦 hiá corps de logis	友 yéou 78.	叫 kiáo 151.	君 kiŭn 58.	味 wéï T. 8.	哥 kô 120.	喤 hoâng 74.	嚴 yân 90.
厭 yân 84.	反 fàn T. 35.	可 khò 72.	否 feoù 104.	呵 hô 144.	哩 lí 144.	喪 sâng T. 63.	31.e
28.e	叔 choŭ 150.	吃 kǐ 139.	含 hân (contenir)	呼 hoû 84.	哲 tchĕ T. 96.	喭 yán 65.	囗 wêï p. 12.
厶 ssê p. 11.	取 thsiù 55.	各 kŏ 59.	吳 'oû 132.	命 mìng 41.	哈 hân (manger)	喇 lă 112.	四 ssé 49.
去 khiú 134.	受 chéou 135.	名 mîng 48.	吾 'oû 52.	和 hô 89, 112.	唐 thâng 95.	嘗 tchhâng T. 67.	回 hoêï 170.

续表

因 yên T. 59.
困 khouén T. 71.
固 kóu 75.
囿 yéou 85.
國 kouĕ 59.
園 yoûan 111.
圖 thoû (carte.)

32.e
土 thoù p. 12.
圡 thoù 8.

在 tsáï 66.
地 tí 45.
坂 fàn 7.
[illegible] fàn 7.
均 kiĉn T. 40.
坐 tsó 72.
執 tchĭ T. 39.
培 phêï T. 59.
堂 thûng 125.
堯 yaô 46.

報 paó 79.
場 tchhâng 175.
塔 thă 50.
塗 thoû T. 44.
塞 sĕ T. 43.
塵 tchhîn (poussière)
增 thsêng T. 134.

33.e
士 ssé p. 12.
壬 jîn 51.

声 chîng 8.
壹 ĭ 49.
壽 cheóu T. 59.

34.e
夂 tchî p. 12.

35.e
夊 soûï p. 12.
変 pián 8.
夏 hiá 43.

36.e
夕 sĭ p. 12.
外 wáï 42.
夙 soŭ T. 103.
多 tô 38.
夜 yé T. 103.
夢 méng 84.

37.e
大 tá p. 12.
太 tháï 114.

夭 yào T. 153.
天 thîan 40.
夫 foû 55.
失 chĭ T. 40.
夷 î T. 52.
奉 foùng 121.
奏 tséou T. 112.
契 khí 120.
奚 hî 55.
奢 chê 87.

38.e
女 niù p. 12.
奴 noû (esclave.)
如 joû 96.
好 haò 41.
妃 fĕï 59.
妍 khîan 129.
妖 yaô T. 87.
妙 miáo 145.
妹 mĕï 110.

姊 tseù 145.
姐 thsiĕï 125.
妻 thsî 78.
妾 thsiĕï 136.
始 chì 41.
姓 síng 47.
姬 kî 136.
威 'wĕï T. 95.
娘 nîang 143.
婦 foú 2.

续表

媒 mêï 135.	孤 koû 54.	守 cheoù T. 39.	容 yoûng 134.	寡 kouà 53.	將 tsîang 68, 131.	43.e	屬 choŭ 58.
婿 sí 117.	孥 noû T. 53.	安 ngân 55, 98.	宰 tsàï T. 143.	實 chĭ 35.	專 tchouân T. 99.	尢 wâng p. 13.	45.e
39.e	孩 hâï 111.	宋 soúng T. 100.	害 háï 130.	寧 nîng 87.	尊 tsûn 126.	尤 yeôu 46.	屮 tchhĕ p. 13.
子 tseù p. 12.	孫 sûn T. 59.	完 houân 143.	宴 yàn (festin.)	審 chìn T. 80.	尋 thsîn 119.	就 tsiéou 95.	46.e
孔 khoùng 48.	孰 choŭ 46, 63.	宗 tsoûng 40.	家 kiâ 89.	寫 sièï 156.	對 toúï 112.	44.e	山 chân p. 13.
字 tseú 35.	學 hiŏ 41.	官 kouân 36.	寅 yên 52.	寬 khouân 138.	42.e	尸 chî p. 13.	岅 fàn 7.
存 thsûn 68.	孽 nièï T. 87.	定 tíng 131.	密 mĭ 7.	寶 pào T. 18.	小 siaò p. 13.	尺 tchhĭ 163.	峻 tsiún T. 95.
孝 hiáo 41.	40.e	宜 î 84.	富 foú 83.	41.e	少 chaò 93.	尼 nî 48.	崇 thsoûng T. 96.
孟 méng T. 9.	宀 mîan p. 12.	室 chĭ T. 55.	寒 hân 125.	寸 thsún p. 12.	尚 cháng 112.	居 kiû 61.	嶽 yŏ T. 92.
季 kí T. 60.	宅 tsĕ 53.	客 khĕ 86.	察 tchhă T. 39.	射 ché T. 52.		屋 wŏ T. 112.	

续表

47.e 巛 *tchhouân* p. 13. 川 *tchhouân* 13. 州 *tcheoû* 40. 48.e 工 *koûng* p. 13. 左 *tsò* 3. 巧 *khiaò* 145. 差 *tchhâ* T. 8.	49.e 己 *kì* p. 13. 已 *ì* 13, 136. 巳 *ssé* 13, 68. 巴 *pâ* 138. 巽 *sún* p. 8. 50.e 巾 *kîn* p. 13. 布 *poú* T. 67. 帖 *thiĕ̈ï* 156.	帑 *noû* (bru.) 帝 *tí* 48. 帶 *taï* 104. 師 *ssê* 65. 席 *sĭ* 102. 常 *tchhâng* T. 155. 幬 *taó* T. 104. 51.e 干 *kân* p. 13. 平 *phîng* 15.	年 *nîan* 73. 幷 *pîng* (avec.) 幸 *hîng* T. 52. 52.e 幺 *yaò* p. 13. 幽 *yeoû* T. 155. 幾 *kì* 74. 53.e 广 *yàn* p. 13. 庅 *mò* 160.	序 *siú* 98. 庚 *kêng* 51. 府 *foù* 111. 度 *toú* T. 56. 座 *tsó* 50. 庶 *chú* 38. 康 *khâng* (paix.) 庸 *yoûng* T. 6. 廈 *hià* (grande maison.) 廟 *miaó* 49.	廢 *fĕï* T. 44. 廣 *kouàng* 49. 54.e 廴 *yèn* p. 13. 廷 *thîng* 55. 建 *kián* T. 100. 55.e 廾 *koûng* p. 13. 56.e 弋 *ĭ* p. 13.	57.e 弓 *koûng* p. 13. 弗 *fĕ* 102. 弟 *tí* 95. 巽 *sún* 8. 强 *khiâng* 58. 彌 *mî* 100. 疆 *kîang* T. 91.	58.e 彐 *kí* p. 13. 彙 *'wĕï, lóuï* collection. 59.e 彡 *sân* p. 13. 形 *hîng* 1, 3. 60.e 彳 *tchhĭ* p. 13. 彼 *pì* 59. 往 *wàng* 57.

续表

征 *tchîng* 57.	徵 *tchîng* 103.	忠 *tchoûng* 129.	性 *síng* 96, T. 32.	恨 *hén* 138.	情 *thsîng* 162.	愧 *kouéï* T. 112.	憫 *mìn* 54.
很 *hèn* 115.	德 *tĕ* 43.	念 *nián* 60.	怪 *kouáï* 69.	悠 *yéou* T. 91.	惜 *sĭ* 83.	慍 *yún* T. 142.	憾 *hán* T. 47.
律 *liŭ* T. 104.	徼 *kiáo* T. 52.	忽 *hoŭ* 75.	恐 *khoùng* 139.	患 *hoán* T. 52.	惟 *wêï* 43.	慎 *chín* 43.	應 *îng* (répondre)
後 *héou* 62.	61.e 心 *sîn* p. 14.	快 *khouáï* 149.	恕 *choú* T. 48.	悔 *hoèï* T. 44.	想 *siàng* 147.	慶 *khíng* 128.	懷 *hoâï* T. 75.
待 *táï* 155.	必 *pĭ* 44.	怎 *tsèng* 142.	息 *sĭ* 58.	悖 *péï* T. 100.	愈 *iù* 100.	憂 *yeoû* T. 60.	懼 *kiú* 94.
得 *tĕ* 39, 133.	忌 *kí* T. 35.	怒 *noú* T. 32.	恙 *yáng* 125.	悟 *'oú* 127.	意 *í* 2.	慢 *mán* 141.	62.e 戈 *kô* p. 14.
從 *thsoûng* 7.	忘 *wâng* 138.	思 *ssê* 98.	恭 *koûng* 135.	惑 *hoĕ* T. 75.	愚 *iû* 54.	慥 *thsaó* T. 51.	戊 *méou* 51.
御 *iú* 53.	志 *tchí* 59.	怠 *táï* 146.	恥 *tchhì* T. 72.	惠 *hoéï* bienfaisant	愛 *'ái* 59.	慟 *toúng* 60.	戌 *siŭ* 52.
復 *foŭ* 72.	忍 *jìn* 75.	怨 *youán* 90.	恆 *hêng* 62.	惡 *'ŏ* 44, 105.	感 *kàn* (émotion.)	憲 *hián* T. 59.	戎 *joûng* T. 60.
徽 *wêï* 103.		怕 *phá* 146.	恤 *siŭ* T. 137.	悶 *mén* 61.	惱 *naò* 147.	憚 *tán* T. 35.	

续表

戒 kiái T. 32.
成 tchhîng 49.
我 'ò 52.
或 hoĕ 128.
戲 hí 175.

63.e
户 hoù p. 14.

所 sò 62.
戾 lí T. 47.
房 fâng 109.

64.e
手 cheoù p. 14.

才 thsâi 120.
打 tà 153.
龵 cheoù (main.)
扶 foû 101.
技 kí 57.
把 pà 154.
抑 ĭ 91.
承 tchhîng T. 56.

招 tchaô 155.
拜 pái 118.
持 tchhî T. 76.
指 tchì 2.
按 'án 54.
拾 chĭ 49, 129.
拿 nâ 134.
拳 khioûan T. 40.
振 tchín T. 92.
捌 pă 49.

授 chéou T. 8.
接 tsiĕ 69.
措 tsĕ T. 80.
掌 tchàng 43.
提 thî 153.
揚 yâng T. 39.
掩 yàn T. 56.
援 youân T. 52.
撮 thsŏ T. 92.
擇 tsĕ 117.

擭 hoá T. 39.
攜 hî (conduire)

65.e
支 tchî p. 14.

66.e
攴 phoŭ p. 14.

攸 yeoû T. 21.
改 kàï T. 48.
攻 koûng T. 21.
放 fáng. 90.

政 tchíng 82.
故 koú 61.
教 kiaó 82, 151.
敏 mìn T. 68.
救 kieóu 88.
敝 pí 124.
敢 kàn 64.
散 sàn T. 8.
敦 thûn T. 96.
敬 kíng 62.

數 soú 135.
斂 lian T. 76.
斁 ĭ (fin.)

67.e
文 wên p. 14.

68.e
斗 teoù p. 14.

69.e
斤 kin p. 14.

斯 ssê 61.

新 sin 71.

70.e
方 fâng p. 14.

於 iû 83.
施 chî 63.
旅 liù T. 64.

71.e
无 woû p. 14.

既 kí 69.

续表

72.e		73.e	74.e	75.e			76.e
日 jĭ p. 14.	昨 tsŏ 74.	日 youĕï p. 14.	月 youĕï p. 14. v. la 130.e	木 moŭ p. 15.	東 toūng 71.	栽 tsâï T. 59.	欠 khián p. 15.
旨 tchì 122.	昭 tchaô T. 92.	曲 khioŭ T. 84.	有 yeoù 66.	未 wéï 104.	果 kò 96.	桑 sāng 101.	次 thseú T. 84.
昆 kouēn T. 71.	是 chí 39, 60.	更 kēng 114.	朋 phêng 165.	末 mŏ T. 8.	林 lîn 132.	梓 tseù (planches)	欲 yoŭ 52.
昌 tchhāng 36.	時 chî 91.	曷 hŏ 105.	服 foŭ 103.	本 pèn 7.	柏 pĕ 4.	梵 fán (Indien.)	欽 khîn 49.
明 mîng 2.	晚 wàn 118.	書 choū 4.	望 wáng 54.	朱 tchū T. 6.	柒 thsĭ 49.	極 kĭ 46.	欺 khî 67.
易 ĭ 134.	智 tchí T. 143.	替 thí 112.	朕 tchín 53.	朽 hieòu 119.	柴 tchhâï 65.	楚 thsoù 78.	歟 iû 88.
昔 sĭ 97.	暗 'án 129.	最 tsoúï 46.	朝 tchhaô 26.	材 thsâï T. 59.	柔 jeoû T. 43.	樂 lŏ, yŏ 26, 42.	77.e
星 sīng T, 92.	暨 kí 42.	曾 thsêng 68, 136.	期 kî T. 39.	杞 khì T. 99.	柯 kô T. 48.	樹 choú T. 68.	止 tchì p. 15.
春 tchhūn T. 27.	曉 hiào 118.	會 hoéï 2, 137.		来 lâï 8.	株 tchū 144.	橋 khiaô (pont.)	正 tchíng 3, 7.
					格 kĕ 38.		

续表

- 此 *thseù* 59.
- 武 *woù* 48.
- 歷 *lĭ* T. 149.
- 歸 *kouēï* 43.
- 78.e
- 歹 *yă* p. 15.
- 歺 *id.*
- 死 *ssè* 59.
- 殆 *taï* T. 16.
- 殖 *tchĭ* T. 92.

- 殪 *ĭ* 60.
- 79.e
- 殳 *chû* p. 15.
- 殷 *yēn* T. 16.
- 殺 *chă* 26.
- 毅 *ĭ* T. 107.
- 80.e
- 毋 *woû* p. 15.
- 母 *moù* 38.
- 每 *mèï* 122.

- 毒 *toŭ* 149.
- 81.e
- 比 *pì* p. 15.
- 82.e
- 毛 *maô* p. 15.
- 毫 *haô* 157.
- 83.e
- 氏 *chí* p. 15.
- 民 *mîn* 40.

- 84.e
- 气 *khí*
- 氣 *khí* T. 28.
- 85.e
- 水 *choùï* p. 15.
- 永 *yòung* T. 103.
- 求 *khieoû* 43.
- 汗 *hán* (sueur.)
- 江 *kiâng* (fleuve.)
- 池 *tchhî* 70.

- 汝 *joù* 54.
- 汜 *ssè* 101.
- 沒 *moŭ* 137.
- 沙 *châ* 25.
- 河 *hô* 40.
- 治 *tchí* 73.
- 沼 *tchaò* T. 21.
- 法 *fă* 103.
- 泡 *phaó* 134.
- 泪 *loúï* 2.

- 波 *pô* 160.
- 泉 *thsîouan* T. 107.
- 洋 *yâng* 77.
- 洩 *siĕï* T. 92.
- 洞 *toúng* 164.
- 津 *tsīn* (pont.)
- 洲 *tcheoû* (île.)
- 活 *hŏ* 64.
- 流 *lieoû* T. 43.
- 浩 *háo* T. 111.

- 海 *haï* 40.
- 淡 *tán* 113.
- 淫 *yên* T. 16.
- 深 *chīn* 46.
- 淵 *youân* T. 47.
- 清 *thsîng* 120.
- 溫 *wēn* T. 96.
- 測 *thsĕ* T. 91.
- 源 *youân* 41.
- 溢 *ĭ* T. 108.

- 溥 *phoŭ* T. 107.
- 滿 *màn* T. 12.
- 漢 *hán* T. 12.
- 漏 *léou* T. 112.
- 潑 *phŏ* 141.
- 潛 *thsîan* T. 11.
- 潼 *thoung* nom de fleuve
- 濛 *mêng* 101.
- 濯 *tchŏ* T. 21.
- 灑 *chà* 25.

续表

86.e 火 *hò* p. 15.	熹 *hî* T. 6. 燕 *yân* T. 153. 營 *îng* T. 21.	88.e 父 *foú* p. 15.	92.e 牙 *yá* p. 15.	94.e 犬 *khioùan* p. 15.	95.e 玄 *hioûan* p. 16.	琴 *khîn* T. 55. 琵 *phî* 112. 琶 *phâ* 112. 瑟 *sĕ* T. 55. 璘 *lîn* (éclat.)	99.e 甘 *kân* p. 16.
烏 *'oû* 84. 裁 *tsâi* T. 99. 烹 *phêng* 69. 焉 *yân* 92. 然 *jân* 93. 無 *woû* 102. 照 *tchào* T. 108. 煩 *fân.* 147.	87.e 爪 *tchaò* p. 15.	爺 *yê* 122.	93.e 牛 *nieoû* p. 15.	狄 *tĭ* T. 52. 狗 *keoù* 139. 猜 *thsâï* 152. 猶 *yeoû* 95. 獨 *toŭ* 70. 獲 *hoĕ* T. 68. 獸 *chéou* 70. 獻 *hiàn* (offrir.)	玄 *id.* 玆 *tseû* 50. 率 *soŭ* 92.	97.e 瓜 *kouâ* p. 16.	甚 *chín* 46.
	爭 *tsēng* T. 112. 爲 *'wêï* 99. 爵 *tsiŏ* 72.	89.e 爻 *yaô* p. 15.	牝 *phìn* 110. 牡 *meoù* 110. 牣 *jín* T. 21. 物 *wĕ* 39. 特 *tĕ* 149.		96.e 玉 *iŭ* p. 16.	98.e 瓦 *wà* p. 16.	100.e 生 *sêng* p. 16.
		爾 *eùl* 54.			王 *wâng* 41. 玩 *wón* T. 8. 理 *lì* T. 8.		甥 *sêng* 110.
		90.e 爿 *pân, tchhoûang* p. 15.					101.e 用 *yoúng* p. 16.
		91.e 片 *phiàn* p. 15.					

续表

102.e 田 *thîan* p. 16. 由 *yeoû* 44. 甲 *kiâ* 51. 申 *chîn* 52. 男 *nân* 101. 畏 *'wéï* T. 75. 略 *liŏ* 141. 異 *í* 43. 畱 *lieoû* 140.	當 *táng* 61. 103.e 疋 *soû* p. 16. 疑 *î* 151. 104.e 疒 *nĭ* p. 16. 疚 *kiéou* T. 79. 疾 *tsĭ* 53. 病 *píng* 68.	105.e 癶 *pŏ* p. 16. 癸 *kouèï* 51. 癹 *fă* 8. 登 *têng* T. 55. 發 *fă* p. 8. 106.e 白 *pĕ* p. 16. 百 *pĕ* 49. 的 *tĭ* 112.	皆 *kiâï* 39. 皇 *hoâng* 48. 107.e 皮 *phî* p. 16. 108.e 皿 *mìng* p. 16. 盃 *pêï* 135. 盇 *hŏ* 59, 104. 盍 *hŏ* 59, 104. 盖 *kái* (couverture.)	盒 *hŏ* 111. 益 *ĭ* 46, 100. 盛 *tchhîng* 77. 盡 *tsín* T. 8. 盧 *loû* T. 68. 109.e 目 *moŭ* p. 16. 相 *siâng* 87. 省 *sìng* 52. 看 *khán* 130.	眞 *tchîn* 148. 眩 *hiouàn* T. 75. 眼 *yàn* 152. 着 *tchŏ* 132. 眾 *tchoúng* 38. 睃 *tsiùn* 154. 睛 *tsîng* 154. 睨 *ñí* T. 48. 睡 *choúï* 156. 睹 *toù* T. 32.	睿 *joúï* T. 107. 瞵 *lîn* (regarder.) 110.e 矛 *meoû* p. 16. 矜 *kîng* T. 76. 111.e 矢 *chì* p. 16. 矣 *ì* 105. 知 *tchî* 26. 矧 *chìn* T. 56.	矮 *yàï* 175. 矯 *kiaò* T. 43. 112.e 石 *chĭ* p. 16. 破 *phó* 117. 113.e 示 *khî* p. 17. 社 *chĕ* T. 67. 祀 *ssé* T. 56. 祖 *tsoù* 49.

续表

神 *chîn* 38.
祭 *tsí* T. 56.
祥 *tsiâng* T. 87.
祿 *loŭ* 72.
禍 *hŏ* T. 87.
禎 *tchîng* T. 87.
福 *foŭ* T. 87.
禘 *tí* T. 67.
禮 *lì* 70.
禱 *taò* 90.

114.e
内 *jeoù* p. 17.
禽 *khîn* T. 92.

115.e
禾 *hô* p. 17.
秋 *thsieoū* T. 27.
秘 *pí* (mystère.)
移 *î* 71.
程 *tchhîng* T. 8.
稟 *pìn* T. 76.

稱 *tchhîng* 92.
穆 *moŭ* T. 95.

116.e
穴 *hiouĕ'i* p. 17.
空 *khoūng* 96.
窈 *yaò* T. 155.
窮 *khioûng* 91.
竈 *tsáo* (foyer.)

117.e
立 *lĭ* p. 17.
竝 *píng* (tous.)
章 *tchâng* 170.
童 *thoûng* 39.
端 *touân* 142.

118.e
竹 *tchoŭ* p. 17.
笑 *siáo* 139.
第 *tí* 51.

筆 *pĭ* 58.
等 *tèng* 58, 122.
策 *thsĕ* T. 67.
箇 *kó* 116.
管 *kouàn* 146.
節 *tsiĕ'i* 170.
篆 *tchouàn* 5.
篇 *phiân* T. 8.
篤 *toŭ* T. 59.
⿱竹差 *tsŏ* 102.

簡 *kiàn* T. 111.
籒 *tchéou* nom d'hom.e

119.e
米 *mì* p. 17.
精 *tsîng* 162.
糞 *fén* 155.

120.e
糸 *mĭ* p. 17.
納 *nă* T. 39.
純 *chûn* T. 95.

素 *soú* 69, T. 138.
索 *sŏ* T. 138.
細 *sí* 132.
終 *tchoūng* 150.
絅 *kioùng* T. 111.
絕 *tsiouĕ'i* 114.
絧 *thoûng* (toile.)
統 *thoùng* 56.
經 *kīng* 36, 136.
綸 *lûn* T. 108.

維 *'weî* T. 95.
緊 *kìn* 115.
緒 *siú* T. 60.
緣 *yoûan* 113.
繆 *miéou* T. 100.
繙 *fân* T. 12.
繫 *hí* T. 92.
繼 *kí* T. 76.
纔 *thsâi* 141.
纘 *tsouàn* T. 60.

续表

121.e 缶 feòu p. 17.

122.e 网 wàng p. 17.
罕 hàn 88.
罟 koù T. 39.
罵 mà 149.
罷 pá 135.

123.e 羊 yâng p. 17.
美 meì 88.
羣 kiûn 40.
義 í 41.

124.e 羽 iù p. 17.
習 sǐ 89.
翔 thsiâng T. 15.
翕 hǐ T. 56.
翰 hán 132.

125.e 老 laò p. 17.
考 khaò T. 99.
者 tchè 80.

126.e 而 eûl p. 17.
耍 chouà 148.

127.e 耒 loúi p. 17.
耕 kēng 58.

128.e 耳 eùl p. 17.
耶 yê 86.
耻 tchhì 98.
耽 tân T. 55.
聖 chíng 44.
聘 phíng 131.
聚 tsiú T. 143.
聞 wén 2.
聰 thsoûng T. 107.
聲 chîng 3.
聽 thíng 155.

129.e 聿 iŭ p. 17.
肆 ssé 49.

130.e 肉 joŭ p. 17. v. la 74.e
肖 siáo T. 36.
肚 toú 152.
肝 kân 139.
肫 tchûn T. 111.
肯 khèng 159.
育 yoŭ T. 35.
背 péï 154.
胡 hoû 105.
能 nêng 69.
脩 sieoû T. 32.
脫 thŏ 137.
腦 nào 154.
膺 îng T. 40.

131.e 臣 tchhîn p. 17.
臨 lîn T. 107.

132.e 自 tseú p. 18.
臭 hiéou T. 115.

133.e 至 tchí p. 18.
致 tchí T. 35.
臺 thâï 70.

134.e 臼 khieoù p. 18.
臾 iû T. 3.

续表

與 iù 86.
興 hîng T.87.
舉 kiù T.15.
[illegible] tchhîn poussière.

135.e
舌 chĕ p.18.
舍 ché 123.

136.e
舛 tchhouàn p.18.
舜 chún 46.

舞 woù T.16.

137.e
舟 tcheoû p.18.
般 pân 141.
船 tchhouân 109.

138.e
艮 kén p.18.

139.e
色 sĕ p.18.
色 Id.

140.e
艸 thsaò p.18.
花 hoâ 114.
苟 keoù 70.
若 jŏ 96.
苦 khoù 145.
茶 tchhâ 134.
草 thsaò 5.
莊 tchhoûang T.107.
莫 mŏ 102.

菊 kioŭ 135.
菴 'ân T.134.
華 hoâ 75.
萬 wán 49.
落 lŏ 149.
著 tchú 132.
葬 tsáng T.63.
葢 kaï (v. le suiv.)
蓋 kaï 102.
蒙 mêng 56.

蒲 phoû T.68.
蓍 chî T.87.
蓄 hioŭ 136.
蕩 táng T.144.
薄 pŏ T.76.
薦 tsiăn 17.
藏 thsâng T.8.
藥 yŏ 148.

141.e
虍 hoû p.18.
虛 hiû 35.
處 tchhoù 57.
處 tchhoù 8.
虜 loù 58.
號 hâo 49.

142.e
虫 hoeï p.18.
蚤 tsaò T.103.

蚪 teoù 5.
蛟 kiaô T.92.
蜜 mĭ 7.
蝌 khô 5.
蠻 mân T.108.

143.e
血 hioŭeĭ p.18.
衆 tchoúng 38. v. la Clef 109.e

144.e
行 hîng p.18.
衍 yàn (inondation.)

145.e
衣 ï p.18.
衽 jín T.43.
袍 phaò 127.
被 péï 139.
裏 lì 141.
裔 ï (race.)

续表

裕 *iú* T. 107.
補 *poù* T. 134.
裳 *tchâng* T. 64.
製 *tchí* 170.
複 *foŭ* 47.
襲 *sĭ* T. 12.

146.e

襾 *yă* p. 18.

西 *sî* 106.
要 *yaó* 137.
覆 *foŭ* T. 59.

147.e

見 *kián* p. 18.

視 *chí* 63.
親 *thsîn* 58.
覺 *kiŏ* 84.
觀 *kouân* 63.

148.e

角 *kiŏ* p. 18.

149.e

言 *yân* p. 18.

訓 *hiún* (explication.)
託 *thŏ* 78.
記 *kí* T. 143.
訪 *fàng* 119.
設 *chĕ* T. 64.
許 *hiù* 51.
註 *tchú* 3.
試 *chí* T. 76.
詩 *chî* 171.
詮 *tsiouân* T. 143.
話 *hoá* 36.
語 *iù* 46.
誠 *tchhîng* 81.
誤 *'oú* 8.
說 *chouĕ* 37.
誰 *choûï* 63.
請 *thsìng* 138.
論 *lûn* 96.
謚 *chí* 48.
諱 *hoéï* 48.
諸 *tchoû* 85.
謀 *meoû* T. 146.
謂 *'wéï* 80.
謳 *tcheoû* (injurier.)
謝 *siĕï* 143.
講 *kiàng* 137.
謫 *tsĕ* 139.
謹 *kìn* 122.
譌 *'ô* 8.
識 *chĭ* 84.
譯 *ï* T. 12.
議 *í* T. 99.
譴 *khiàn* 139.
譽 *iú* T. 103.
讀 *toŭ* 132.
變 *pián* 8.
讒 *tsân* T. 75.
讓 *jáng* 64.

150.e

谷 *koŭ* p. 18.

151.e

豆 *téou* p. 18.

豈 *khì* 70.

152.e

豕 *chì* p. 18.

豝 *pâ* 60.
象 *siáng* 1.
豫 *iú* 73.

153.e

豸 *tchhì* p. 18.

貊 *mĕ* T. 108.

154.e

貝 *péï* p. 18.

貞 *tchîng* 51.
財 *thsâï* T. 75.
貢 *kóung* T. 153.
貧 *pîn* 95.
貨 *hó* T. 75.

续表

貳 *eûl* 49.
貴 *koué ï* 83, 126.
買 *maï* 134.
費 *fé ï* 65.
賛 *tsán* v. plus bas.
質 *tchï* T. 100.
賜 *ss* 56.
賤 *tsián* 91, 124.
賞 *cháng* 50.
賢 *hîan* 46.

賣 *maï* 154.
賦 *foú* (éloge.)
賴 *lâï* 56.
贊 *tsán* T. 84.

155.e
赤 *tchhĭ* p. 18.

156.e
走 *tseoù* p. 18.
赱 *tseoù* 8.
起 *khì* 153.

157.e
足 *tsoŭ* p. 19.
跟 *kên* 146.
跡 *tsĭ* (trace.)
跪 *koué ï* 147.
路 *loú* 78.
跲 *khiĕ ï* T. 79.
踐 *tsián* T. 64.
蹈 *taó* 72.
躍 *yŏ* 74.

158.e
身 *chîn* p. 19.
躬 *koûng* 58.
躰 *thì* (membre.)
軆 *thì* *id.*

159.e
車 *tchhê* p. 19.
軌 *kouĕï* T. 99.
軒 *hîan* 132.
輅 *loú* T. 16.

載 *tsá ï* T. 47.
輩 *pé ï* 122.
輶 *yeoû* T. 115.
轉 *tchouàn* 3.

160.e
辛 *sîn* p. 19.
辟 *pĭ* 65.
辨 *pián* T. 80.
辭 *thseû* 35, 72.

161.e
辰 *tchîn* p. 19.
農 *noûng* 109.

162.e
辵 *tchhŏ* p. 19.
迎 *îng* T. 76.
近 *kín* 43.
述 *choŭ* 69.
送 *soúng* 129.
追 *toûi* T. 63.

退 *thoú ï* T. 8.
建 *iŭ* en marchant.
這 *tché* 127.
通 *thoûng* 7.
造 *thsaó* T. 47.
連 *lîan* 148.
逮 *tá ï* T. 64.
遂 *soú ï* 132.
遇 *iú* rencontrer
遊 *yeoû* 78.

運 *yún* 57.
過 *kouó* 93, 136.
道 *taó* 41, 130.
達 *tă* T. 35.
違 *'wê ï* T. 48.
遠 *youàn* 84.
遯 *tún* T. 44.
遵 *tsûn* 122.
選 *siouàn* 17.
遺 *î* 66.

续表

還 hoân 114, 148.	部 poú 9.	醫 ï 83.	鉤 keoû T. 138.	169.e	陵 lîng T. 52.	171.e	雜 tsă mélange.
邇 eùl T. 39.	都 toū 39.	165.e	銀 yên 117.	門 mên p. 19.	陸 loŭ 49.	隶 táï p. 19.	離 lî T. 32.
邊 piān 43.	鄧 têng T. 134.	釆 piàn p. 19.	銅 thoûng 113.	開 khāï 145.	陷 hián T. 39.	隸 lí 7.	難 nân 133.
163.e	鄭 tchíng T. 16.	166.e	錦 kìn T. 111.	闇 'àn T. 111.	陳 tchîn 66, T. 64.	172.e	173.e
邑 ï p. 19.	164.e	里 lì p. 19.	錯 thsó 132.	170.e	陰 yēn obscurité.	隹 tchoûï p. 19.	雨 iù p. 19.
那 ná 127.	酉 yeoù p. 19	重 tchoúng 79.	鑑 kían (miroir.)	阜 feoù p. 19.	隊 toúï T. 108.	集 tsĭ T. 15.	雪 siouĕï 194.
邦 pāng T. 16.	配 phéï T. 91.	167.e	168.e	阪 fàn 7.	隨 soûï 142.	雄 hioûng 110.	雱 pâng 174.
邪 yê 86.	酒 tsieoù 132.	金 kīn p. 19.	長 tchâng p. 19.	阱 tsíng T. 39.	險 hiàn T. 52.	雅 yà (droit.)	零 lîng 115.
郊 kiaô T. 67.	酬 tchheoû [illegible]. 64.	鈇 foû T. 112.		阿 ô, â 113.	隱 yèn 43.	雌 thseû 110.	霜 chouâng T. 108.
郎 lâng 113.	醉 tsoúï 164.	鉞 youĕï T. 112.		陛 pí 56.		雖 soûï 68.	露 loú T. 108.

续表

靈 lîng p. 56.

174.e
青 thsîng p. 19.

175.e
非 fĕï p. 19.
靡 mì T. 112.

176.e
面 mián p. 20.

177.e
革 kĕ p. 20.
鞋 hiâï 109.

178.e
韋 'wêï p. 20.

179.e
韭 kieoù p. 20.

180.e
音 yên p. 20.
韶 chaô T. 16.

181.e
頁 hiĕï p. 20.
順 chún T. 55.
須 siû T. 32.
頭 theoû 111.
顏 yân 47.
願 youán 48.
類 loúï 102.
顧 koú T. 51.
顯 hiàn 103.

182.e
風 foûng p. 20.

183.e
飛 fĕï p. 20.

184.e
食 chĭ p. 20.
飲 yén 104.
飯 fán 160.
飽 paò 164.
餓 'ó 147.
餘 iû 51.
饗 hiàng T. 59.

185.e
首 cheoù p. 20.

186.e
香 hiâng p. 20.

187.e
馬 mà p. 20.
馬 mà 8.
駕 kià 121.
駭 kiáï T. 144.
驅 khiû T. 39.
驕 kiaô 62.

188.e
骨 koŭ 20.
體 thì T. 56.

189.e
高 kaô p. 20.

190.e
髟 pieoû p. 20.

191.e
鬥 téou p. 20.

192.e
鬯 tchháng p. 20.

193.e
鬲 lĭ p. 20.

194.e
鬼 kouèï p. 20.
鬼 kouèï 8.

195.e
魚 iû p. 20.
魯 loù 65.
鮮 siàn 26.
鯉 lì 4.

196.e
鳥 niaò p. 20.
鳴 mîng 2.
鳶 yoûan T. 47.
鵠 koŭ T. 55.

续表

鶴 hŏ T. 21. 197.e 鹵 loù p. 20. 198.e 鹿 loŭ p. 20. 麀 yeoû 160. 199.e 麥 mĕ p. 20.	200.e 麻 mâ p. 20. 麼 mô 160. 201.e 黃 hoâng p. 21. 202.e 黍 chù p. 21. 203.e 黑 hĕ p. 21. 默 mĕ T. 96.	點 tiàn 157. 204.e 黹 tchì p. 21. 205.e 黽 mìng p. 21. 黿 yoûan T. 92. 鼂 thô T. 92. 鼈 piĕ'i T. 92. 206.e 鼎 tìng p. 21.	207.e 鼓 koù p. 21. 208.e 鼠 chù p. 21. 209.e 鼻 pí p. 21. 210.e 齊 thsî p. 21. 211.e 齒 tchhì p. 21.	212.e 龍 loûng p. 21. 213.e 龜 koûeï p. 21. 龜 koûeï T. 87. 214.e 龠 yŏ p. 21.			

（p. 203）

难辨部首字表（按笔画数排列）

说明：上一张表中部首难以辨认的字【39】在这张表中按笔画数量排列，从一画、两画字开始，以此类推。每个部分开头的罗马数字代表这部分汉字的笔画数。所以，如果想找到某个难字，需要数该字的总笔画数，并找到那个相应笔画数的部分。每个汉字下面的数字是其所属部首的序号，这个数字起到索引的作用，它既可以将你引到上一张总表，也可以引到之前的 214 部首表【11—21 页】，在部首表中我们可以将部首与它的变体进行对比。我们在这张表中没有收录那些只由两个部首组成的汉字，因为对于这一类字来说，在难检字表中查阅它们没有节省多少时间，也没有必要。我们可以先查一个部首，再查另一个，这样所用的时间差不多，或许我们在所查的第一个部首下就能找到这个字。

有可能出现这样的情况，尤其是一开始，我们会在数笔画的时候多数或少数一画【40】。此时可以在我们本认为该字所属的部分之前或之后的那个部分找找这个字。

表 2　难辨部首字表

II.

七 1.
乃 4.
九 5.
了 6.

III.

下 1.
上 1.
久 4.
也 5.
于 7.
凡 16.
己 49.
巳 49.
才 64.

IV.

不 1.
丑 1.
中 2.
之 4.
亍 6.
五 7.
井 7.
以 9.
今 9.
仄 9.
內 11.
六 12.
厺 12.
兮 12.
切 18.
夃 18.
化 21.
午 24.
及 29.
友 29.
天 37.
夫 37.
巴 49.
王 96.

V.

丘 1.
世 1.
且 1.
主 3.
乎 4.
乍 4.
令 9.
出 17.
加 19.
北 21.
半 24.
卯 26.
可 30.
左 48.
平 51.
年 51.
弗 57.
必 61.
正 77.
母 80.
民 83.
由 102.
甲 102.
申 102.

VI.

全 11.
危 26.
后 30.
同 30.
向 30.
在 32.
夙 36.
夷 37.
字 39.
存 39.
州 47.
曲 73.
有 74.
朱 75.
此 77.
死 78.
永 85.
百 106.
考 125.
西 146.

VII.

兕 7.
兵 12.
初 18.
㚔 24.
吳 30.
𡉀 32.
坐 32.
孝 39.
廷 54.

续表

率 95. 衆 109. 禽 114. 章 117. 脩 130.

XII.

喜 30. 善 30. 喪 30. 報 32. 尋 41. 尊 41.

XI.

乾 5. 冕 13. 參 28. 執 32. 孰 39. 將 41. 密 46. 御 60. 既 71. 望 74. 焉 86.

專 41. 差 48. 師 50. 席 50. 書 73. 栽 75. 裁 86. 烏 86. 眞 109. 能 130. 豈 151. 酒 164.

甚 99. 皆 106. 美 123. 者 125. 胡 130. 重 166.

X.

乘 4. 唐 30. 哥 30. 堯 32. 奚 37.

IX.

前 18. 南 24. 咸 30. 哉 30. 哀 30. 変 35. 奏 37. 威 38. 幽 52. 巽 57. 拜 64.

孟 39. 尚 42. 幸 51. 幷 51. 所 63. 承 64. 東 75. 果 75. 武 77. 毒 80. 者 125.

來 9. 兩 11. 其 12. 典 12. 卓 24. 卑 24. 卷 26. 受 29. 命 30. 周 30. 夜 36. 奉 37.

弟 57. 我 62. 攸 66. 更 73. 来 9.75. 每 80. 求 85. 罕 122.

VIII.

並 1. 事 6. 亟 7.

续表

就 43.	象 152.	載 159.	與 134.	燕 86.	XVIII.	
巽 49.	XIII.	農 161.	蜜 142.	翰 124.	歸 77.	
幾 52.	塞 32.	XIV.	XV.	興 134.	爵 87.	
最 73.	愛 61.	亂 5.	慶 61.	豫 152.	XIX.	
會 73.	感 61.	嘉 30.	憂 61.	賴 154.	嚭 30.	
朝 74.	會 73.	嘗 30.	樂 75.	XVII.	獸 34.	
期 74.	楚 75.	壽 33.	魯 195.	應 61.	XX. et au-dessus.	
欽 76.	羣 123.	夢 36.	XVI.	營 86.	嚴 30.	
爲 87.	義 123.	爾 89.	學 39.	聲 128.	獻 94.	
衆 109, 143.	聖 128.	疑 103.	曁 72.	膺 130.	變 149.	
童 117.	號 141.	聚 128.	歷 77.	舉 134.	靈 173.	
舜 136.	裏 145.	臺 133.	熹 86.		[illegible] 134.	

（p. 207）

在本语法书中解释过的双音节词和复合词表

说明：尽管我们特意在这部语法书中的每一个汉字旁都标注了该字的拉丁语字面释义，我们却无法在那些与其他字一起构成复合词的字旁都标明拉丁文含义。对于这类词，我们把构成了复合词的汉字用一个连字符连接起来，并且我们仅在其中一个汉字旁标出了整个复合词的意思。在下表中，我们能找到本书中所有这类词，既有古文，也有官话，词旁边附有该词的释义及汉字所在的页码。如果我们浏览一下这张多音节词表，我们会观察到一个重要的现象：中国人用多音节词可以避免同音异义词带来的不便【57】。在本书中偶然出现的四百多个多音节词中，仅有两、三个同音异义词；如果我们再考虑到声调的区别，则完全没同音异义词的情况。正因如此，用拉丁字母来转写这些多音节词不会带来任何模棱两可，也正是因此我们仅在此列出词语的拉丁字母转写，以节省空间。

每个词后的数字是该词在本书中出现的页数。以 T 开头的数字是该词在《中庸》中的页数。见表 1 说明。

表 3 双音节词和复合词表

（p. 208）

CH

Chàng-chíng, 25.
Cháng-ssé, 56.
Chàng-tí, T. 67.
Chaò-yân, 93.
Chaò-poŭ-tĕ, 117.
Chaô-woû, T. 16.
Chĭ-fĕn, 115.
Chí-ì, 98.
Chî-kìng, T. 6.
Chĭ-tseù, 35.
Chí-tsoù, 49.
Chĭ-theoû, 111.
Chí-eûl, 111.
Chín-mò, 129.
Chîn-pìan-jîn, 140.
Choŭ-choŭ, 150.
Choû-fâng, 109.
Chouĕ-taó, 130.
Chú-hoû, 87.
Chú-jîn, T. 63.
Chú-kì, 87.
Chú-mîn, 77.

F

Fân-ĭ, T. 12.
Fân-naò, 147.
Fâng-thsâï, 141.
Fâng-tseù, 110.
Foû-foú, T. 71.
Foù-yoûan, 111.
Foû-jîn, 128.
Fóu-jîn, 128.
Foŭ-kouéï, T. 52.
Foŭ-sâng, 101.
Foŭ-síng, 47.
Foû-tseù, 55.
Foú-tseù, T. 71.
Foú-thsîn, 110.

H

Hàï-néï, 56.
Hâï-eûl, 111.
Hán-lîn, 132.
Haó-haó, T. 111.
Hén-poŭ-tĕ, 138.
Hîâï-tsiáng, 109.
Hiàn-hiàn, T. 59.
Hîan-khí, 120.
Hián-tsáï, T. 147.
Hiáo-kìng, T. 24.
Hieoû-yaò, 138.
Hîng-chîng, 3.
Hiŏ-sêng, 119.
Hioûng-tí, 108.
Hìu-tseú, 35.
Hô-cháng, 112.
Hŏ-hŏ, T. 21.
Hô-ì, 72, 74.
Hŏ-jân, 75.
Hó-thsâï, T. 92.
Hŏ-tseú, 65.
Hŏ-eûl, 111.
Hoâ-yŏ, T. 92.
Hoán-nán, T. 52.
Hoâng-hoâng, 76.
Hoéï-í, 2.
Hoŭ-yân, 95.

I, Y

ĭ-fă, 157.
ĭ-haô, ib.
ĭ-hiáng, 117.
ì-kìng, 136.
ì-lâï, 99.
ĭ-lâï, 157.
ĭ-mîan, ib.
ĭ-pân, ib.
ĭ-pîan, ib.
î-sêng, 109.
ĭ-siê, 157.
ĭ-theoû, ib.
î-tí, T. 52.
ĭ-tiàn, 157.
ĭ-tíng, ib.
ĭ-thoûng, 56.
ĭ-tsĕ, 96.
ĭ-thsiĕï, 157.
ì-'wêï, 55, 98.
ì-eûl, 93.
yân-iù, 138.
yân-ssé, T. 153.
yàn-eûl, 152.
yâng-yâng, 79.
yaô-niĕï, T. 87.
yè-chí, 145.
yè-yeoù, ib.
yè-poŭ, ib.
yè-poŭ-chí, ib.
yên-tseù, 117.

(p. 209)

(p. 210)

P, PH

S, SS

T, TH

TCH, TCHH

(p. 211)

TS, THS

W, 'W

（p. 212）

缩写表

说明：书中常常出现语法术语的缩写。我们在此列出缩写词表，附上本书中该语法概念被特别介绍的页数。

n. g. 属格标志（81，297）

p. r. 关系虚词（98，302）

p. n. 量词（113，309）

p. o. 序数虚词（117）

p. e. 赘词（190，289，291）

p. f. 结尾虚词（198，223，234，278）

p. i. 疑问虚词（210，217，223，402）

p. a. 感叹虚词（183，208，223）

p. f. 将来时标志（161，356）

n. pr. 过去时标志（162，163，164，351，353，354）

v. a. 助动词（345）

（p. 215）

勘误表

页 XXIII，注释 2…………………… 应为 注释 1

8，最后一个注释，注释 1…………………………… 注释 2

17，注释 lcs………………………………………… les

32，请在以 w 开头的音节后加音节 won。

101，汜蒙应作汜濛

在 192 页最后一竖行的页码索引中，我们已将这个错误更正了。

说明：我们在此没有列出在汉字的发音中没有标出声调音符或标错音符的勘误。这些错误数量并不多且不会产生任何后果。

《写本概述及摘录》（*Notices et Extraits des Manuscrits*）第十一卷出版时，我们会在其中附上第十卷中发表的汉—满对照版《中庸》的勘误表。

人名索引

按拼音顺序排列

汉译	原名	页码
艾乐桐	Alleton, Viviane 1930—2018	XXII
巴耶尔	Bayer, Theophilus Siegfried 1694—1738	XXV, XXX, XXXII, XXXV, 008, 023
巴赞	Bazin, Antoine-Pierre-Louis 1799—1863	IV, XIII, XLI
鲍狄埃	Pauthier, Jean-Pierre Guillaume 1801—1873	IV, IX
贝罗贝	Peyraube, Alain 1944—	XXII, XXXIX
伯希和	Pelliot, Paul 1878—1945	XV
卜弥格	Boym, Michał 1612—1659	VIII, XVI,
德·罗斯尼	de Rosny, Léon Louis Lucien Prunol 1837—1914	XLI
德·萨西	de Sacy, Silvestre 1758—1838	II, III, 019
德·泰桑修道院长	Abbé de Tersan 1736—1819	II
德·谢齐	de Chézy, Antoine—Léonard 1773—1832	III

续表

汉译	原名	页码
德尼·杜阿赫	Thouard, Denis 1965—	V, IX, XVII, XXIII
傅尔蒙	Fourmont, Étienne 1683—1745	XXV, XXX, XXXII, 006-011, 016, 033, 249-253
哈格	Hager, Joseph 1750—1820	XXV, XXXI, XI, 029, 251
洪堡	Von Humboldt, Wilhelm 1767—1835	V, VI, IX, XII, XVII, XXIII, XL
基歇尔	Kircher, Athanasius 1602—1680	55
康和子，康和之	da Castorano, Carlo Orazi / De Castorano, Charles Horace 1673—1755	XXV, XXX, 005, 006, 010
克拉普洛特	Klaproth, Heinrich Julius 1783—1835	III, V, XIV, XXXI, 003, 022, 023, 029, 031, 032, 052, 081, 161, 221
朗德莱斯	Landresse, Ernest Clerc de, 1800—1862	XIV
朗格莱	Langlès, Louis Mathieu 1763—1824	IV, 250
雷孝思	Regis, Jean Baptiste 1663—1738	XVI, 249
龙伯格	Lundbaek, Knud 1912—1995	V, VIII
马礼逊	Morrison, Robert 1782—1834	I, XII, XIX, XXV, XXX, XXXI, XXXVII, 003, 006, 012, 013, 016, 022, 023, 056, 084
马若瑟	de Prémare, Joseph 1666—1736	VIII, XII, XVI, XIX, XXIII, XXV, XXVI, XXVIII, XXX, XXXI, XXXII, XXXVII, 006, 007, 013, 014, 017, 250, 251

续表

汉译	原名	页码
马士曼	Marshman, Joshua 1768—1873	IX, XII, XIII, XXV, XXX, XXXI, XXXV, 011, 012, 017, 023, 249
蒙突奇	Montucci, Antonio 1762—1829	XXXI, 023
内布里哈	de Nebrija, Elio Antonio 或 Nebrixa 1441—1522	006
庞迪我	de Pantoja, Diego 1571—1618	55
让·卢梭	Rousseau, Jean	V, IX, XVII, XXII, XXIII
让-皮埃尔·阿贝尔-雷慕沙	Abel-Rémusat, Jean-Pièrre 1788—1832	I—XLIII
儒莲	Stanislas, Julien 1797—1873	IV, IX, XIII, XIV
沙畹	Chavannes, Emmanuel-Édouard 1865—1918	XV
宋君荣	Gaubil, Antoine 1689—1759	XVI, 023, 249, 250
卫方济	Noël, François 1651—1729	XVI, 023, 155, 249
魏汉茂	Walravens, Hartmut 1944—	V, X
魏丕信	Will, Pierre-Étienne 1944—	II, VIII
叶尊孝	de Glemona, Basil 1648—1704	003, 005, 010, 022, 031, 033, 043, 064, 081, 084, 118, 161, 191, 221

语言学专有名词索引

按字母顺序排列

原文	译文	页码
accents (accens)	音符	011, 055, 287
actif	主动的、主动态的	073, 094, 097, 107, 110, 114, 119, 124, 149, 178, 189
adjectif	形容词	XXVIII, XXXIV, XLII, 065, 068, 077-080, 093, 104, 105, 112, 114, 115, 118, 124-126, 134, 154, 155, 167-170, 184, 185, 188, 220, 235, 236, 238, 239
adjectif conjonctif	连接性形容词	239
adjectif monstratif	指示形容词	093, 124, 170, 184, 185, 188
adjectif possessif	物主形容词	093
adjectif verbal	动词性形容词	114, 115, 168, 220
adverbe	副词	XXVIII, XXIX, XXXVIII, 108, 112, 117-119, 138, 141-143, 145, 147, 155, 196, 198, 203, 217, 236, 239
adverbial	副词性的	155, 217, 239

续表

原文	译文	页码
appellatif	称呼词	178
article déterminatif	定冠词	124
article indéfini	不定冠词	170
article partitif	部分冠词	124
caractère composé	合体字	026-028, 032-035, 052, 053, 064
caractère simple	独体字	027, 033, 034, 035, 064
clef / radical	"钥匙"，即部首	XXVIII, XXXII, XXXV, 009, 018, 019, 022, 030, 032-053, 064, 081, 127, 231, 250, 254, 277
clef dominante	固定部首	034, 052
comparatif	比较级	079, 080, 168
compellatif	称呼语	077
complément direct	直接宾语	107, 108, 110, 112, 115, 238
complément indirect	间接宾语	107, 108, 110, 238
conjonction	连词	XXVIII, 110, 111, 112, 120, 135, 136, 145, 151, 202, 204, 205, 224, 239
conjonction copulative	连系连词	135, 136
conjonction disjonctive	更替连词	136
conjugaison	动词变位	XXXVII, 009, 189
consonne	辅音	054, 063
diminutif	指小词	164
diphthongue	二合元音	054, 063
dissyllabe / dissyllabique	双音节、双音节的	XXXIX, XXXVII, 019, 022, 161, 255, 281

续表

原文	译文	页码
particula expletiva (p. e.) / explétif	赘词、赘词性的	087, 096, 097, 106, 109, 116, 119, 124-126, 129, 136, 140-143, 148, 151, 154, 158, 159, 163, 164, 167, 172, 197, 219, 286
facultatif	非强制的	115, 192, 220
figuratif	象形的、表形的	122
genre	（名词的）性	068
guttural	喉音	054
génitif	属格	XLII, 123
homonyme	同音异义	281
hypothétique	假设的	112, 143, 146, 206, 239
impératif	命令式、命令的	XLII, 114, 198
indéfini	不定的	110, 170, 189
infinitif	不定式	XLII, 110
interjection	叹词	XXVIII, 121, 207,
intonation	声调	055-057, 063, 064, 078, 127, 136, 240, 245, 246, 254, 281
Kou-wen / style antique	古文、古典文体	XII, XXVIII, XXIX, XXXIV, XXXVII, 009, 014, 017, 019, 066-068, 100, 103, 122, 160, 164, 165, 168, 188, 200, 207, 251, 281
Kouan-hoa / langue mandarinique / style moderne	官话、现代文体	XXV, XXVIII, XXIX, XXXI, XXXVII, 005, 009, 010, 011, 014, 066, 067, 160, 170, 250, 281
langue orale	口语	XII, XXIX, XXX, XXXI, XXXII, 025-027, 053, 067, 160, 188

续表

原文	译文	页码
langue écrite	书面语	XXX, 025, 027, 028
monosyllabe / monosyllabique	单音节 、单音节的	XI, XXXVII, 054, 160, 188
monophone	同音的	064, 066, 160, 188
mot collectif	集体名词	070
mot plein	实字、实词	065, 122, 247
mot vide	虚字、虚词见 particula	
muet	哑音、哑音的	054
nasal	鼻音、鼻音的	054, 056, 141
nom abstrait	抽象名词	078, 104, 126
nom attributif	表品质的名词	077, 097, 112, 118, 166, 179
nom de nombre	数词	XXVIII, 070, 071, 083-086, 169, 170, 184, 235, 238
nom propre	专有名词	XXVIII, XXIX, 081, 128
nom verbal	动词性名词	239
nota genetivi (n. g.)	属格标志	072, 073, 078, 088, 089, 095, 099, 104, 105, 109, 123, 130, 132, 142, 144-146, 151-153, 156, 159, 165, 166, 176, 179, 190, 199, 200, 221, 286
nota pluralis (n. p.)	复数标志	178, 222
nota praeteriti (n. pr.)	过去时标志	XLII, 109, 110, 166, 173, 190-192, 195, 196, 199, 206, 214, 217, 219, 222, 223, 225, 228, 230, 231, 232, 237, 286

续表

原文	译文	页码
numérale / particula numeralis (p. n.)	量词	084, 085, 170-172, 184, 187, 196, 202, 209, 216, 218, 219, 234, 286
négative	否定词	120, 154, 230
objet	宾语	073, 094, 097, 099, 100, 103, 107, 108, 110, 112, 115, 119, 129, 149, 178, 189, 195, 202, 205, 221, 238, 239
onomatopée	象声词	118
optatif	祈愿式	199
participe	分词	XLII, XLIII, 113, 119, 202
particula / particule	虚词（单独出现）	XII, XXVII, XXVIII, XXIX, XXXIII, XXXVIII-XL, 007-009, 012, 014, 015, 018, 021, 065, 066, 069-071, 080, 084, 086, 103-105, 118, 121, 122-159, 168, 170, 179, 193, 198, 207-238, 240, 247, 286
particula admirativa (p. a.) / particule admirative	感叹虚词	093, 121, 129, 136, 159, 286
particula finalis (p. f.) / particule finale	结尾虚词	070, 093, 094, 096, 097, 099, 101, 102, 105, 106, 107, 111, 112, 119, 126-131, 133, 135, 136, 139-142, 144, 146-149, 151, 153, 157, 158, 167, 195, 207, 226, 286
particula interrogativa (p. i.) / particule interrogative	疑问虚词	XXXIII, 091, 093, 094, 096, 111, 128, 130, 133, 136, 138, 140, 141, 143, 151, 153, 157, 158, 220, 231, 286
particula ordinalis (p. o.)	序数虚词	086, 286

续表

原文	译文	页码
particula relativa (p. r)	关系虚词	078, 079, 114, 122, 125-130, 133, 141, 147, 148, 167, 168, 173, 178, 187, 228, 236, 286
particule hypothétique	假设虚词	146
particule postposée	后置虚词	069, 165
particule prohibitive	禁止虚词	198
particule préposée	前置虚词	069, 165
passif	被动的、被动态的、被动态	XLII, 115, 117, 128, 200, 201, 220, 224
pluriel	复数	XLII, 068-070, 096, 131, 165, 170, 178, 222, 235
polysyllabe / polysyllabique	多音节、多音节的	XXXVII, 165, 281
positif	原级	079
possessif	主有词	097, 179, 209
postposition	后置词	203, 204
première personne	第一人称	087-089, 171, 172, 179, 182
pronom	代词（单独出现）	XI, XXVIII, XXIX, XLII, 008, 066, 087-104, 107, 140, 147, 171-187
pronom démonstratif	指示代词	XXVI, XLII, 098
pronom conjonctif	连接代词	100, 102, 103, 186
pronom indéfini	泛指代词	185
pronom personnel	人称代词	082, 087-094, 096-098, 107, 114, 123, 151, 171, 172, 175, 178, 198, 239
pronom possessif	物主代词	179, 182

续表

原文	译文	页码
proposition circonstantielle	状语从句	239
proposition conditionnelle	条件句	065
proposition hypothétique	假设从句	143, 239
proposition incidente	插入句	100, 102, 137, 239
proposition optative	祈愿句	065
proposition positive	肯定句	065, 143
préposition	介词	XXVIII, XXIX, XXXVIII, XXXIX, 073, 108, 112, 120, 132, 203-205, 216
quattres intonations	四声	055, 064
radical	部首，见 clef	
réfléchi	自反	094
seconde personne	第二人称	090, 091, 114, 151, 175, 176, 182, 198
sifflant	摩擦音的、擦音的	054
si+105:122ngulier	单数	068, 175, 178, 182
son final	结尾音	054, 055, 057, 064
son initial	开头音	054
style littéraire	文昌	067, 238
sujet	主语	XLII, 066, 073, 077, 093, 094, 100, 102, 103, 105-107, 110, 114, 115, 118, 124, 126, 128, 134, 155, 159, 167, 178, 186, 191, 202, 238, 239
superlatif	最高级	080, 168, 169

续表

原文	译文	页码
syllabe / syllabique	音节、音节的	XI, XXIX, XXXVII, 019, 022, 027, 028, 054, 057, 063, 064, 081, 160, 161, 165, 187, 191, 245, 246, 255, 281, 282, 287, 289
synonyme	同义字、同义词	028, 031, 076, 093, 110, 127, 132, 145, 160, 187, 191, 209, 222, 236, 239, 242
terme antécédent	前项	072
terme auxiliaire	助词	065
terme conséquent	后项	072
terminaison	词尾	015, 021, 123, 163, 244
transitif	及物、及物动词的	202, 218
troisième personne	第三人称	091-094, 098, 123, 176, 178
variantes	异体字	030
verbe auxiliaire (v. a.)	助动词	013, 189, 191, 199, 202, 239, 286
verbe facultatif	非强制动词	115, 192, 220
verbe substantif	表“存在”意义的动词	079, 105, 128, 167, 188, 239
vocatif	呼格	166, 175
voyelle	元音	054, 063, 064